职业院校公共课系列教材

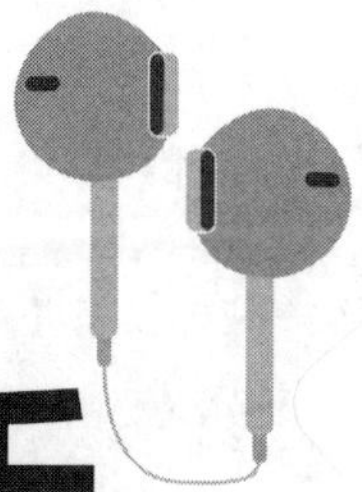

普通话水平测试指导

主　编　李亚萍　李　岚　刘彦超

副主编　李　逸　文丽华　吴小琴

参　编　刘琳娜　李华容　胡　珺

霍鹏旭　张莉

中国轻工业出版社

图书在版编目（CIP）数据

普通话水平测试指导/李亚萍，李岚，刘彦超主编．—北京：中国轻工业出版社，2020.10
职业院校公共课系列教材
ISBN 978-7-5184-3033-8

Ⅰ.①普…　Ⅱ.①李…②李…③刘…　Ⅲ.①普通话—水平考试—自学参考资料　Ⅳ.①H102

中国版本图书馆 CIP 数据核字（2020）第 099296 号

责任编辑：张文佳　　责任终审：张乃柬　　封面设计：锋尚设计
版式设计：砚祥志远　　责任校对：朱燕春　　责任监印：张　可

出版发行：中国轻工业出版社（北京东长安街 6 号，邮编：100740）
印　　刷：三河市万龙印装有限公司
经　　销：各地新华书店
版　　次：2020 年 10 月第 1 版第 1 次印刷
开　　本：787×1092　1/16　印张：14
字　　数：350 千字
书　　号：ISBN 978-7-5184-3033-8　定价：39.00 元
邮购电话：010-65241695
发行电话：010-85119835　传真：85113293
网　　址：http：//www.chlip.com.cn
Email：club@chlip.com.cn
如发现图书残缺请与我社邮购联系调换
200340J2X101ZBW

前言

PREFACE

高职高专人才培养目标是培养技术技能型人才，以此来适应经济迅速腾飞的中国对人才的需要。“以服务为宗旨，以就业为导向，走产学研结合的发展道路”成为高职高专教育发展的理论导航。

我国地域辽阔，人口众多，各地都有属于自己的方言。在市场经济大发展、全党全国共同为全面建成小康社会而奋斗的今天，无论是社会发展还是个人交往，大力推广、积极普及普通话有利于增进各民族、各地区的经济文化交流，有利于消除语言隔阂，有利于增强中华民族的凝聚力。

随着全面深化社会主义市场经济改革，社会对普及普通话的需求日趋明显。推广普及普通话，营造良好的语言环境，有利于促进人员交流，有利于商品流通和培育统一的市场环境。

语言文字能力是文化素质的基本内容，推广普及普通话是加强素质教育的内在需求。推广普及普通话有利于贯彻教育要“面向现代化、面向世界、面向未来”的战略方针，有利于弘扬祖国优秀传统文化和爱国主义精神，有利于提高全民族的科学文化素质。

在编排上，本书注重理论与实践相结合，采用案例教学模式，突出学生实践练习的环节，意在提高学生的学习兴趣，加强高职高专院校学生对普通话的了解，提高普通话水平。全书共分为六章，系统介绍了普通话基本语音知识、朗读短文、命题说话等相关题型的知识。

本书可作为高职高专院校的公共基础课教材，也可作为广大青年朋友学习普通话的参考用书。

在编写本教材的过程中，我们还参考了一些口才学领域同人的著作，并引用了很多培训机构相关的口才训练材料，在此表示衷心感谢。

由于编者水平有限，难免有疏漏和不当之处，恳请读者直言赐教，批评指正，以便教材进一步完善。

编　者

目 录
CONTENTS

第一章　普通话与方言

第一节　普通话

一、共同语的使用

共同语是指一个部落或民族内部大多数成员共同掌握和使用的语言。自古以来我国就有共同语，随着时代的发展，我国的共同语有着不同的名称和内容。

先秦时期，中原地区的通用语言是“雅言”，西周的国都丰镐（今西安西南）地区的语言为当时的通用雅言。孔子在鲁国讲学时，他的弟子来自四面八方，孔子使用雅言来讲学。《论语·述而》中写道：“子所雅言，《诗》《书》执礼，皆雅言也。”

在秦朝、三国两晋、唐朝、五代等时期，大量的北方汉族贵族和百姓南迁（战乱是主要原因），使上古音乐的官方语言流传到了南方地区。由于北方汉族南迁的时期并不相同，加之南方险恶的地理环境、隔绝的交通、杂处的少数民族等情况，古代汉语在自身发生变化的同时，又与少数民族语言融合，进而形成了各式各样、差别巨大的方言，如粤方言、闽方言等。福建省的语言素有“八闽互不交通”的说法，可见其差异之惊人。

北方语言经自身发展及与阿尔泰语系的大量融合，渐渐形成了与南方语言截然不同的发音方式，其特点为音韵相对简单、腔调硬朗。南宋以来，北京成为北方主要的政治中心，特别是元朝，蒙古族在今北京建立了元大都，大都话取代长安、洛阳一代的中原方言成为新的共同语。

明朝出现了“官话”，是当时官场上的通行语言，后来成为北方方言的代称。清朝末年，清政府曾将“官话”定名为“国语”。

民国成立之初召开的临时教育会议曾决定在全国推行“国语”。1913 年 2 月召开的读音统一会议定“国音”标准，由于南北方代表的抵牾，参会人员为了平衡各方，最后生造出了一种南北方言杂糅的语音，但这种所谓的“国音”没有人会说、没有人愿意说，最后不了了之。语言学家赵元任曾不无感叹地说：“在 13 年的时间里，这种给 4 亿、5 亿或 6 亿人定出的国语，竟只有我一个人在说。”这充分说明，共同语不可以搞平衡，只能以某地区的发音为标准。1924 年的国语统一筹备会明确了以北京语音作为共同语标准音。

二、普通话的发展

近代的“普通话”一词是由江苏昆山人朱文熊于 1906 年首次提出的，后来瞿秋白等人也曾提出了普通话的说法，并与茅盾就普通话的实际所指展开了争论。

在新中国成立以前的几十年间，普通话一词有许多不同的定义。新中国成立后，1955年10月，全国文字改革会议和现代汉语规范问题学术会议将汉民族共同语的名称正式定为“普通话”，并同时确定了它的定义，即“以北京语音为标准音，以北方话为基础方言”。1955年10月26日，《人民日报》发表了题为“为促进汉字改革、推广普通话、实现汉语规范化而努力”的社论，文中提到：“汉民族共同语，就是以北方话为基础方言、以北京语音为标准音的普通话。”1956年2月6日，国务院颁发《关于推广普通话的指示》，把普通话的定义增补为“以北京语音为标准音，以北方话为基础方言，以典范的现代白话文著作为语法规范”。这个定义从语音、词汇、语法三个方面明确规定了普通话的标准，使得普通话的定义更为科学、周密了。

与此同时，相关部门制定了“大力提倡、重点推行、逐步普及”的推广普通话的工作方针，从此，我国掀起了一场轰轰烈烈的推广普通话的运动。针对全国范围内许多字词的读音五花八门、容易出错的现象，1985年，国家语言文字工作委员会公布了《普通话异读词审音表》，对容易出现异读现象的字词进行了规范读音的规定。为进一步加大推广普通话的宣传力度，经国务院批准，自1998年起，每年9月份的第三周开展“全国推广普通话宣传周”活动。为了在各行各业中加强普通话的宣传和标准化推行，国家语言文字工作委员会还于1997年颁布了《普通话水平测试等级标准》，对于普通话的3个等级标准进行了明确的规定。自2003年6月15日起施行的《普通话水平测试管理规定》对普通话测试中的诸多技术性问题进行了阐述。

时至今日，普通话已成为全国各族人民进行口语交流的主要工具。在广播、影视、网络、数字等传媒作品或节目中，普通话已成为主要传播手段。《中华人民共和国宪法》第十九条明确规定：“国家推广全国通用的普通话。”2001年1月1日起施行的《中华人民共和国国家通用语言文字法》（以下简称《国家通用语言文字法》）进一步明确了普通话作为国家通用语言的地位。

三、普通话的内涵

普通话是指以北京语音为标准音，以北方话为基础方言，以典范的现代白话文著作为语法规范的现代汉民族的共同语。普通话是《国家通用语言文字法》规定的国家通用语言，也是联合国6种工作语言之一。普通话在我国台湾地区被称为“国语”，在新加坡、马来西亚被称为“华语”。要学好普通话应从3个方面来规范语言，即语音规范、词汇规范和语法规范。

1. 以北京语音为标准音

事实证明，语言具有较强的系统性，普通话作为共同语不可以在不同地区方言的基础上寻求绝对的平衡，更不可以生搬硬套某种平衡理论而形成左右兼顾的陌生口音。它只能以也必须以某一地区方言的语音系统为标准。自元朝以来，北京逐渐成为中国的政治、经济、文化中心，所谓的“官话”就是以北京语音为基础形成的，因此在语音系统中，普通话只有以北京语音为标准音，才能在更大的范围内具有可推广性。普通话的声母、韵母、声调等的发音部位和方法均以北京语音为标准。很多方言中的音素或拼写方式在北京语音系统中不存在且不具有可推广性，需要进行相应的删减。例如，“束”在很多地方被读作“sù”，“角色”中的“角”在南方常被读作“jiǎo”，而根据北京读音的标准，它们应分别读作“shù”“jué”。普通话的标准音与北方方言较为接近，如都没有浊塞音、浊塞擦音，没有 b、d、g、m 4 个辅音韵尾等。

当然，以北京语音系统为标准并不意味着每个字都要照搬北京话的发音，北京话不等于普通话，北京话也是一种方言，它的许多土音并没有被纳入普通话语音系统中。例如，老北京人把连词“和（hé）”说成“hàn”，把“蝴蝶（hú dié）”说成“hú diěr”，把“告诉（gào su）”说成“gào song”，这些土音使其他方言区的人难以接受。另外，北京话里还有异读音现象，例如“侵略”一词，有人念“qǐn lüè”，也有人念成“qīn lüè”；“附近”一词，有人念“fù jìn”，也有人念成“fǔ jìn”，这也给普通话的推广带来许多麻烦。1957 年 11 月 1 日，国务院全体会议第 60 次会议通过的《汉语拼音方案》对普通话的字母、声母、韵母、声调符号、隔音符号等内容进行了具体的规定。

2. 以北方话为基础方言

以北方话为基础方言指的是以广大北方话地区普遍通行的说法为准，同时也要从其他方言中吸取所需要的词语。

因为每一种方言均具有相当大的词汇量，所以不同的词汇系统之间交流起来是非常困难的。例如，同样指包括自己的一群人，在普通话中是“我们”，在陕西话中是“饿们”，而在上海话中是“阿拉”，在厦门话中是“阮”，在南昌话中是“我个里”；同样指祖母，在普通话中是“祖母”，在北方话中是“奶奶”，在温州话中是“嬢嬢”，在南昌话中是“婆婆”，在厦门话中是“唵妈”，在广州话中是“阿嬷”，在福州话中是“依嬷”，在岳阳话中是“细爹”，在长沙话中是“娭毑”等，还有许多无法用现代汉语书写的说法。

从词汇来源看，普通话是在北方方言的基础上形成并发展起来的，与南方方言有很大的差别。例如，普通话“今天”“下雨”这两个词，在北方话里基本一致；而在粤方言、闽方言里，“今天”可以说“今朝”“该日”，“下雨”可以说成“落雨”“落水”或“坠雨”。

虽然北方话的词汇是普通话词汇的基础和主要来源，但是，普通话的词汇远比北方话丰富，还包括其他方言里的方言词（如吴方言中的“瘪三”“尴尬”等，粤方言中的“炒鱿鱼”“发烧友”等）、古代汉语里有生命力的古语词（如“若干”“而已”等）、外国语改变之后形成的外来词（如“沙发”“克隆”等）等，同时，舍弃了北方话里许多不适用的词语。

普通话对北方话和其他诸方言词汇的扬弃，使之具有较强的生命力和推广性，让人们在使用中有词可依，同时又使其不断完善、不断发展。

3. 以典范的现代白话文著作为语法规范

普通话的语法结构不以某一种方言的口语为标准，而是以经过提炼加工的书面语为标准，它的含义有四个方面：第一，它不是文言文；第二，它不是早期白话文那种半文半白的状态；第三，它不是不规范的白话文，必须是像现代著名作家的优秀作品那样规范的白话文；第四，它不是用方言写成的作品。典范的意思就是得到了普遍认可，既可用于普通交流，也可用作文学语言。

许多方言的语法规范与普通话的语法规范差别很大，如闽南语中的“死人咸”与普通话中的“咸得要命”“咸死人了”的意思相同；在北方话中常常将其说成“死咸死咸”。这些都是不规范的语法。

随着时间的推移，普通话已成为联合国六种工作语言之一，世界上的许多国家在相关学校里开设了以普通话为标准的汉语课程。普通话是全世界华人的共同语，推广普通话对于汉语在世界范围内的传播具有重要意义。

第二节　方　　言

一、方言的内涵

方言是语言的变体。根据性质，方言可分为地域方言和社会方言。地域方言是语言因地域方面的差别而形成的变体，是全民语言在不同地域上的分支，是语言发展不平衡性在地域上的反映。社会方言是同一地域的社会成员因为所在职业、阶层、年龄、性别、文化教养等方面的社会差异而形成不同的社会变体。

二、方言的分类

汉语的方言体系是十分庞大和复杂的，就目前方言调查的初步结果看，现代汉语的方言大体上分为7大类，每种方言内部又有一些次方言。

1. 北方方言

北方方言即官话方言，以北京话为代表，其使用人口占汉族总人口的73%以上，地区分布约占汉族地区的3/4，主要分布在长江以北汉族居住地区，长江以南镇江以上、九江以下的沿江地带，还有四川、湖北、贵州、云南等省的大部分地区，广西壮族自治区的北部，湖南的西北角。具体来说，北方方言包括以下四个次方言：

（1）华北、东北方言。华北、东北方言通行于河北、河南、山东、北京、天津等省市，以及东北三省，还有内蒙古的一部分地区。

（2）西北方言。西北方言通行于山西、陕西、甘肃等省及青海、宁夏、新疆的汉族居住地区和内蒙古的一部分地区。

（3）西南方言。西南方言通行于四川、贵州、云南等省及湖北大部分地区（东南角咸宁地区除外）、广西西北部、湖南西北部等。

（4）江淮方言。江淮方言通行于江苏、安徽两省的长江以北地区（徐州、蚌埠一带除外），以及镇江以西、九江以东的长江南岸沿江一带。

2. 吴方言

吴方言以苏州（或上海）话为代表，也称江南话或江浙话，使用人口约占汉族总人口的7.2%，主要分布在上海市、江苏省长江以南镇江（不含镇江）以东地区、长江北岸南通地区的小部分和浙江省的绝大部分。其中，浙江省杭州市曾是南宋的都城，因此杭州吴语带有浓厚的“官话”色彩。

3. 湘方言

湘方言以长沙话为代表，也称湖南话，使用人口约占汉族总人口的3.2%，主要分布在湖南省中部、南部，广西东北部的部分地区。

4. 赣方言

赣方言以南昌话为代表，也称江西话，使用人口约占汉族总人口的3.3%，主要分布在江西省大部分地区（东北沿长江地带和南部除外）及湖北省东南一带。

5. 粤方言

粤方言以广州话为代表，也称广东话，当地叫“白话”，使用人口约占汉族总人口的4%，主要分布在广东中部、西南部和广西的东部、南部的100余个县，还包括香港、澳门特别行政区。此外，很多华侨和华裔也讲粤方言。

6. 客家方言

客家方言以广东梅县话为代表，使用人口约占汉族总人口的3.6%。客家人是4世纪初和12世纪初从中原逐渐迁徙到南方的，虽然客家人的居住地分散，主要分布在广东省东部和北部、福建省西部、江西省南部和广西壮族自治区东南部，但客家方言仍自成系统，内部差别不太大。四川客家人与广东客家人虽相隔千山万水，但彼此见面时仍可以几乎无障碍地交流，这是很有趣的事情。

7. 闽方言

闽方言的主要分布区域跨越福建和海南的大部分地区、广东东部潮汕地区、广西的个别地区、浙江南部温州地区及台湾绝大部分地区，使用人口约占汉族总人口的5.7%。具体来说，闽方言包括以下5个次方言：

（1）闽东方言。闽东方言以福州话为代表，主要分布在福建省东部、闽江下游地区。

（2）闽南方言。闽南方言以厦门话为代表，主要分布在闽南的24个县，台湾及广东的潮州、汕头地区、雷州半岛地区，海南大部分地区及浙江南部温州地区的平阳县、玉环县等。

（3）闽北方言。闽北方言以建瓯话为代表，主要分布在闽江的上游武夷山一带。

（4）闽中方言。闽中方言以永安话为代表，主要分布在福建省中部的永安、三明、沙县。

（5）莆仙方言。莆仙方言以莆田话为代表，主要分布在福建省的莆田、仙游一带。

第二章　普通话水平测试技巧

第一节　普通话水平测试简介

普通话是通行于中国内地和香港、澳门、台湾、海外华人的共通语言，是现代汉语共通的交际口语与书面语。1955 年 10 月，相继召开的全国文字改革会议和现代汉语规范问题学术会议，从语言的三要素语音、词汇、语法三个方面为普通话下了科学的定义：普通话是以北京语音为标准音，以北方方言为基础方言，以典范的现代白话文著作为语法规范的现代汉民族共同语。2001 年 1 月 1 日，《中华人民共和国国家通用语言文字法》颁布施行，确立了普通话和规范汉字的“国家通用语言文字”的法定地位。

《中华人民共和国宪法》规定：“国家推广全国通用的普通话。”《中华人民共和国国家通用语言文字法》规定：“地方各级人民政府及其有关部门应当采取措施，推广普通话和推行规范汉字。”使用国家通用的语言文字是每个公民应当享有的权利和应当履行的义务。我们应该增强国家和民族的语言意识，说好普通话。

普通话水平测试是推广普通话工作的重要组成部分，是使推广普通话工作逐步走向制度化、科学化、规范化的重要举措。开展测试的目的不仅仅是评定应试人普通话水平等级，更重要的是促进普通话的普及，并在普及的基础上逐步提高全社会的普通话水平。普通话水平测试工作的健康开展必将对社会语言生活，对我国政治、经济、文化、教育、科学事业的发展，对社会主义现代化建设产生深远的影响。

普通话水平测试大纲

（教育部国家语委发教语用〔2003〕2 号文件）

根据教育部、国家语言文字工作委员会发布的《普通话水平测试管理规定》《普通话水平测试等级标准》，制定本大纲。

（一）测试的名称、性质、方式

本测试定名为“普通话水平测试”（PUTONGHUA SHUIPING CESHI，缩写为 PSC）。

普通话水平测试测查应试人的普通话规范程度、熟练程度，认定其普通话水平等级，属于标准参照性考试。本大纲规定测试的内容、范围、题型及评分系统。

普通话水平测试以口试方式进行。

（二）测试内容和范围

普通话水平测试的内容包括普通话语音、词汇和语法。

普通话水平测试的范围是国家测试机构编制的《普通话水平测试用普通话词语表》《普通话水平测试用普通话与方言词语对照表》《普通话水平测试用普通话与方言常见语法差异对照表》《普通话水平测试用朗读作品》《普通话水平测试用话题》。

（三）试卷构成和评分

试卷包括4个组成部分，满分为100分。

1. 读单音节字词（100个音节，不含轻声、儿化音节），限时3.5分钟，共10分。

（1）目的：测查应试人声母、韵母、声调读音的标准程度。

（2）要求：

①100个音节选自《普通话水平测试用普通话词语表》。

②100个音节中，每个声母出现次数一般不少于3次，每个韵母出现次数一般不少于2次，4个声调出现次数大致均衡。

③音节的排列要避免同一测试要素连续出现。

（3）评分（见样卷）：

①语音错误，每个音节扣0.1分。

②语音缺陷，每个音节扣0.05分。

③超时1分钟以内，扣0.5分；超时1分钟以上（含1分钟），扣1分。

2. 读多音节词语（100个音节），限时2.5分钟，共20分。

（1）目的：测查应试人声母、韵母、声调和变调、轻声、儿化读音的标准程度。

（2）要求：

①词语的70%选自《普通话水平测试用普通话词语表》"表一"，30%选自"表二"。

②声母、韵母、声调出现的次数与读单音节字词的要求相同。

③上声与上声相连的词语不少于3个，上声与非上声相连的词语不少于4个，轻声不少于3个，儿化不少于4个（应为不同的儿化韵母）。

词语的排列要避免同一测试要素连续出现。

（3）评分（见样卷）：

①语音错误，每个音节扣0.2分。

②语音缺陷，每个音节扣0.1分。

③超时1分钟以内，扣0.5分；超时1分钟以上（含1分钟），扣1分。

3. 朗读短文（1篇，400个音节），限时4分钟，共30分。

（1）目的：测查应试人使用普通话朗读书面作品的水平。在测查声母、韵母、声调读音标准程度的同时，重点测查连读音变、停连、语调以及流畅程度。

（2）要求：

①短文从《普通话水平测试用朗读作品》中选取。

②评分以朗读作品的前400个音节（不含标点符号和括注的音节）为限。

（3）评分（见样卷）：

①每错一个音节，扣0.1分；漏读或增读1个音节，扣0.1分。

②声母或韵母的系统性语音缺陷，视程度扣0.5分、1分。

③语调偏误，视程度扣0.5分、1分、2分。

④停连不当，视程度扣0.5分、1分、2分。

⑤朗读不流畅（包括回读），视程度扣0.5分、1分、2分。

⑥超时扣1分。

4. 命题说话，限时3分钟，共40分。

（1）目的：测查应试人在无文字凭借的情况下说普通话的水平，重点测查语音标准程度、词汇语法规范程度和自然流畅程度。

（2）要求：

①说话话题从《普通话水平测试用话题》中选取，由应试人从给定的两个话题中选定一个话题，连续说一段话。

②应试人单向说话。如发现应试人有明显背稿、离题、说话难以继续等表现时，主试人应及时提示或引导。

（3）评分（见样卷）：

●语音标准程度，共25分。分六档：

一档：语音标准，或极少有失误。扣0分、1分、2分。

二档：语音错误在10次以下，有方音但不明显。扣3分、4分。

三档：语音错误在10次以下，但方音比较明显；或语音错误在10~15次，有方音但不明显。扣5分、6分。

四档：语音错误在10~15次，方音比较明显。扣7分、8分。

五档：语音错误超过15次，方音明显。扣9分、10分、11分。

六档：语音错误多，方音重。扣12分、13分、14分。

●词汇语法规范程度，共10分。分三档：

一档：词汇、语法规范。扣0分。

二档：词汇、语法偶有不规范的情况。扣1分、2分。

三档：词汇、语法屡有不规范的情况。扣3分、4分。

●自然流畅程度，共5分。分三档：

一档：语言自然流畅。扣0分。

二档：语言基本流畅，口语化较差，有背稿子的表现。扣0.5分、1分。

三档：语言不连贯，语调生硬。扣2分、3分。说话不足3分钟，酌情扣分：缺时1分钟以内（含1分钟），扣1分、2分、3分；缺时1分钟以上，扣4分、5分、6分；说话不满30秒（含30秒），本测试项成绩计为0分。

（四）应试人普通话水平等级的确定

国家语言文字工作部门发布的《普通话水平测试等级标准》是确定应试人普通话水平等级的依据。测试机构根据应试人的测试成绩确定其普通话水平等级，由省、自治区、直辖市以上语言文字工作部门颁发相应的普通话水平测试等级证书。

普通话水平划分为 3 个级别，每个级别内划分 2 个等次。其中：

97 分及其以上，为一级甲等；

92 分及其以上但不足 97 分，为一级乙等；

87 分及其以上但不足 92 分，为二级甲等；

80 分及其以上但不足 87 分，为二级乙等；

70 分及其以上但不足 80 分，为三级甲等；

60 分及其以上但不足 70 分，为三级乙等。

普通话水平测试样卷（一份）

（一）读 100 个单音节字词

昼	八	迷	先	毡	皮	幕	美	彻	飞
鸣	破	捶	风	豆	蹲	霞	掉	桃	定
宫	铁	翁	念	劳	天	旬	沟	狼	口
靴	娘	嫩	机	蕊	家	跪	绝	趣	全
瓜	穷	屡	知	狂	正	裘	中	恒	社
槐	事	轰	竹	掠	茶	肩	常	概	虫
皇	水	君	人	伙	自	滑	早	绢	足
炒	次	渴	酸	勤	鱼	筛	院	腔	爱
鳖	袖	滨	竖	搏	刷	瞟	帆	彩	愤
司	滕	寸	峦	岸	勒	歪	尔	熊	妥

覆盖声母情况：

b：4，p：3，m：4，f：4，d：4，t：5，n：3，l：6，g：5，k：3，h：6，j：6，q：6，x：6，zh：6，ch：6，sh：6，r：2，z：3，c：3，s：2，零声母：7

总计：100 次。未出现声母：0

覆盖韵母情况：

ɑ：2，e：4，-i（前）：3，-i（后）：2，ɑi：4，ei：2，ɑo：4，ou：4，ɑn：3，en：3，ɑng：3，eng：4，i：3，iɑ：2，ie：2，iɑo：2，iou：2，iɑn：4，in：2，iɑng：2，ing：2，u：4，uɑ：3，uo/o：4，uɑi：2，uei：4，uɑn：2，uen：2，uɑng：2，ong：4，ueng：1，ü：3，üe：3，üɑn：2，ün：2，iong：2，er：1

总计：100 次。未出现韵母：0

覆盖声调情况：

阴平：28；阳平：31；上声：14；去声：27

总计：100 次。

（二）读多音节词语（100 个音节，其中含双音节词语 45 个，三音节词语 2 个，四音节词语 1 个）

取得	阳台	儿童	板凳儿	混淆	衰落	分析
防御	沙丘	管理	此外	便宜	光环	塑料

扭转	加油	队伍	挖潜	女士	科学	手指
策略	抢劫	森林	侨眷	模特儿	港口	没准儿
干净	日用	紧张	炽热	群众	名牌儿	沉醉
快乐	窗户	财富	应当	生字	奔跑	晚上
卑劣	包装	洒脱	现代化	委员会	轻描淡写	

覆盖声母情况：

b：3，p：3，m：4，f：3，d：6，t：4，n：2，l：7，g：4，k：3，h：5，j：6，q：7，x：5，zh：6，ch：3，sh：6，r：2，z：2，c：3，s：3，零声母：13

总计：100 次。未出现声母：0。

覆盖韵母情况：

a：2，e：6，-i（前）：2，-i（后）：4，ai：4，ei：2，ao：2，ou：2，an：4，en：4，ang：5，eng：2，i：3，ia：1，ie：3，iao：4，iou：3，ian：3，in：2，iang：2，ing：4，u：4，ua：2，uo/o：3，uai：2，uei：4，uan：3，uen：2，uang：3，ong：2，ueng：1，ü：3，üe：2，üan：2，ün：1，iong：1，er.：1。

总计：100 次。未出现韵母：ueng

其中儿化韵母 4 个：-engr（板凳儿），-uenr（没准儿），-er（模特儿），-air（名牌儿）。

覆盖声调情况：

阴平：22；阳平：26；上声：19；去声：28；轻声：5

其中上声和上声相连的词语 4 条：管理、扭转、手指、港口

总计：100 次。

(三) 朗读短文

请朗读作品 7 号（略）。

(四) 命题说话

请按照话题“谈谈科技发展与社会生活”或“我知道的风俗”说一段话（3 分钟）。

普通话水平测试等级标准（试行）

（国家语言文字工作委员会 1997 年 12 月 5 日颁布，国语〔1997〕64 号）

一级

甲等：朗读和自由交谈时，语音标准，词汇、语法正确无误，语调自然，表达流畅。测试总失分率在 3%以内。

乙等：朗读和自由交谈时，语音标准，词汇、语法正确无误，语调自然，表达流畅。偶然有字音、字调失误。测试总失分率在 8%以内。

二级

甲等：朗读和自由交谈时，声韵调发音基本标准，语调自然，表达流畅。少数难点音（平翘舌音、前后鼻尾音、边鼻音等）有时出现失误。词汇、语法极少有误。测试总失分率在 13%以内。

乙等：朗读和自由交谈时，个别调值不准，声韵母发音有不到位现象。难点音（平翘舌音、前后鼻尾音、边鼻音、fu-hu、z-zh-j、送气不送气、i-ü 不分、保留浊塞音和浊塞擦音、丢介音、复韵母单音化等）失误较多。方言语调不明显。有使用方言词、方言语法的情况。测试总失分率在 20%以内。

三级

甲等：朗读和自由交谈时，声韵调发音失误较多，难点音超出常见范围，声调调值多不准。方言语调较明显。词汇、语法有失误。测试总失分率在 30%以内。

乙等：朗读和自由交谈时，声韵调发音失误多，方音特征突出。方言语调明显。词汇、语法失误较多。外地人听其谈话有听不懂的情况。测试总失分率在 40%以内。

有关行业人员普通话合格标准

根据各行业的规定，有关从业人员的普通话水平达标要求如下：

中小学及幼儿园、校外教育单位的教师，普通话水平不低于二级，其中语文教师不低于二级甲等，普通话语音教师不低于一级。

高等学校的教师，普通话水平不低于三级甲等，其中现代汉语教师不低于二级甲等，普通话语音教师不低于一级。

对外汉语教学教师，普通话水平不低于二级甲等。

报考中小学、幼儿园教师资格的人员，普通话水平不低于二级。

师范类专业以及各级职业学校的与口语表达密切相关专业的学生，普通话水平不低于二级。

国家公务员，普通话水平不低于三级甲等。

国家级、省级广播电台和电视台的播音员或节目主持人，普通话水平应达到一级甲等；其他广播电台、电视台的播音员或节目主持人的普通话达标要求按国家广播电视总局的规定执行。

话剧、电影、电视剧、广播剧等表演或配音演员，播音、主持专业和影视表演专业的教师或学生，普通话水平不低于一级。

公共服务行业的特定岗位人员（如广播员、解说员、话务员等），普通话水平不低于二级甲等。

普通话水平应达标人员的年龄上限以有关行业的文件为准。

第二节　单音节字词测试技巧与训练

一、单音节字词测试的内容和要求

（一）考核目的

读单音节字词 100 个（排除轻声、儿化音节），就是检测应试人 3 321 个常用字词及 471 个通用字的正确读音，考查应试人普通话声母、韵母和声调（合起来构成音节）的发音标准程度。

（二）考核内容及范围

（1）100 个单音节字词中，70%选自《普通话水平测试大纲》中《普通话水平测试用普通话词语表》“表一”（6 595 条），其中带“＊”的字词 40 个，不带“＊”的字词 30 个；另外 30%选自“表二”（10 460 条）。

（2）100 个音节里，每个声母的出现一般不少于 3 次，方言里缺少的或容易混淆的酌量增加 1~2 次；每个韵母的出现一般不少于 2 次，方言里缺少的或容易混淆的酌量增加 1~2 次；4 个声调出现的比例大体相当。

（3）声母、韵母相同的音节隔开排列，不使相邻的音节出现双声或叠韵的情况。

（三）测评标准和要求

一个音节的声母、韵母、声调是一个完整的统一体，任何一项错了，这个音节就错了；如果读得不到位、不完整，就是缺陷或欠缺。此项成绩占总分的 10%，即 10 分。

1. 语音错误：扣 0. 1 分/音节

即每读错一个字的声母、韵母或声调中的任意一项，扣 0. 1 分。

所谓语音错误，就是在普通话水平测试中，把一个音位发为另一个音位的现象。也就是指应试人将某个音节的声母、韵母、声调三个要素中的任何一个或几个要素全部或部分读错，读成其他声母、韵母、声调。类型有：

（1）把甲声母读成乙声母。

常见的这类错误有：

①舌尖后音 zh、ch、sh 读成舌尖前音 z、c、s，例如“志愿→自愿”“新春→新村”“近视→近似”。

②舌尖后音 zh、ch、sh 或舌尖前音 z、c、s 读成舌面前音 j、q、x，例如“知道→机道”“长度→强度”“资金→基金”“丝线→西线”。

③舌面前音 j、q、x 读成舌尖前音 z、c、s，例如把“小”（xiǎo）读作 siǎo、“先”（xiān）读作 siān 等。

④舌面前音 j、q、x 读作舌根音 g、k、h，例如把“街”（jiē）读作 gāi、“巷”（xiàng）读作 hàng；或把 x 读作 q，例如“翔”（xiáng）读成 qiáng。

⑤n 读成 l，例如把“难”（nán）读作 lán，“泥”（ní）读作 lí。

⑥r 读成 l 或 n，例如把“染”（rǎn）读作 lǎn、“让”（ràng）读作 làng，把“肉”（ròu）读作 niù、“软”（ruǎn）读作 nuǎn。

⑦h 读成 f，例如把“花”（huā）读作 fā、“灰”（hūi）读作 fēi。

⑧不送气音 b、d、g、j、zh、z 读作送气音 p、t、k、q、ch、c，例如把“倍”（bèi）读作 pèi、“电”（diàn）读作 tiàn、“柜”（guì）读作 kuì、“件”（jiàn）读作 qiàn、“坐”（zùo）读作 cùo。

⑨零声母音节加了辅音声母，例如“袄”（ǎo）读作 nǎo、“饿”（è）读成 nè、

“爱”（ài）读作 nài、“文”（wén）读作 mén 等。

（2）把甲韵母读成乙韵母。

常见的这类错误有：

①把后鼻音韵尾“-ng”读作前鼻音韵尾“-n”，或把前鼻音韵尾“-n”读作后鼻音韵尾“-ng”，主要指 in-ing、en-eng、an-ang 等的混读，如“英”（yīng）读作 yīn、“冷”（lěng）读作 lěn，或“安”（ān）读作 āng、“款”（kuǎn）读作 kuǎng 等。

②把撮口呼韵母“ü-”读成齐齿呼韵母“i-”，或把齐齿呼韵母“i-”读作撮口呼韵母“ü-”，如将“具”（jù）读作 jì、“军”（jūn）读作 jīn、“全”（quán）读作 qián，或将“季”（jì）读作 jù、“县”（xiàn）读作 xuàn、“沿”（yán）读作 yuán 等。

③把复韵母读成单韵母，或把单韵母读成复韵母，如“每”（měi）读作 mǐ、“药”（yào）读作 yò、“被”（bèi）读作 bì，“做”（zuò）读作 zù，或“禾”（hé）读作 wó、“吃”（chī）读作 qiā、“母”（mǔ）读作 mǒng 等。

④合口呼韵母丢失韵头“u-”，或齐齿呼韵母丢失韵头“i-”，如“耍”（shuǎ）读作 shǎ、“最”（zuì）读作 zèi、“吨”（dūn）读作 dēn、“双”（shuāng）读作 shāng，或“家”（jiā）读作 gā、“交”（jiāo）读作 gāo 等。

⑤前响复韵母添加韵头“u-”或“i-”，如“菜”（cài）读作 cuài，“雷”（léi）读作 luéi，或“茂”（mào）读作 miào 等。

⑥丢失韵尾“-i”，如“摘”（zhāi）读作 zā、“贼”（zéi）读作 zé。

⑦卷舌韵母“er”没有卷舌动作，读作 e，如“二”（èr）读成 è。

⑧韵母“o”读作韵母“e”，或把“e”读成“o”等，如“河”（hé）读作 hó、“乐”（lè）读作 lò、“风”（fēng）读作 fōng，或“坡”（pō）读作 pē、“磨”（mó）读作 mé。

（3）把甲调值读成乙调值。

常见的这类错误有：

①调型受方言的影响发生改变，把声调甲明确地读作声调乙。如阴平调读成升调如阳平，“摸”（mō）读成 mó；阳平调有曲折读成上声，“防”（fáng）读成 fǎng；上声读成阳平，“朗”（lǎng）读成 láng 等。

②习惯性读错声调的字。有些字，常常有人把它读错，如将“亚”（yà）读成 yǎ、“室”（shì）读成 shǐ、“潜”（qián）读成 qiǎn 等。

③入声字没有改读，或已改读但调值不对。如古入声字“发”“佛”“罚”“法”为古仄音（三声、四声），现为阴平或阳平。

（4）误读、漏读等也按语音错误标准扣 0.1 分。

误读成别字而没按要求改读的，按错误计。如把“舜”（shùn）读成“尧”（yáo）、“蓄”（xù）读成“存”（cún）、“屉”（tì）读成“抽”（chōu）、“瘸”（qué）读成“拐”（guǎi）。

因落字、省略、跳行等原因而漏读的音节，每漏读一个字，按错误计。

（5）不允许读出轻声和儿化音，否则以错误计。

2. 语音缺陷：扣 0.05 分/音节

即一个字的声母、韵母或声调中的任意一项读音有缺陷，扣 0.05 分。语音缺陷只在读单音节字词和读多音节词语两项计评。

所谓语音缺陷，指在PSC单音节字词或多音节词语测试中音节发音不够标准，也就是未错至把一个音位发为另一个音位，但又尚未达到标准音位的现象。语音缺陷属于一个音位内部的语音错误，而语音错误属于两个音位之间的语音错误。

在单音节测试项内，主要考察音节中的声母、韵母、声调3个要素的语音缺陷，如虽然没有将其中某一要素错读成其他声母、韵母、声调，但其中一个或几个要素没有达到标准的程度。一个音节的全部或部分发音不够标准包括3个方面：一是发音部位和发音方法出现位移，声母发音就存在发音缺陷；二是舌位、唇形或动程出现位移，韵母发音就存在发音缺陷；三是调型或调值出现变形，声调发音就存在发音缺陷。只要其中任意一个方面存在发音缺陷，则该音节判为发音有语音缺陷。如“宰”，当声母“z”出现齿间音的发音听感，或韵母中韵腹“ɑ”［ɑ］出现央ɑng［ng］的发音听感，或声调调值214[①] 出现211的发音听感时，这3种情况只要出现其中一种，“宰”就应当判为发音存在语音缺陷。

常见的语音缺陷类型有：

（1）声母缺陷。主要表现为声母的发音部位不准确，但还未达到把普通话里的某一类声母读成另一类声母；或者表现为声母的发音方法含混或不完全到位。如：

①读翘舌音声母zh、ch、sh、r时，舌尖接触或接近上腭的位置过于靠后或靠前，但还没有完全错读为舌尖前音，发音介于两者之间。

②读舌尖前音z、c、s时的发音部位明显靠前或读成齿间音。

③读舌面前音j、q、x时的发音部位明显靠前，近似z、c、s；或用较接近的部位代替，读成舌叶音。

④声母成阻、除阻过程不干净利落；送气音、不送气音含混不清。

⑤把合口呼u、uo的零声母“w”读成唇齿浊擦音“v”。

（2）韵母缺陷。主要表现为韵母发音的口型不标准，舌位的高低、舌位的前后、唇形的圆展度不到位，复韵母的舌位动程明显不够，语感差，如：

①开口呼的韵母开口度明显不够，听感性质明显不符，如“ɑi”口腔开度不够等。

②合口呼、撮口呼的韵母圆唇度不够，如“ü”的发音不到位，近似于“i”。

③复韵母舌位动程、唇形圆展变化不够，如“uɑi”“iou”的唇形、舌位变化在听感上不明显。

④卷舌韵母er有卷舌色彩，但听感生硬或舌位明显有误差。

⑤无鼻音的音节明显带有鼻化色彩。

⑥in、ing的韵腹“i”［i］与韵尾间明显地嵌了一个“e”［ə］；或in有点后鼻音，但又能与ing相区别。

⑦ɑi、ɑn中的前“ɑ”［ɑ］明显偏后；ɑng、uɑng中的后“ɑ”［ɑ］明显偏前。

---

① 调值是采用赵元任设计的“五度标调法”建立一个坐标，纵轴表示音高，横轴表示音长。把声调的调值分为五度，分别用1、2、3、4、5来表示，其中1表示音高最低，2表示次低，3表示次中，4表示次高，5表示最高。例如“请”读起来由半高降到低，再升至次高，标为214。

（3）声调缺陷。声调缺陷一般表现为声调调型、调式基本正确，但调值音高明显不够，或时值过短而不到位。常见的声调缺陷有：

①上声（第三声）由于受语流中的上声读音习惯影响读成只降不升，调值 214 读成 211；或者还没有降到最低点 1 度就已经上扬；或者因读得过于缓慢而将调型读出了较大的弧度，与实际调值相去甚远；或者因时值过短导致上扬的调值不到位，读成 212 调。

②阳平调（第二声）调值 35 升不到位，或者调型读出了弧度。

③阴平调（第一声）调值 55 偏低，读成 44、33 调值。

④去声（第四声）读得过短，调值 51 降幅不够。

⑤四声的相对高点或低点明显不一致，忽高忽低，控制不好，按缺陷扣分。

3. 超时扣分

本项测试限时 3.5 分钟。超时 1 分钟以内扣 0.5 分，超过 1 分钟以上（含 1 分钟）扣 1 分。

4. 改读规则

单音节字测试一个字允许读两遍，如果应试人发觉第一次读音有口误时可以重读一遍。每个单音节字词允许应试人即时改读一次，按第二次读音评判。如“倩”先读 qīng，后改读 qiàn，判对；先读 qiàn 后改读 qīng，则判错。注意不允许读第三遍、第四遍，隔字词改读无效，也不能每一个字都重复读两遍。

5. 多音字只需要读出一种读音即可

尽量读它的常用读音，如“石”有 shí 和 dàn 两音，测试时最好读 shí，但一定不要读出该字的所有读音。

二、单音节字词应试要旨

读单音节字词是普通话水平测试中的基础检测，它能全面而精确地考查应试人普通话各音节成分的发音状况，任何一点粗疏都将影响其发音标准程度。所以，在进行单音节字词测试时，掌握一些必要的测试要领与技巧对确保测试时发挥出正常水平具有重要意义。

（一）声韵调发音要标准

读单音节字词时，一个音节的声母、韵母和声调的朗读既要饱满、清晰，又要完整、到位。

1. 声母发音要准确无误

声母要发准，是指发音要找准部位、方法正确，不能有错误或缺陷。

（1）不能把普通话里的某一类声母的发音读成另一类声母，比如 zh、ch、sh 与 z、c、s，f 与 h，n 与 l 不分。

（2）不能把普通话里的某一类声母的正确发音部位用较接近的部位代替，造成读音缺陷。

2. 韵母发音要饱满到位

韵母有单韵母、复韵母和鼻韵母。单韵母要单纯、饱满，发出来的音要吐字如珠，一个就是一个，不拖泥带水。复韵母和鼻韵母都要有动程，动程要充足、清楚，要有变化，而且变化要自然、和谐，归音要到位，发出来的音要圆润。复韵母还要谨防韵头、韵尾丢失。

（1）咬准韵头（介音），防止丢失韵头或含混不清，例如将“对”（duì）读成 dèi，丢失了韵头（介音）“u”。

（2）韵尾归音要到位，谨防丢失韵尾，例如将“贼”（zéi）读成 zé，丢失了元音韵尾“e”。

3. 声调要发全

读单音节字词时，声韵与声调的拼合要和谐自然，不能把声韵调割裂开来，顾此失彼。四个声调的调型、调值既要清晰、饱满，又要和谐、统一，充分体现阴、阳、上、去“四声”的抑扬顿挫之美。

（二）不要将形近字或同义词误读

汉字的同义词很多，还有很多字的形体相近或相似，单独认读时，稍不注意很容易读错。形近字、同义词误读有两种情况：一是有的人因为朗读过快或过于紧张，把很简单的字也读错了，如把“太”读作“大”、把“柔”读作“软”、把“呕”读作“吐”等；二是有些日常生活中常见的字，或在词语中能念准但是脱离一定语言环境，单独读却感到陌生、一下子难以念准的字，极易念错，如“氯”读作“lù”、“秽”读作“suì”等；再如“赅”“骇”在词语“言简意赅”“惊涛骇浪”中能正确读出，可单独出现一下子难以把握，可能读错。当然，这与应试人的文化水平也有关系。

（三）多音字只需选读一音

一个字有多种读音的叫多音字，单音节字词测试中有不少多音字。测试时念任何一个音都是对的，如“处”念 chǔ 或 chù、“强”念 qiáng 或 qiǎng 都算对。不必费时间琢磨到底读哪一个音，分散精力，影响情绪。但若在常用字音和冷僻字音之间，一般说来，取常用的读音为宜，如“殷”有 yīn（殷勤）、yān（殷红）两音，考试时一般读较常用的“yīn”。

（四）速度要快慢适中，时间分配要得当

读 100 音节，限时 3 分 30 秒，要注意控制好时间。读单音节字词，只要每个音节读完整，一个接一个地往下读，就不会超时。

有的应试者因担心时间不够而读得过快，不能完整读完音节应有的长度，导致音节未读完整，出现“吃字”现象，造成失误，因此切忌抢读；还有一些应试者对时间估计不准，读得太慢，出现超时扣分的情况，因此，读字音也不能太慢，不能每个字都去揣摩或试读，速度太慢，说明基础太差、不熟练，准备不足；还有的应试人控

制不好时间分配，出现前急后缓或者前缓后急的现象；再有一种现象是有的应试人像朗读诗歌一样读单音节字词，总是五言或七言一顿，这种固定节奏的读法在测试中一定要避免。

为了有效防止出现这些不利情况，平时在学习普通话、进行单音节训练时，一定要重视对时间的合理分配，反复调整，力求在有限的时间内将各个音节读得字正腔圆、舒展流畅而又从容不迫。

此外，四个声调的音节要把握好音长，不同声调的音节其音长是不一样的，相对而言，上声音长最长，调值是214，有一个明显的降升过程，起伏较大；阳平次之，调值是35，呈上升之势；阴平又次之，调值是55，保持高而平；最短的是去声，调值是51，下降快，干脆利落。测试时，不能把四个声调的音节按相同的节奏来读，避免因超过实际音长导致的拖腔或音长不足造成的调值不够的缺陷。

（五）朗读要从左至右横读

单音节字词共100个，测试题一般分为10排，每排10个字。朗读时从第一排起，逐排从左至右依次朗读，不要从第一个字起从上往下读，也不要“之”字形来回读。

（六）读错了应及时纠正

一个字允许读两遍，即应试人发觉第一次读音有口误时可以改读，按第二次读音评判。如果对有的字拿不准正确读音，不必反复思虑揣摩，以免影响后面的朗读。

三、单音节字词吐字发音常用技巧

读好单音节字词，要在学会正确发音的同时，还应掌握一些发音吐字技巧，以及气息、共鸣控制技巧，对改善音色、纠正口齿不清、字音含混等问题大有好处。

（一）音节的吐字与归音

汉字的音节结构分为声、韵、调几个部分。声母，又叫字头；韵母，分为韵头、韵尾、韵腹3个部分；声调，一个音节的字神，体现在韵腹上。

汉字的发音应该遵循汉字的音节结构特点，读音要求体现“珠圆玉润”的特点，即应尽量将每个汉字的发音过程处理成为“枣核形”，以声母或者韵头为一端，以韵尾为另一端，韵腹为核心。这就得讲究“吐字归音”，处理好了音节的出字、立字、归音3个环节，这个字才能真正读得字正腔圆。

要使普通话语音显得更加纯正，每个音节的发音做到枣核形是一个关键要义。当然，这一般指的是在单音节字词测试项中的要求，而在平常朗读或说话的语流中，不可能、也不必片面强调“字字如核”，这样必然会违背语言交流的本质，一味追求技巧和方法，反而会削弱声音的感情色彩，破坏语言的节奏。

一个汉字的音程很短，大多在1/3秒就会结束。要在短短的时间内兼顾声韵调和吐字归音，必须掌握好以下4个要领。

1. 出字坚实有力——要求声母的发音部位准确、弹发有力

出字坚实有力，是指声母的发音要有力度、有弹性、时值要短、干净利索。要达到这样的要求，前提是发音准确，基础是发音熟练。声母要发得准确有弹性，得熟悉并掌握声母的发音部位和发音方法。比如发唇齿清擦音 f，应是上齿和下唇内侧轻轻触碰，如果触碰重了，擦音性质就会受到影响，如果触碰点从下唇内侧移至下唇外侧，发音器官肌肉的紧张点就会发生偏移，进而影响到标准音质。声母要发得坚实有力，不妨经常进行一些口腔肌肉强化训练。这种训练的形式多种各样，如无声口腔操、有声绕口令等形式操练，都是有效而实用的。

总之，要做到出字坚实有力，就应该做到："咬住弹出，部位准确；气息饱满，结实有力；短暂敏捷，干净利落"。

2. 立字饱满明亮——要求韵腹拉开、立起、饱满，做到"开口音稍闭，闭口音稍开"

立字饱满明亮，一方面是说韵母发音时要注意韵头、韵腹、韵尾三者之间的比例关系。韵母中的韵腹应该最突出，发音既要重又要响又要长，使整个音节凸显出一个明晰的亮点。为使韵腹能够突出，韵头和韵尾就需要相应发得弱一些、轻一些、短一些；另一方面，还需要把握韵头、韵腹、韵尾三者之间的联系，注意韵头、韵腹、韵尾发音的连续性和整体性。韵头、韵腹、韵尾的发音过程并不是各自独立的断裂的发音过程，而是从头至腹再至尾连续滑动、渐进糅合的发音过程，最终使韵头、韵腹、韵尾连成一个没有任何痕迹的整体。这样发出的韵母，声音不但是明亮的，而且也一定是饱满的。为使发出来的声音更加明亮、集中，还应尽量做到"开口音稍闭，闭口音稍开"，即在读开口呼音节时嘴型不妨稍稍收拢一些，使发音更集中；而读合口呼、齐齿呼、撮口呼音节时适当打开口腔，使发音更加明亮。

因此，要实现立字饱满明亮，就要做到："拉开立起，气息均匀；音长声响，圆润饱满；窄韵宽发，宽韵窄发；前音后发，后音前发；圆唇扁发，扁唇圆发。"

3. 归音完整利索——尾音轻短，趋向鲜明，干净利落，不可拖泥带水

归音完整利索，主要指韵尾收音的到位，尤其是-i、-u、-n、-ng 等做韵尾时，要注意口型的变化。如果一个音节的结束音素读不好，整个音节的发音就会显得不完整、不干净。普通话音节的韵尾音素有元音音素和辅音音素两种类型，元音音素韵尾为 i、u、(o)，辅音音素韵尾为 n、ng。由于韵尾较之韵腹发音弱、轻、短些，不可为了收音的到位，而将韵尾 i、u、(o) 发得如同作为单韵母时一样，否则发音会从"饱满"变成"膨胀"，进而变成"死板"。韵尾 i、u、(o) 的舌位应该比作为单韵母时的 i、u、(o) 的舌位低些。辅音韵尾 n、ng 虽然较韵腹发音也弱、轻、短些，但其发音部位仍然清晰可辨，n 的发音部位在口腔前部的上齿龈，ng 的发音部位在口腔后部的软腭。发音部位触碰处的两个发音器官发音时切切注意不能分离，否则发音就会显得不完整。

因此，归音要求做到："尾音轻短，完整自如；避免生硬，突然收住；归音到位，送气到家；干净利索，趋向鲜明。"

4. 声调贯穿始终——调型、调值准确到位

声调发音贯穿于音节的全过程。调型和调值是声调的两个重要要素，二者要统筹兼顾，不可偏废。比如把阴平调发成 44 或 33，虽然调型正确了，但调值低了，因而整个

声调就不会饱满。还有一种情况是应试人由于发音较快，音节和音节之间相互影响，使调型和调值变形走样，导致发音不够饱满。

（二）共鸣与气息的运用

我们所发出的声响都是依靠两片声带振动而成，本质上没有多大的差别，但是振动经过了咽、喉、口腔、鼻腔、胸腔等人体自然的空间后被逐渐修饰、放大，最后成为发出的声音并有了区别。

1. 声音的共鸣

一般来说，声音不响亮、传不远大致有两个原因：一是没有充分利用共鸣器官；二是气息不稳。

前者的解决办法就是充分利用共鸣腔，让振动在口腔、鼻腔甚至胸腔得到共鸣、放大，自己的声音才会饱满、圆润、高扬。

运用共鸣的几个技巧包括：

（1）体会胸腔共鸣：微微张开嘴巴，放松喉头，闭合声门（声带），像金鱼吐泡一样轻轻地发声。或者低低地哼唱，体会胸腔的振动。

（2）降低喉头的位置：动作同上，喉部放松、放松、再放松。

（3）打牙关：所谓打牙关，就是打开上下大牙（槽牙），给口腔共鸣留出空间，此时注意用手去摸摸耳根前大牙的位置，看看是否打开了。然后发出一些元音，如“ɑ”，感觉自己声音的变化。

（4）提颧肌：微笑着说话，嘴角微微向上翘，同时感觉鼻翼张开了，并仔细体会声音是不是更清亮了。

（5）挺软腭：打一个哈欠，保持并体会这种“半打呵欠”的状态。

以上技巧就是打开口腔的几大要点，在大声说话的时候注意保持以上几种状态，就会改善自己的声音。

2. 关于气息的问题

发音靠振动，振动靠气息，所以要使声音洪亮、中气十足，就要有饱满的气息。呼吸要深入、持久，要随时保持一定的呼吸压力。平时可以多做一些深吸缓呼的练习，最好在练习说话的时候先站起来，容易寻找到呼吸状态，要坐着说话的话也要坐直，上身微微前倾。

运用气息的时候，千万不要“泄气”，要在上述的呼吸压力中缓缓地释放，并且要善于运用嘴唇把气拢住，这样来保持胸腹和嘴唇的压力平衡。

3. 关于声音的线路问题

我们的发音有一个不易察觉的线路，比如打呼哨的声音很响亮，道理就在于气息畅通，声音集中，通行无阻。说话也是这样，要尽量让自己的气息贯通，让声音尽量沿着口腔内部的中纵线穿透而出。这样才能使声音集中而明亮。

第三节　多音节字词测试技巧与训练

一、多音节字词测试的内容和要求

该项测试是“单音节字词”项的继续与提升，要求应试者在2.5分钟内准确读出规定的100个音节，大多是双音节词语，有少数三音节和四音节的词语。测试的目的是进一步考核应试人对普通话声韵调发音的掌握情况以及轻声词、儿化词和多音节词变调的发音，该项测试占总分的20%，即20分。需要注意的是，该项与第一项一样，失分若超过10%，即扣分超过2分，即可判定应试人的普通话水平等级不能进入一级。

同样，在测试时如果发现读错了，根据测试规则可以重新读一遍，测试员或计算机将会以第二遍读音评分。

二、读多音节词语的评分标准

要求应试人朗读100个音节的多音节词语，此项测查应试人声母、韵母、声调的发音和变调、轻声、儿化音的标准程度。20分。

（一）评分

（1）语音错误，每个音节扣0.2分。

（2）语音缺陷，每个音节扣0.1分。

（3）该项限时2.5分钟。超时1分钟以内扣0.5分，超时1分钟以上（含1分钟）扣1.5分。

（二）评分说明

（1）词语部分的声、韵、调的读音错误和缺陷参照单音节字词部分的评分细则判定。

轻声词读音错误判定：①轻声词没有读作轻声的判为错误。轻声词以《普通话水平测试必读轻声词语表》为准。②不是轻声词读作轻声词的判错误。《普通话水平测试必读轻声词语表》中没有的词语，工具书和教科书中也没有注为轻声，并且实际口语中也不读作“重·次轻”格的，若读作了轻声判为错误。

（2）轻声词读音缺陷判定：轻声音节发音时，音长不够短。上声后的轻声音节音高偏低（读得过轻）。

（3）儿化词音错误的判定：①应该儿化的词语未儿化判为错误。儿化词以《普通话水平测试用儿化词语表》为准。②不应该儿化的词读作“儿化韵”判为错误。包括：①在读“多音节词语”的测试中，没有标明“儿尾”的词语读作“儿化韵”。②把实语素（如“宠儿”的“儿”）读为儿化韵。③儿化音节读得近乎两个音节或儿化韵不转舌的判错误。

（4）儿化词读音缺陷的判定：①一个音节儿化后丢失原有的声调。②儿化韵母发音时口型不准（例 ur 读作 er）。③儿化音节卷舌色彩生硬，不是很明显。④儿化卷舌过度。

（5）变调错误的判定：①应该变调而未变调或上声、“一”“不”、不变调不正确，该音节判为错误。②一个词语内因一个音节声调错误而导致其他音节声调错误的，有关音节均判为错误。

（6）多音节词语轻重格式明显不对，特别是双音节词语“中重”格式处理不当，该词语整体算一个语音缺陷。

（7）多音节（含双音节）词语内部音节与音节之间明显读断，该词语整体算一个语音缺陷。如后一个音节因语音错误或语音缺陷已扣分，则不再加扣该词语语音缺陷分。

（8）在读多音节词语的测试中，声调缺陷按次扣分（不再按系统扣分）。

其他：

（1）单音节字词和多音节词语两项，允许应试人即时改读一次，以第二次的读音为准，隔字或词语改读无效。

（2）单音节字词和多音节词语两项，应试人如有漏读整行的，测试员应加提醒。

三、多音节字词测试作答要领

1. 按词停顿，不能按字停顿

一个多音节词语的前后音节具有不可分割的连续性和紧密性，甚至相互之间还会影响发音。本项考查的是多音节的发音，跟第一项“单音节字词”自然有所不同。在测试中，有的应试人不了解考核目的或者为了追求音节声韵调的到位，把一个多音节词语分开，按字分读，读一个字停顿一下，把一词一顿变成了一字一顿，这样就破坏了多音节词语的整体性，影响了整体语音面貌。测试时要注意词语本身的连贯性，词与词之间要有停顿，同一个词语的字与字之间不要分开。

2. 注意分清多音节词语的轻重格式

“多音节词语”项测试大多是双音节词语，少数有三音节，一般会出现一个四音节词语。测试时，要注意词语的轻重音格式，否则会因声调缺陷而失分。

（1）双音节的轻重格式主要有两类：一类是“中—重”格式，即后一个音节的发音比前一个音节稍微强一些，双音节词绝大部分是这种格式，如“损坏”“煤炭”“高大”等；另一类是“重—轻”格式，即后一个音节的发音比前一个音节弱，如“凉快”“茧子”“漂亮”等。还有一类情况是后一个音节的发音比前一个音节稍弱，如“因为”“手巾”等，这部分是属于“可轻可不轻”的情况，既然“可轻可不轻”，就没有留意的必要了。

（2）三音节的轻重格式可以分为三类：第一类是“中—次轻—重”式，即中间的音节最弱，重音落在末一个音节上，绝大多数三音节是这种格式，如“牛仔裤”“社会学”“蛋白质”等；第二类是“中—重—最轻”式，即中间的音节是重音，末一音节最弱，如“好家伙”“不在乎”“胡萝卜”等；第三类是“重—最轻—最轻”式，即后两个音节声音很弱，重音落在前一个音节上，如“孩子们”“姑娘们”等。

（3）四音节的轻重格式有两类：一类是“中—次轻—中—重”格式，即第二个音节较弱，最末音节为重音，这个格式在四音节词中占绝大多数，如“前仆后继”“此起彼伏”“轻而易举”等；另一类是“中—次轻—重—最轻”格式，即第二个音节较弱，最末音节最弱，第三音节是重音，往往由两个必读双音节词语结合而成，如“如意算盘”“乡村医生”等。

3. 注意儿化词的发音

“多音节词语”测试项中儿化词要求不少于4个，它们都有明显的外在形态特征，即词尾带有一个“儿”字。所以，在这一测试项中，词尾带有“儿”字的词语可儿化，词尾不带“儿”字的就不要随便儿化。测试中，有的应试人不知道“儿”是儿化的特征，一律把它读成“某某儿”；有的应试人不管后面有没有“儿”字一律按照口语习惯儿化，这些都会按照读音错误来扣分。当然，测试项中也有可能出现“女儿”“健儿”等特殊的词语，这些词与儿化词有显著不同，易于分辨。

4. 切忌因粗心大意看错词语的字形或顺序

与第一个测试项一样，有的应试人可能会因为紧张或者粗心大意将一个词语误认成另外一个词语（或者认错其中的一个音节），如将“英雄”认成“英勇”，把“作祟”认成“作祟”等。还有的把顺序看错，如把“儿女”读成“女儿”，把“外国”读成“国外”等。测试时，要注意稳定情绪，集中精力，看清楚再读。

5. 注意异读词的读音

在第一个测试项中，我们遇到多音字时可以读任何一个规范的读音，但在“多音节词语”测试项中不存在这种情况。当多音字处于一定的语言环境中时，它就有了确定的读音。这部分异读词一定要注意辨别，如“妥帖、请帖、字帖”这三个词语中的“帖”读音就各不相同，第一个读阴平，第二个读上声，第三个读去声。

6. 注意“一”和“不”的变调、上声连读的变调以及轻声的判定

变调、轻声这类知识在本书相关内容中有所阐述，此处提醒大家测试的时候要特别注意。

第四节　朗读短文测试技巧与训练

一、朗读短文测试的内容和要求

在普通话水平测试中，“朗读短文”项测试的是应试人使用普通话朗读书面作品的水平，在测查声母、韵母、声调读音标准程度的同时，重点测查连读音变、停连、语调

以及流畅程度。朗读的短文从“普通话水平测试用朗读作品”中选取，评分以朗诵作品的前400个音节为限，在作品中以“//”为标记。该项测试限时4分钟，分值占总分的30%，即30分。

二、朗读的评分标准

要求应试人朗读一篇文章（前400个音节），测查应试人使用普通话朗读书面作品的水平。在测查声母、韵母、声调读音标准程度的同时，重点测查连读音变、停连、语调以及流畅程度。30分。

（一）评分

（1）语音错误，每个音节，扣0.1分。
（2）系统性语音缺陷，视程度扣0.5分、1分。
（3）语调偏误，视程度扣0.5分、1分、1.5分、2分。
（4）停连不当，视程度扣0.5分、1分、2分。
（5）朗读不流畅（含回读），视程度扣0.5分、1分、2分。
（6）该项限时4分钟，超时扣1分。

（二）评分说明

1. 语音错误的判定
（1）音节的声母、韵母或者声调存在发音错误。
（2）语气词“啊”未按规律变读的。
（3）“语音提示”中注明读轻声、儿化韵而未读轻声、儿化的。
（4）没有读出具有区别意义、词性作用的轻声词。
（5）增读（加字）、漏读（减字）、颠倒。
（6）叠字形容词AA式带上“儿”尾读作儿化韵，第二个音节未按规律变调的。
2. 系统性语音缺陷的判定

在声母或韵母大系统中，相同的声母缺陷或韵母缺陷出现5次或5次以上；在声母或韵母小系统中，相同的声母缺陷或韵母缺陷出现3次或3次以上，判定为系统性语音缺陷（声调的缺陷不在此列）。

有1~2个小系统语音缺陷扣0.5分，有大系统或有多个（3个或3个以上）小系统语音系统性缺陷扣1分。

3. 语音偏误的判定

语音偏误主要测查朗读诸要素中的轻重音、字调、句调、速度等。停顿已另设项考查，在语调偏误评分中不作为考查重点。语调偏误主要表现为：

①声调调值和调型有系统性缺陷，音节的长短不合理。

②连读音节不自然。

③重音不当，词的轻重音格式不对。

④句调不自然。

⑤语调的轻重、快慢（语速过快过慢）、高低、停顿的配置与变化同普通话语调有差异。

评分时要综合考虑各因素。语调有偏误但不明显扣 0.5 分，语调偏误较明显扣 1 分，语调偏误明显扣 1.5 分，语调偏误严重扣 2 分。

1. 停接不当的判定

明显的停连不当主要表现为：由于不恰当的停顿或连读造成了割裂词语、肢解句子，产生歧意等现象。因换气需要或个人理解造成的短暂的不当停顿（并未曲解原文意思），视为不明显的停连不当。

偶尔出现的一次不明显的停连不当不扣分，两次不明显的停连不当或一次明显的停连不当扣 0.5 分，三次及三次以上不明显的停连不当或两次明显的停连不当扣 1 分；两次或两次以上明显的停连不当扣 2 分。

2. 朗读不流畅的判定

朗读不流畅指：回读，停顿过多，按音节蹦读（字化），因不熟练读得磕磕巴巴等。朗读很流畅不扣分，朗读欠流畅扣 0.5 分，朗读明显不流畅扣 1 分，朗读严重不流畅扣 2 分。

3. 其他

根据语气的需要，上声音节单念或出现在句末时读成半上不构成语音错误或缺陷。

根据语调偏误的实际和测试的实践，为更好地测评应试人的语调情况，在语调偏误的评定中增加一档，即 1.5 分。

三、朗读短文测试作答要领

普通话水平测试中的朗读是对应试人普通话运用能力的一种综合性检验形式。决定朗读者水平高低和效果优劣的因素很多，要想取得好的效果，自然要掌握朗诵技巧。关于朗诵技巧，前面已有详细阐述。此处重点讲述掌握朗读技巧之外的要领，以便帮助应试人在测试中减少失误，发挥出应有水平。

1. 准确把握作品的感情基调

测试时应迅速浏览整篇文章，准确把握作品的感情基调。在此基础上才能产生真实的感情和鲜明的态度，产生内在的律动，从而把握不同段落和语句的语速，有快有慢，有急有缓，形成抑扬顿挫、错落有致的语调。

2. 提前预习 60 篇作品，重点熟悉其中较生僻的字词和语句

对照本测试项的评分细则，其中声韵系统语音缺陷和语调偏误这两项属于纯粹的语音问题，应试人若掌握得不熟，短期内无法改变，只能被动失分，其余错漏增读、停连不当、朗读不流畅、超时等则不属于纯粹的语音问题，应试人完全可以通过充分准备减少失分项。根据教育部语用司的规定，普通话水平测试试卷不得外传，但是作为第三测试项备选的 60 篇作品却是可以公开见到的。应试人可以从这些作品中找出有关外国人名、地名、专业词语、文言词语、成语等比较生僻的音节，反复练习诵读，熟悉之后自

然就不会出现过多的失误。

3. 掌握几个应急小技巧

根据评分标准，每错一个音节扣 0.1 分；朗读不流畅（包括回读）视程度扣 0.5 分、1 分、2 分。可见，如果出现回读则至少要扣 0.5 分。因此，在朗读时，如果发现某句话中读错了一个字，不要回来重新读，就当作一个错字扣掉 0.1 分，总比回读最低扣掉 0.5 分要合适。

注意一点，作品中“//”后的文字可以朗读，在测试时不作为评分依据。但是在人工测试时，“//”后面的内容朗读得好坏是会影响测试员主观印象的，一般建议应试人读完“//”所在的一句话即可，不用读完全篇。

第五节　命题说话测试技巧与训练

一、命题说话测试的内容和要求

“命题说话”项测查的是应试人在无文字凭借的情况下说普通话的水平，重点测查语音标准程度、词汇语法规范程度和自然流畅程度。说话话题从“普通话水平测试用话题”中选取，由应试人从给定的两个话题中任选一个，连续说一段话。要求应试人单向说话，如发现应试人有明显背稿、离题、说话难以继续等表现时，主试人应及时提示或引导。在计算机辅助普通话水平测试中，没有人提示。该测试项占总分的 40%，即 40 分，限时 3 分钟。此处的限时指说话时间不能少于 3 分钟，缺时是要扣分的。

“说话”是普通话水平测试中最后一个测试项，它是测试中唯一一项无文字材料的考题，也是分值最高的一项，它综合考查应试人对普通话的实际运用能力。从测试实践看，这一项的失分率最高。可见，若想在测试中取得高等级，必须加强“说话”训练，突破“说话”难关。

二、命题说话的评分标准

应试人从给定的两个话题中选定一个话题连续说一段话，以测查应试人在没有文字凭借的情况下说普通话的水平，重点测查语音标准程度、词汇语法规范程度和自然流畅程度。40 分。

（一）评分

1. 语音标准程度（25 分）

一档：扣 0 分、1 分、2 分。

二档：扣 3 分、4 分。

三档：扣5分、6分。

四档：扣7分、8分。

五档：扣9分、10分、11分。

六档：扣12分、13分、14分。

2. 词汇语法规范程度（10分）

一档：扣0分。

二档：扣1分、2分。

三档：扣3分、4分。

3. 自然流畅程度（5分）

一档：扣0分。

二档：扣0.5分、1分。

三档：扣2分、3分。

（二）评分说明

1. 语音标准程度的评定

（1）评分的原则。质与量结合。“质”即整体把握语音形象，包括语音失误的类型，方言色彩的流露等；“量”即具体累计语音失误的次数。

（2）评分记录的要求。测试员应在评分草表上记录下应试人语音错误的类型和数量。如遇同一个字词重复出现的多次错误，记到第三次后可不再重复记录。

（3）语音标准程度各档特征和扣分。

一档：语音标准，或极少有失误。无系统性的语音错误和语音缺陷，语音错误在4次以下，且限于非方音性质的异读词、多音字的读音错误。没有语音错误扣0分，失误1~2次扣1分，失误3~4次扣2分。

二档：语音错误在10次以下，有方音但不明显，扣3分、4分。如方音比较明显则降为三档扣5分、6分。

三档：语音错误在10~15次，有方音但不明显扣5分、6分。

四档：语音错误在10~15次，方音比较明显扣7分、8分。

五档：语音错误超过15次，方音明显（声韵调发音失误较多，难点音超出常见范围），视程度扣9分、10分、11分。

六档：语音错误多（超过15次），方音重（声、韵、调发音方音成分较多，方音特征突出，外地人听其谈话有听不懂情况，但基本是普通话），视程度扣12分、13分、14分。

此外，基本上用方音说话的，酌情扣15~20分。

（4）语音标准程度得分为整数分。无特别情况，说满3分钟最低得分为5分。

2. 词汇语法规范程度的评定

（1）词汇语法不规范：指使用了典型的方言词汇、典型的方言语法格式以及明显的病句。

（2）各档特征和扣分：

一档：词汇语法合乎规范，扣0分。

二档：词汇、语法偶有（1~2次）不规范的情况，扣1分、2分。

三档：词汇、语法屡有（3次或以上）不符合规范的情况，扣3分、4分。最多扣4分。

（3）相同的词汇语法错误不重复扣分。

3. 自然流畅程度的评定

一档：语音自然流畅，扣0分。

二档：基本流畅，或流畅但口语化较差，有背稿子的表现，语调不够自然，扣0.5分、1分。

三档：语速不当，语言不连贯，语调生硬，扣2分、3分（不太严重扣2分，严重扣3分）。

4. 缺时扣分

说话不足3分钟，酌情扣分：缺时1分钟以内（含1分钟），扣1分、2分、3分；缺时1分钟以上，扣4分、5分、6分；缺时2分钟30秒（含2分30秒），本测试项成绩计为0分。

此外，应测人不按测试目的和要求说话（如简单重复，明显背稿、离题、说话难以继续等），测试员应及时提示或引导。

三、命题说话常见错误分析

普通话的“命题说话”测试的重心在语音、语貌和语速三个方面，可是应试人经常在这三个方面出现问题，归纳起来主要有以下四个方面的原因。

1. 方音克服不好

声、韵、调不准，语音失误较多；或者语音较准，但生硬、不自然。前者是方音干扰所致，后者是音变掌握得不好。

2. 背稿了，口语化程度差

“说话”变成“背文章”，或者形同“口头作文”，缺乏“说话”的口语化。这两种情况是因为说话者担心犯语音错误或语法错误而背下准备的稿子。

3. 语速不当，话语不连贯

或者语速过快，每分钟超过270个字，结果增加了语音失误；或者语速过慢，低于每分钟170个字，失去“说话”应有的特征；或者语流不顺，说话内容欠准备而导致说得不连贯。

4. 词汇、语法不够规范

方言词语回避得不好，不经意将其带进说话中，说话时还有方言语法的痕迹。

以上这些问题不是无法避免的，如果试前做好准备，经过反复练习，一定能减少许多失误。

四、命题说话测试作答要领

1. 情绪平稳，不要紧张

在严肃的测试氛围下，加上没有文字材料做依据，应试人难免会紧张，一紧张就容易在说话中出现顾此失彼的现象：要么忙于组织语句，暴露出方言语音；要么为了顾及语音规范导致语法混乱，语无伦次。应试者要保持平稳的心态，放松情绪，除了平时勤学苦练普通话外，了解测试程序也是必不可少的。做到心中有数，才不至于临时乱了阵脚。

2. 准确审题，组织提纲

当应试人抽到试题备考时，要迅速确定说话的话题，先联系自己熟悉的内容确定话题范围，随后在脑海中拟定一个提纲。有了提纲，说话时就可以按照既定的思路有条不紊地进行表述。

3. 语音标准，语调自然

“说话”不是背诵，语调应该跟平时说话一样自然、朴实；同时也要注意尽量将语音发标准，避免出现方言字音和方言语调。有的应试人因为平时不坚持说普通话，测试时就会出现背书腔或朗诵腔。要消除这种情况，平时的口语普通话训练是必不可少的。

4. 语句准确，句式完整

注意多用口语词，少用书面语。书面语在口语中用多了的话，听起来会显得不伦不类。

（1）注意避免方言词和“时髦语词”。有的词可以用规范汉字写出来，字典上也有注音，但是属于方言词，如“俺”“忒”等；有的词语是社会上流行的所谓“时髦语词”，如“酷毙了”“神马”等，这些都属于不规范的词语，不能随意使用。

（2）注意避免方言句式，如“不知道”不能说成“知不道”等。

（3）注意多用短句，少用长句。长句用的词语多，说起来容易顾此失彼，造成语法失误，因此，能用短句的尽量用短句。

5. 一定要说够 3 分钟

因为缺时按每 20 秒扣 1 分的标准计分，所以宁愿多说点也不要缺时。人工测试时，时间到了以后测试员会提醒应试人停止；计算机辅助测试时，说满 3 分钟后系统会自动提交试卷。

文教、出版、广播及其他部门、行业所涉及的普通话异读词的读音、标音，均以本书中收入的新的审音表为准。

五、命题说话测试题目及思路分析

（一）说话题目

1. 我的愿望（理想）
2. 我的学习生活

3. 我尊敬的人
4. 我喜爱的动物（或植物）
5. 童年的记忆
6. 我喜爱的职业
7. 难忘的旅行
8. 我的朋友
9. 我喜爱的文学（或其他）艺术形式
10. 谈谈卫生与健康
11. 我的业余生活
12. 我喜欢的季节（或天气）
13. 学习普通话的体会
14. 谈谈服饰
15. 我的假日生活
16. 我的成长之路
17. 谈谈科技发展与社会生活
18. 我知道的风俗
19. 我和体育
20. 我的家乡（或熟悉的地方）
21. 谈谈美食
22. 我喜欢的节日
23. 我所在的集体（学校、机关、公司等）
24. 谈谈社会公德（或职业道德）
25. 谈谈个人修养
26. 我喜欢的明星（或其他知名人士）
27. 我喜爱的书刊
28. 谈谈对环境保护的认识
29. 我向往的地方
30. 购物（消费）的感受

（二）思路分析

1. 我的愿望（理想）　29. 我向往的地方

这两个题目的相同点是：未实现。“愿望”的范围很广，“向往的地方”可以成为愿望的一个目标。因此可以归结为：我的愿望是登泰山，那里是我向往的地方。

2. 我的学习生活　7. 难忘的旅行　11. 我的业余生活　13. 学习普通话的体会　15. 我的假日生活

这组题目的相同点是：都是自己亲身经历过的事。“学习普通话”是一件具体的事，它可以作为“我的学习生活”“我的业余生活”“我的假日生活”的具体内容。“旅行”也是一件具体的事，它既可以是“难忘的旅行”的内容，也可以是“我的假日生活”的内容。

3. 我尊敬的人　8. 我的朋友　26. 我喜欢的明星（或其他知名人士）

这组题目的相同点是：写人。三个题目中人物的点不同，“尊敬”表明“我”对他的态度；“朋友”指明“我”与他的关系；“明星”指他的称号。因此三个方面可以融为一体：我的朋友是一位篮球明星，他不仅球打得好，而且人很好。

4. 我喜爱的动物（或植物）　12. 我喜欢的季节（或天气）　22. 我喜欢的节日

这组题目是说自然景物的。表达的中心都是“喜欢”，因此每个题目都要回答的问题是：我为什么喜欢。

5. 童年的记忆　6. 我喜爱的职业　16. 我的成长之路　19. 我和体育

这组题目与经历有关。“体育”是职业的一种，它可以成为记忆中的回忆，回忆自己所经历过的成长之路。因此可以概括为：在我童年的记忆中，我酷爱体育，特别是打篮球。我的篮球之路十分艰难，记得……打篮球伴随我一起长大，后来成了我最喜爱的一种职业。

9. 我喜爱的文学（或其他）艺术形式　27. 我喜爱的书刊

这组题目主要内容是：文学或其他艺术，书刊是艺术的一种载体，它们有一定的联系。因此可以概括为：我最喜欢的书刊是《小小说》，它上面刊载的小小说时代感很强。许多作者运用小小说这种快捷的文学形式来讽刺时弊，张扬正气。

18. 我知道的风俗　20. 我的家乡（或熟悉的地方）　23. 我所在的集体（学校、机关、公司等）

这组题目以“家乡”或一个熟悉的地方为中心，可以写一个集体，也可以记叙某种风俗。例如：我的家乡有这样一个风俗，每逢过年前，家家杀年猪，杀猪时一定要请孩子的老师，说是“敬先生”，这是过去的说法。后来人们把它改为“教师节”。因此，我家乡的教师节不是9月10日，而是学生家杀年猪的那一天。

10. 谈谈卫生与健康　14. 谈谈服饰　17. 谈谈科技发展与社会生活　21. 谈谈美食　24. 谈谈社会公德（或职业道德）　25. 谈谈个人修养　28. 谈谈对环境保护的认识　30. 购物（消费）的感受

这组题目适合采用议论文文体。议论文的简单结构是：开头提出论点，分析问题，解决问题。一般说来，提出论点较难，既要语言简练，又要意义明确，还要表现说话的中心。例如：“谈谈卫生与健康”——俗话说不干不净，吃了没病。这句话是不科学的。现代医学表明很多疾病都是不注重饮食卫生引起的，因此，讲究卫生是健康的保证。

“谈谈服饰”——常言道：三分人才，七分打扮。服饰是打扮的一种重要方式。得体的服饰可以体现人的修养，也可增添人的气质。

“谈谈科技发展与社会生活”——想想过去，人们刀耕火种，吃不饱，更吃不好。随着科技的发展，特别是科技在农业中的应用，产品增收了，人们丰衣足食了。由此可见，科技的发展可以促进社会生活水平的提高。“民以食为天”——这句话道出了“食”的重要性。作为现代人，不仅仅追求的是吃饱的问题，更追求的是吃好，所谓“美食”，是讲究饮食的色、香、味、养齐备。“美食”不仅可以增加人的吃饭情趣，更能滋补人的身体。

“谈谈社会公德（或职业道德）”——社会公德，是指人们应该遵守的公共道德。既然是公共的道德，大家就应该自觉遵守。因为公德不仅可以维护社会生活的正常秩序，它还是衡量社会生活中人们素质高低的标准。

“谈谈个人修养”——个人修养包括一个人的文化素质和道德素质。修养的好坏标志着个人品位的高低，同时也可以衡量一个社会的文明程度的高低，因为社会是由每一个人组成的。

“谈谈对环境保护的认识”——环境是人类生存的空间。因此，保护环境实质上就是保护我们的生命。

“购物（消费）的感受”——购物是一种心理需求的满足，本是一件快乐的事，可是，如果买到假冒伪劣的商品，那情感就发生了天翻地覆的变化，是后悔？是痛苦？是愤怒？说不清楚，也许什么都有。

本章实训

实训一 单音节字词训练

1. 在前期学习的基础上，请学生解答“语音错误”和“语音缺陷”两个术语的含义。随后带领学生读准普通话的 21 个辅音声母、39 个韵母、四个声调，以声、韵、调为例讲清“读音错误”和“读音缺陷”两个术语。

2. 教师根据《纲要》中的测试内容要求，给出约 3800 个常用字词，随机将这些字词分为 10 组，以小组为单位在规定的时间内给这些字词注上拼音，作为作业计入平时成绩。

3. 由教师根据《大纲》要求，拟制一份由 100 个单音节字词组成的试卷，随机抽取学生诵读，指导学生练读，有针对性地讲解训练和应试的技巧，提高学生学习的兴趣和效率。

4. 利用本书附录的模拟试卷，让学生之间相互听辨，发现问题后教师要及时纠正或让学生之间相互纠正，以不断提高训练效率。

5. 针对学生中存在的不同方言语音，由教师指导，进行针对性的强化训练。

实训二 多音节词语训练

1. 教师结合普通话水平测试要求，简要讲授普通话轻声、变调、儿化的概念、规律及读法要领，并进行重点示范和训练。

2. 教师根据《纲要》中“普通话水平测试用必读轻声词语表”（收词 548 条）和“普通话水平测试用必读儿化词语表”（收词 189 条），列出常用的必读轻声、儿化词条，供学生课内课外训练，学生也可按本书相关项目中的词条进行训练。

3. 教师在课堂上出示模拟测试的 100 个多音节词语，指导学生练读，有针对性地讲解朗读训练的要求和应试技巧，提高学生学习的兴趣和效率。

4. 利用本书附录的模拟试卷，让学生之间相互听辨，发现问题后教师要及时纠正或让学生之间相互纠正，不断提高训练效率。

实训三　短文朗诵训练

1. 根据前期有关项目的学习，让学生回忆朗读的要求、朗读前的准备及朗读的表达技巧等内容，教师随后总结。

2. 教师出示一篇 300 字左右的短文，根据朗读的要求和朗读的表达技巧在课堂上指导学生练读，一边指导，一边示范，一边训练，让学生进一步熟悉朗读短文的要求和技巧，以便他们自己能够在课内课外有针对性地进行训练。

3. 抽选一篇本书附录中的短文，随机选择一名同学在课堂上进行模拟测试，用测试的评分标准评判学生的朗读效果，有针对性地激发学生的训练兴趣，提高学生训练的效率。

实训四　命题说话训练

1. 教师讲授组织话题应该具备的要素：选择恰当的表达方式；确定内容，选择材料；安排说话的顺序；组织语言，以体现普通话口语表达的特点等。

2. 教师从 30 篇普通话水平测试用话题中随机抽取 1 个话题，以此为例进行材料组织示范。每一个话题可以试着从叙述描写、议论评说、说明介绍等方面组织材料。

教师指导学生利用表格将 30 个话题进行分析、填表。有些话题可能只适合叙述描写型，如“我的愿望（理想）”等；有的话题只适合议论评说型，如“谈谈科技与社会发展”等；有的话题只适合说明介绍型，如“我喜欢的节日”等。可以在分析列表时只选择一类填写。在此基础上，随机选择某个学生进行模拟测试，以促进学生训练的积极性，有效提高学生普通话口语训练的效果。

第三章 普通话语音知识

第一节 音 节

一、普通话音节的概念

音节是语音的基本结构单位，由一个或几个音素按一定规律组合而成，也是自然感到的最小语音片断。汉语中一个汉字表示一个音节，只有儿化词如“盆儿、花儿”等是两个汉字读成一个音节。

二、普通话音节的结构

普通话音节一般由声母、韵母、声调 3 部分组成，韵母内部又分韵头、韵腹、韵尾。

表 3-1 普通话音节结构分析表

结构 / 例字	声母	韵母				声调	
		韵头	韵腹	韵尾		调类	调值
				元音	辅音		
快 kuài	k	u	ɑ	i		去声	51
吼 hǒu	h		o	u		上声	214
掠 lüè	l	ü	ê			去声	51
而 ér			er			阳平	35
言 yán		i	ɑ		n	阳平	35
装 zhuāng	zh	u	ɑ		ng	阴平	55
归 guī	g	u	e	i		阴平	55
遇 yù			ü			去声	51

通过表 3-1 可以看出，普通话音节结构具有以下特点：

（1）普通话音节的实际读音最少要由 3 个成分组成；最多可以由 5 个成分组成。

（2）每一个音节都必须有声母、韵母和声调。

（3）元音最多可以有 3 个，而且连续排列，分别充当韵母的韵头、韵腹和韵尾。

（4）辅音只出现在音节的开头和末尾，没有辅音连续排列的情况。

（5）韵头只能由 i、u、ü 充当。

（6）韵尾、元音韵尾由 i、o、u 充当，辅音韵尾只能由 n、ng 充当。

（7）每个元音都能充当韵腹，如果韵母不只一个元音，一般总是开口度较大，舌位较低的元音充当韵腹（如 a、o、e），只有在韵母中没有其他元音成分时，i、u、ü 才能充当韵腹。

三、普通话声母、韵母拼合规律

普通话声母和韵母配合的规律性主要表现在声母的发音部位和韵母“四呼”的关系上，了解了声母和韵母的配合规律（表 3-2～表 3-4），就可以避免在拼读、拼写中出现差错，还可以帮助纠正方言口音。

表 3-2　　普通话声韵母配合表（开口呼）

四呼 \ 韵母 \ 声母		唇音				舌尖中音				舌面后音			舌面前音			舌尖后音				舌尖前音			零声母
		b	p	m	f	d	t	n	l	g	k	h	j	q	x	zh	ch	sh	r	z	c	s	
开口呼	-i															知	吃	诗	日	滋	雌	斯	
	a	巴	爬	妈	发	搭	他	拿	拉		咖	哈				渣	插	沙		杂	擦	萨	阿
	o	玻	坡	摸	佛																		
	e			么		德	特	讷	乐	哥	科	喝				遮	车	佘	热	则	侧	瑟	鹅
	ê																						欸
	ai	白	拍	买		呆	胎	奶	来	该	开	海				摘	差	筛		灾	猜	腮	哀
	ei	杯	培	梅	非			内	雷	给	剋	黑						谁		贼			
	ao	包	抛	猫		刀	掏	脑	劳	膏	考	号				招	超	烧	绕	糟	操	骚	熬
	ou		剖	某	否	都	投	耨	楼	狗	口	后				周	臭	收	肉	走	凑	搜	偶
	an	班	潘	慢	翻	单	弹	男	蓝	干	看	喊				占	产	删	然	咱	惨	三	安
	en	本	喷	们	分	扽		嫩		跟	肯	很				真	陈	神	人	怎	岑	森	恩
	ang	帮	胖	忙	放	当	糖	囊	郎	刚	抗	行				张	场	上	让	脏	藏	桑	昂
	eng	蹦	碰	梦	风	等	疼	能	冷	更	坑	哼				正	成	生	扔	曾	层	僧	鞥
	ong					懂	同	弄	龙	工	空	红				中	冲		荣	总	从	送	
	er																						儿

表 3-3 普通话声韵母配合表（齐齿呼）

四呼	声母/韵母	唇音				舌尖中音				舌面后音			舌面前音			舌尖后音				舌尖前音			零声母
		b	p	m	f	d	t	n	l	g	k	h	j	q	x	zh	ch	sh	r	z	c	s	
齐齿呼	i	比	皮	米		地	提	你	里				鸡	起	系								衣
	ia								俩				加	恰	瞎								压
	ie	别	撇	灭		爹	贴	捏	列				接	且	些								耶
	iao	标	票	秒		掉	调	鸟	了				叫	桥	小								腰
	iu			谬		丢		牛	六				就	求	修								优
	ian	便	片	面		点	天	年	连				见	前	先								烟
	in	彬	品	敏				您	林				进	亲	新								因
	iang							娘	量				将	枪	湘								央
	ing	并	萍	明		定	听	宁	灵				经	请	行								英
	iong												炯	穷	熊								拥

表 3-4 普通话声韵母配合表（合口呼、撮口呼）

四呼	声母/韵母	唇音				舌尖中音				舌面后音			舌面前音			舌尖后音				舌尖前音			零声母
		b	p	m	f	d	t	n	l	g	k	h	j	q	x	zh	ch	sh	r	z	c	s	
合口呼	u	不	铺	母	副	度	图	怒	路	谷	哭	胡				住	出	书	如	组	醋	苏	乌
	ua									挂	夸	化				抓	欻	刷					挖
	uo					多	脱	诺	罗	过	扩	或				琢	戳	说	若	坐	错	所	窝
	uai									怪	快	坏				拽	踹	帅					歪
	ui					对	推			鬼	亏	会				追	吹	谁	瑞	最	催	岁	威
	uan					端	团	暖	卵	关	款	换				转	穿	栓	软	钻	窜	算	弯
	un					顿	吞		论	滚	困	混				准	春	顺	润	尊	存	孙	温
	ung									光	框	黄				装	床	爽					汪
	ueng																						翁
撮口呼	ü							女	绿				局	去	需								于
	üe							虐	略				绝	却	雪								约
	üan												卷	全	选								
	ün												均	群	勋								晕

四、普通话音节的拼读

拼读，就是按照普通话音节的构成规律，把声母、韵母、声调组合成音节，这一过程也叫拼音。音节的拼读重在发韵母，声母只起把握口形的作用，再配上声调，即可构成一个音节。普通话音节的拼合，一般有三种方法。

（一）两拼法

两拼法就是用声母与韵母直接拼合。

发音练习：声母+韵母音节

zh—ou—zhou

（二）三拼法

三拼法即把韵母的韵头（此时韵头又叫介音）单独列出，把韵母分成两部分，然后与声母拼合，这种方法只适用于有介音的音节。

发音练习：声母+（韵头+韵腹+韵尾）音节

t—u—ɑn—tuɑn

以上两种方法对初学者比较适用，但是普通话教学中最终还须采用第三种“直呼”的方法。

（三）直呼法

直呼拼音法即直接按声、韵、调读出音。

发音练习：

xuě—（雪）hàn—（汉）

shuō—（说）yǔ—（语）

第二节　声　　母

一、普通话声母的概念

声母是处于音节开头的辅音。普通话中共有 22 个声母，包括 21 个辅音声母和 1 个零声母。

辅音声母：b、p、m、f、d、t、n、l、g、k、h、j、q、x、zh、ch、sh、r、z、c、s。

零声母：音节不以辅音开头，即没有声母，习惯上叫零声母。如：安（ān）、言（yán）、忘（wàng）、云（yún）。

声母和辅音不等同，声母都由辅音充当，但不是所有的辅音都可以充当声母。例如 ng 只作韵尾，不作声母；n 既作声母，又作韵尾。

二、普通话声母的分类

同音色的声母由不同的发音方法和发音部位决定，每一个声母都有自己的发音方法和发音部位，要读好声母就必须掌握好每一个声母的发音方法和发音部位。声母的发音部位是否到位，直接影响语流中字音的发音是否清晰。

（一）声母的发音方法

发音方法是指调节发音气流的方法。按照发音方法，普通话声母可以从阻碍的方式（成阻、持阻、除阻）、气流的强弱、声带的振动与否3个方面来分析。

1. 阻碍的方式

辅音的发音可以分为3个阶段：构成阻碍阶段（成阻）、阻碍持续阶段（持阻）、解除阻碍阶段（除阻）。根据这3个阶段的不同情况，普通话声母可以分为塞音、擦音、塞擦音、鼻音、边音5种发音方法。具体说明如下：

（1）塞音。

塞音又称“爆破音”或“破裂音”。发塞音时发音部位闭紧，挡住气流，形成阻碍，持阻阶段保持这种状态，除阻时，气流突然将阻碍冲开，爆发成声。塞音有b、p；d、t；g、k。

（2）擦音。

发擦音时，阻碍气流的两个发音部位靠近，形成一条窄缝，气流从窄缝中挤出，摩擦成声。擦音有f、h、x、s、sh、r。

（3）塞擦音。

发塞擦音时，塞音和擦音发音方式相结合，先塞后擦。两个发音部位闭紧，形成阻碍，气流首先将两个发音部位冲开，形成一条窄缝，然后气流再从窄缝中挤出，摩擦成声。塞擦音有z、c；zh、ch；j、q。

（4）鼻音。

发鼻音时，口腔中的发音部位闭紧，软腭下降，关闭口腔，打开鼻腔通道，气流振动声带，并从鼻腔冲出成声。鼻音有m、n。

（5）边音。

发边音时，舌尖顶住齿龈，舌头两侧留出空隙，软腭上升，关闭鼻腔通道，持阻时气流振动声带，并经舌头两边从口腔冲出成声，故称边音。边音只有l。

2. 气流的强弱

根据气流的强弱，塞音和塞擦音可以分为送气音和不送气音两类。气流强者为送气音，气流弱者为不送气音。

送气音有p、c、t、ch、q、k。

不送气音有b、z、d、zh、j、g。

3. 声带振动与否

根据声带振动与否，普通话声母可以分为清音声母、浊音声母。声带振动者为浊音，声带不振动者为清音。

清音声带松弛，声带不振动。

清音有 b、p、f、z、c、s、d、t、zh、ch、sh、j、q、x、g、k、h。

浊音声带拉紧，气流运动使声带振动。

浊音有 m、n、l、r。

（二）声母的发音部位

发音部位指发音气流受到阻碍的部位。按照发音部位，普通话声母可以分为双唇音、唇齿音、舌尖前音、舌尖中音、舌尖后音、舌面前音、舌面后音 7 类。具体说明如下：

（1）双唇音是双唇阻碍气流形成的音，有 b、p、m 共 3 个。

（2）唇齿音是利用上齿、下唇阻碍气流形成的音，只有 f 这 1 个。

（3）舌尖前音是利用舌尖、上齿背阻碍气流形成的音，有 z、c、s 共 3 个。

（4）舌尖中音是利用舌尖、上齿龈阻碍气流形成的音，有 d、t、n、l 共 4 个。

（5）舌尖后音是利用舌尖、硬腭前部阻碍气流形成的音，有 zh、ch、sh、r 共 4 个。

（6）舌面前音又叫舌面音，是利用舌面前部、硬腭前部阻碍气流形成的音，有 j、q、x 共 3 个。

（7）舌面后音又叫舌根音，是利用舌面后部、软腭阻碍气流形成的音，有 g、k、h 共 3 个。

上述声母发音方式与分类如表 3-5 所示。

表 3-5　　声母发音总表

<table>
<tr><td colspan="3" rowspan="3">发音部位
发音方法</td><td colspan="2">唇音</td><td rowspan="2">舌尖前音</td><td rowspan="2">舌尖中音</td><td rowspan="2">舌尖后音</td><td rowspan="2">舌面前音</td><td rowspan="2">舌面后音</td></tr>
<tr><td>双唇音</td><td>唇齿音</td></tr>
<tr><td>上唇
下唇</td><td>上齿
下唇</td><td>舌尖
上齿背</td><td>舌尖
上齿龈</td><td>舌尖
硬腭前</td><td>舌面前
硬腭前</td><td>舌面后
软腭</td></tr>
<tr><td rowspan="2">塞音</td><td rowspan="2">清音</td><td>不送气音</td><td>b</td><td></td><td></td><td>d</td><td></td><td></td><td>g</td></tr>
<tr><td>送气音</td><td>p</td><td></td><td></td><td>t</td><td></td><td></td><td>k</td></tr>
<tr><td rowspan="2">擦音</td><td colspan="2">清音</td><td></td><td>f</td><td>s</td><td></td><td>sh</td><td>x</td><td>h</td></tr>
<tr><td colspan="2">浊音</td><td></td><td></td><td></td><td></td><td>r</td><td></td><td></td></tr>
<tr><td rowspan="2">塞擦音</td><td rowspan="2">清音</td><td>不送气音</td><td></td><td></td><td>z</td><td></td><td>zh</td><td>j</td><td></td></tr>
<tr><td>送气音</td><td></td><td></td><td>c</td><td></td><td>ch</td><td>q</td><td></td></tr>
<tr><td>鼻音</td><td colspan="2">浊音</td><td>m</td><td></td><td></td><td>n</td><td></td><td></td><td></td></tr>
<tr><td>边音</td><td colspan="2">浊音</td><td></td><td></td><td></td><td>l</td><td></td><td></td><td></td></tr>
</table>

三、普通话声母发音分析

普通话声母有本音和呼读音。声母的本音指根据发音方法和发音部位发的音，也就是声母自身的读音。由于声母多为清辅音（17个），发音时不振动声带，本音不响亮、不清晰。所以，为了便于教学，在念读声母时，声母后面都要加上1个元音，声母加上元音之后的读音称为呼读音，读起来更响亮、清晰。呼读音实际上是含有声母、韵母、声调的整个音节的读音，声调为阴平。需要注意的是，声母的呼读音仅用于单独念读声母的时候，在拼读音节时必须用声母的本音（表3-6）。

表3-6　　普通话声母呼读音构成表

声母	所加元音	呼读音
b、p、m、f	o	bo、po、mo、fo
z、c、s	i	zi、ci、si
d、t、n、l	e	de、te、ne、le
zh、ch、sh、r	i	zhi、chi、shi、ri
j、q、x	i	ji、qi、xi
g、k、h	e	ge、ke、he

声母发音要领分析如下。

1. 双唇音

（1）b：双唇、不送气、清、塞音。

发音时双唇闭紧成阻，软腭上升，关闭鼻腔通道，声带不振动，气流较弱，突然一下冲破双唇阻碍，爆发成声，保证双唇用力。发音练习：

把握 bǎwò　　半径 bànjìng　　帮助 bāngzhù　　必然 bìrán

（2）p：双唇、送气、清、塞音。

发音时上、下唇闭紧，形成阻碍，软腭上升，关闭鼻腔通道，声带不振动，气流较强一下冲破双唇阻碍，爆发成声。发音练习：

排列 páiliè　　抛弃 pāoqì　　朋友 péngyou　　蓬勃 péngbó

（3）m：双唇、浊、鼻音。

发音时，上、下唇闭紧，软腭下降，关闭口腔通道，打开鼻腔通道，气流振动声带，气流从鼻腔透出成声。发音练习：

满意 mǎnyì　　矛盾 máodùn　　没有 méiyǒu　　面临 miànlín

绕口令

【八百标兵】

八百标兵奔北坡，炮兵并排北边跑，炮兵怕把标兵碰，标兵怕碰炮兵炮。

【一座棚】

一座棚傍峭壁旁，峰边喷泻瀑布长，不怕暴雨瓢泼冰雹落，不怕寒风扑面雪飘扬，并排分班翻山攀坡把宝找，聚宝盆里松柏飘香百宝藏，背宝奔跑报矿炮劈火，篇篇捷报飞伴金凤凰。

2. 唇齿音

f：唇齿、清、擦音

发音时，下唇略内收，靠近上齿，形成一条窄缝，软腭上升，关闭鼻腔通道，声带不振动，气流从唇齿间的窄缝中挤出，摩擦成声。发音练习：

方法 fāngfǎ　　反复 fǎnfù　　奋发 fènfā　　仿佛 fǎngfú

绕口令

【画凤凰】

粉红墙上画凤凰，凤凰画在粉红墙。红凤凰、粉凤凰，红粉凤凰、花凤凰。红凤凰、黄凤凰，红粉凤凰、粉红凤凰，花粉花凤凰。

3. 舌尖前音

（1）z：舌尖前、不送气、清、塞擦音。

发音时，舌尖前伸抵住上齿背，软腭上升，鼻腔通道关闭，声带不振动，气流较弱，气流再从窄缝中挤出，摩擦成声。发音练习：

罪责 zuìzé　　总则 zǒngzé　　造作 zàozuò　　枣子 zǎozi

（2）c：舌尖前、送气、清、塞擦音。

发音与 z 相似，但气流较强。发音练习：

层次 céngcì　　草丛 cǎocóng　　粗糙 cūcāo　　参差 cēncī

（3）s：舌尖前、清、擦音。

发音与 z 相似，发音时声带不振动，气流从窄缝通过摩擦成声。发音练习：

思索 sīsuǒ　　诉讼 sùsòng　　琐碎 suǒsuì　　松散 sōngsǎn

绕口令

【做早操】

早晨早早起，早起做早操，人人做早操，做操身体好。

【四和十】

四是四，十是十，十四是十四，四十是四十。谁能说准四十、十四、四十四，谁来试一试。

4. 舌尖中音

（1）d：舌尖中、不送气、清、塞音。

发音时，舌尖抵住上齿龈成阻，升软腭，关鼻腔，声带不振动，气流较弱，冲破阻碍，爆发成声。发音练习：

电灯 diàndēng　　等待 děngdài　　奠定 diàndìng　　导弹 dǎodàn

（2）t：舌尖中、送气、清、塞音。

发音时与 d 相似，区别之处在除阻时气流较强。发音练习：

铁塔 tiětǎ　　天堂 tiāntáng　　滩涂 tāntú　　淘汰 táotài

（3）n：舌尖中、浊、鼻音。

发音时，舌尖抵住上齿龈成阻，软腭下降，闭口腔，开鼻腔，气流振动声带，气流从鼻腔冲出成声。发音练习：

牛奶 niúnǎi　　男女 nánnǚ　　恼怒 nǎonù　　农奴 nóngnú

（4）l：舌尖中、浊、边音。

发音时，舌尖抵住上齿龈（与 n 比略后），舌头两侧要有空隙，升软腭，关鼻腔，气流振动声带，并经舌头两边从口腔冲出成声。发音练习：

流利 liúlì　　嘹亮 liáoliàng　　来历 láilì　　轮流 lúnliú

绕口令

【打特盗】

调到敌岛打特盗，特盗太刁投短刀，挡推顶打短刀掉，踏盗得刀盗打倒。

【牛郎恋刘娘】

牛郎恋刘娘，刘娘念牛郎。牛郎年年恋刘娘。刘娘年年念牛郎。郎恋娘来娘念郎。念娘恋娘，念郎恋郎，念恋娘郎。

5. 舌尖后音

（1）zh：舌尖后、不送气、清、塞擦音。

发音时，舌尖上翘，抵住硬腭前部，升软腭，关鼻腔，声带不振动，气流较弱，气流从阻碍中冲开一条窄缝，然后摩擦成声。发音练习：

正直 zhèngzhí　　政治 zhèngzhì　　主张 zhǔzhāng　　辗转 zhǎnzhuǎn

（2）ch：舌尖后、送气、清、塞擦音。

发音时，舌尖上翘，抵住硬腭前部，声带不振动，气流较强，升软腭，关鼻腔然后摩擦成声。发音练习：

长城 chángchéng　　出产 chūchǎn　　充斥 chōngchì　　戳穿 chuōchuān

（3）sh：舌尖后、清、擦音。

发音时，舌尖上翘，接近硬腭前部，形成窄缝，升软腭，关鼻腔，声带不振动，气流从窄缝中挤出，摩擦成声。发音练习：

山水 shānshuǐ　　上升 shàngshēng　　事实 shìshí　　舒适 shūshì

（4）r：舌尖后、浊、擦音。

发音时，舌尖上翘，接近硬腭前部，形成窄缝，升软腭，关鼻腔，声带振动，轻微摩擦成声。发音练习：

柔软 róuruǎn　　扰攘 rǎorǎng　　荏苒 rěnrǎn　　容忍 róngrěn

绕口令

【朱叔锄竹笋】

朱家一株竹，竹笋初长出。朱叔处处锄，锄出笋来煮。锄完不再出，朱叔没笋煮，竹株又干枯。

【石狮子，涩柿子】

山前有四十四棵死涩柿子树，山后有四十四只石狮子。

山前的四十四棵死涩柿子树，涩死了山后的四十四只石狮子。

山后的四十四只石狮子，咬死了山前的四十四棵死涩柿子树。

不知是山前的四十四棵死涩柿子树涩死了山后的四十四只石狮子，还是山后的四十四只石狮子咬死了山前的四十四棵死涩柿子树。

6. 舌面前音

（1）j：舌面前、不送气、清、塞擦音。

发音时，舌面前部抵住硬腭前部，放松舌面，升软腭，关鼻腔，声带不振动，气流较弱，气流将阻碍冲开窄缝，然后经窄缝摩擦成声。发音练习：

讲究 jiǎngjiū　　计较 jìjiào　　积极 jījí　　紧急 jǐnjí

（2）q：舌面前、送气、清、塞擦音。

发音时，舌面前部抵住硬腭前部，升软腭，关鼻腔，声带不振动，气流较强，气流将阻碍冲开窄缝，然后经窄缝摩擦成声。发音练习：

气球 qìqiú　　崎岖 qíqū　　牵强 qiānqiǎng　　请求 qǐngqiú

（3）x：舌面前、清、擦音。

发音时，舌面前部接近硬腭前部，形成窄缝，升软腭，关鼻腔，声带不振动，气流经窄缝摩擦成声。发音练习：

喜讯 xǐxùn　　虚心 xūxīn　　形象 xíngxiàng　　详细 xiángxì

绕口令

【漆匠和锡匠】

七巷一个漆匠，西巷一个锡匠。七巷漆匠用了西巷锡匠的锡，西巷锡匠拿了七巷漆匠的漆，七巷漆匠气西巷锡匠用了漆，西巷锡匠讥七巷漆匠拿了锡。

【京剧和警句】

京剧叫京剧，警句叫警句。京剧不能叫警句，警句不能叫京剧。

7. 舌面后音

（1）g：舌面后（舌根音）、不送气、清、塞音。

发音时舌面后部抵住软腭成阻，软腭后部上升，关鼻腔，声带不振动，气流较弱，气流一下冲破阻碍，爆发成声。发音练习：

梗概 gěnggài　　改革 gǎigé　　高贵 gāoguì　　灌溉 guàngài

（2）k：舌面后（舌根音）、送气、清、塞音。

发音时，与 g 相似，气流相比较强。发音练习：

宽阔 kuānkuò　　开垦 kāikěn　　克扣 kèkòu　　旷课 kuàngkè

（3）h：舌面后（舌根音）、清、擦音。

发音时舌面后部接近软腭，形成窄缝，软腭后部上升，关鼻腔，声带不振动，气流经窄缝摩擦成声。发音练习：

辉煌 huīhuáng　　缓和 huǎnhé　　浩瀚 hàohàn　　航海 hánghǎi

绕口令

【混纺】

丰丰和芳芳，上街买混纺。红混纺，粉混纺，黄混纺，灰混纺。红花混纺做裙子，粉花混纺做衣裳。红、粉、灰、黄花样多，五颜六色好混纺。

8. 零声母

（1）开口呼零声母。

开口呼零声母是指以 a、o、e 开头的零声母。发音时气流在口腔中不受阻，通过声门的开合进行控制。因此拼写的时候，在以 a、o、e 为开头的零声母音节连接在其他音节后面时，通常用隔音符号（'）分开。发音练习：

恋爱 liàn'ài

（2）非开口呼零声母。非开口呼零声母是指以 i、u、ü 开头的零声母。i、u、ü 或以 i、u、ü 开头的零声母音节，为避免与儿化音连写分不清，将开头 i、u、ü 改换为 y、w、yu，或在 i 前面加 y，在 u 前面加 w。发音练习：

夜晚 yèwǎn　　乌云 wūyún

四、声母发音综合练习

1. b p m f

①b：兵　博　匾　必

②p：抛　盆　品　盼

③m：猫　眠　美　木

④f：非　法　粉　副

⑤b-p：编排　奔跑　被迫

⑥b-m：饱满　表面　蓖麻

⑦b-f：缤纷　北方　爆发

⑧p-b：旁边　派别　普遍
⑨p-m：飘渺　篇目　皮毛
⑩p-f：平凡　屏风　佩服
⑪m-b：棉被　漫笔　蒙蔽
⑫m-f：模范　蜜蜂　萌发
⑬m-p：毛皮　门票　面庞
⑭f-b：风波　防备　反比
⑮f-p：发配　分派　反叛
⑯f-m：蜂蜜　分娩　发霉

2. d t n l

①d：刀　答　典　缔
②t：贪　藤　铁　太
③n：蔫　男　扭　内
④l：拉　锣　理　劣
⑤d-t：登台　打通　殿堂
⑥d-n：当年　胆囊　悼念
⑦d-l：登陆　得力　电炉
⑧t-d：通达　头等　投递
⑨t-n：逃难　头脑　童年
⑩t-l：推力　陀螺　头颅
⑪n-d：难点　纽带　内地
⑫n-t：难题　农田　泥土
⑬n-l：尼龙　脑力　逆流
⑭l-d：零点　领地　绿灯
⑮l-t：轮胎　流淌　路途
⑯l-n：老年　冷凝　历年

3. g k h

①g：勾　阁　轨　概
②k：康　壳　垮　控
③h：灰　喝　黄　花
④g-k：钢盔　公款　公开
⑤g-h：过火　归还　桂花
⑥k-g：看管　考古　可贵
⑦k-h：开会　口号　枯黄
⑧h-g：后果　回顾　宏观
⑨h-k：何苦　航空　好看

4. j q x

①j：机　节　奖　嫁

②q：秋　情　取　确

③x：销　斜　许　血

④j-q：精确　近期　军区

⑤j-x：惊醒　精细　机械

⑥q-j：求救　请教　清净

⑦q-x：倾斜　气象　取消

⑧x-j：相机　喜剧　仙境

⑨x-q：象棋　吸取　险情

5. zh ch sh r

①zh：斟　卓　旨　撰

②ch：春　常　产　撤

③sh：山　神　使　摄

④r：扔　如　忍　肉

⑤zh-ch：忠诚　侦察　照常

⑥zh-sh：招手　正式　镇守

⑦zh-r：主人　值日　阵容

⑧ch-zh：初中　纯正　船闸

⑨ch-sh：出售　传说　创始

⑩ch-r：超然　仇人　传染

⑪sh-zh：生殖　实质　手掌

⑫sh-ch：输出　审查　市场

⑬sh-r：诗人　收入　示弱

⑭r-zh：肉质　人中　认真

⑮r-ch：日常　冗长　热潮

⑯r-sh：燃烧　人事　入睡

6. z c s

①z：增　渍　组　造

②c：擦　层　参　测

③s：搜　随　耸　算

④z-c：遵从　紫菜　坐舱

⑤z-s：子孙　总算　棕色

⑥c-s：惨死　测算　彩色

⑦s-z：送葬　塑造　所在

⑧s-c：色彩　随从　素材

7. 零声母

安　偶　饿　要　饮　挖　无　月

阿姨　安慰　偶尔　沿岸　因而　悦耳

演员　野外　委员　外语　愿望　语言

五、声母发音辨析

1. z、c、s 和 zh、ch、sh

发音部位不同，z、c、s 是舌面前音，又称平舌音，发音时舌尖向前平伸，抵住或接近上、下齿背。zh、ch、sh 是舌面后音，又称翘舌音，发音时舌尖翘起，舌身后缩，向前抵住或接近硬腭前部，切记舌尖不要向前平伸，也不要后卷。

发音辨析练习：

（1）单字对比练习。

①z-zh：早——找　责——哲　增——争
②zh-z：诊——怎　债——在　章——脏
③z-ch：杂——茶　灾——拆　糟——超
④ch-z：禅——咱　充——宗　翅——自
⑤z-sh：资——失　做——硕　罪——税
⑥sh-z：暑——组　手——走　圣——赠
⑦c-zh：瓷——植　翠——赘　侧——这
⑧zh-c：窄——彩　沼——草　招——操
⑨c-ch：从——崇　粗——出　惨——产
⑩ch-c：迟——词　冲——聪　成——层
⑪c-sh：醋——束　凑——受　刺——侍
⑫sh-c：涉——册　杀——擦　时——辞
⑬s-zh：私——知　俗——竹　颂——重
⑭zh-s：住——塑　州——搜　追——虽
⑮s-ch：四——斥　宿——触　酸——川
⑯ch-s：抽——搜　冲——松　串——算
⑰s-sh：饲——势　岁——睡　笋——吮
⑱sh-s：申——森　诗——思　输——苏

（2）音节组合练习。

①z-zh：资助　阻止　最终
②zh-z：指责　正在　著作
③z-ch：资产　总称　责成
④ch-z：创造　充足　迟早
⑤z-sh：自身　左手　做声
⑥sh-z：数字　受灾　守则
⑦c-zh：从中　存折　参照
⑧zh-c：至此　注册　主次
⑨c-ch：财产　操持　菜场
⑩ch-c：穿刺　唱词　差错

⑪c-sh：次数　挫伤　丛书

⑫sh-c：身材　上层　水草

⑬s-zh：素质　四周　算账

⑭zh-s：住所　竹笋　周岁

⑮s-ch：搜查　私产　水池

⑯ch-s：沉思　出色　传送

⑰s-sh：损伤　所属　虽说

⑱sh-s：疏松　石笋　神速

2. n 和 l

发音方法不同，n 是鼻腔发音，气流从鼻腔流出，舌尖向前使劲，舌尖慢慢离开；l 是口腔发音，气流从舌的两边流出，舌尖向后使劲，舌尖接触面比 n 相对少一点，舌尖轻轻弹开。

发音辨析练习：

（1）单字对比练习。

①n-l：年——连　能——棱　男——蓝

②l-n：老——脑　龙——农　灵——凝

（2）音节组合练习。

①n-l

哪里　那里　能力　能量　年龄　奴隶　努力

耐力　脑力　内力　内陆　内乱　嫩绿　尼龙

逆流　年轮　农历　浓烈　女郎　暖流　你俩

②l-n

老年　来年　烂泥　冷暖　历年　理念　连年

3. f 和 h

发音部位不同，f 上齿与下唇内缘接近，摩擦成声。h 唇齿分开，处于开口状态，舌头后缩，舌根抬起接近软腭，摩擦成声。

发音辨析练习：

（1）单字对比练习。

①f-h：粉——很　贩——汗　拂——湖

②h-f：黑——非　虎——腐　花——发

（2）音节组合练习。

①f-h

发挥	返回	分化	孵化	符号	符合	复合
发还	繁花	繁华	返回	防寒	防洪	防护
放火	肥厚	肺活量	废话	分红	焚毁	粉红
愤恨	丰厚	风寒	风化	烽火	缝合	凤凰
腐化	负荷	俘获	附和	复核	复活	返还

②h-f

耗费　合法　后方　花费　花粉　化肥　划分

海防　海风　豪放　焕发　荒废　恢复　伙房

4. l 和 r

发音部位和发音方法不同，r 舌尖翘起接近硬腭前部，留出窄缝，嗓子用力发音，气流从窄缝中挤出，摩擦成声，声带振动；l 舌尖在上齿龈上轻弹一下，弹发成声。

发音辨析练习：

（1）单字对比练习。

①r-l：人——路　弱——洛　热——乐

②l-r：拦——然　论——润　楼——柔

（2）音节组合练习。

①r-l

热流　人流　人伦　蹂躏　锐利　日历

容量　染料　热浪　热泪　热力　热恋

燃料　扰乱　热量　热烈　人类　人力

②l-r

路人　落日　两人　录入　令人　例如

老人　利润　恋人　缭绕　了然　猎人

第三节　韵　母

一、韵母的概念

韵母是音节中声母后面的部分。零声母音节全部由韵母构成。普通话韵母共有 39 个。韵母和元音不等同。普通话韵母主要由元音构成，完全由元音构成的韵母有 23 个，约占韵母的 59%，由元音加上辅音构成的韵母（鼻韵母）有 16 个，约占韵母的 41%。可见，在普通话韵母中，元音占有绝对的优势。元音发音比较响亮，与辅音声母相比，韵母没有呼出音。

二、韵母的分类

（一）按韵母开头元音的发音口形分类

可分为开口呼、齐齿呼、合口呼、撮口呼 4 类，统称“四呼”。

1. 开口呼韵母

开口呼韵母指没有韵头 i、u、ü，韵腹也不是 i、u、ü 的韵母，共有 15 个。它们是

ɑ、o、e、ɑi、ei、ɑo、ou、ɑn、en、ɑng、eng、ê、-i（前）、-i（后）、er。

2. 齐齿呼韵母

齐齿呼韵母指韵头或韵腹是 i 的韵母，共有 9 个。它们是 i、iɑ、ie、iɑo、iou、iɑn、in、iɑng、ing。

3. 合口呼韵母

合口呼韵母指韵头或韵腹是 u 的韵母，共有 10 个。它们是 u、uɑ、uo、uɑi、uei、uɑn、uen、uɑng，ueng、ong。

4. 撮口呼韵母

撮口呼韵母指韵头或韵腹是 ü 的韵母，共有 5 个。它们是 ü、üe、üɑn、ün、iong。

（二）按韵母结构特点分类

可分为单韵母、复韵母和鼻韵母 3 类。

1. 单韵母

单韵母是由 1 个元音构成的韵母，共 10 个。单韵母的不同音色是由舌位的高低、舌位的前后、唇形的圆展等因素造成的。根据发音时舌头的部位及状态，可把单韵母分为 3 类：舌面单韵母、舌尖单韵母、卷舌单韵母。

（1）舌面单韵母 7 个：ɑ、o、e、ê、i、u、ü。

（2）舌尖单韵母 2 个：-i（前）、-i（后）。

（3）卷舌单韵母 1 个：er。

2. 复韵母

复韵母由 2 个或 3 个元音复合组成，共 13 个。根据主要元音所在位置的不同，复韵母可以分为 3 类：前响复韵母、后响复韵母、中响复韵母。

（1）前响复韵母 4 个：ɑi、ei、ɑo、ou。

（2）中响复韵母 4 个：iɑo、iou、uɑi、uei。

（3）后响复韵母 5 个：iɑ、ie、uɑ、uo、üe。

3. 鼻韵母

（1）鼻韵母由元音和鼻辅音韵尾构成，共 16 个。

（2）前鼻音韵母 8 个：ɑn、en、in、ün、iɑn、uɑn、uen、üɑn。

（3）后鼻音韵母 8 个：ɑng、eng、ing、ong、iɑng、uɑng、ueng、iong。

三、韵母发音分析

1. 单韵母的发音要领分析

单韵母的发音特点是发音过程中舌位和唇形始终不变，发音时要保持固定的口形。

（1）ɑ：舌面、央、低、不圆唇元音。

口大开，舌尖微离下齿背，舌面中部微微隆起和硬腭后部相对。发音时，声带振动，软腭上升，关闭鼻腔通路。

发音练习：

沙发 shāfā　　大妈 dàmā　　马达 mǎdá　　发达 fādá

绕口令

【小华和胖娃】

小华和胖娃，两个种花又种瓜，小华会种花不会种瓜，胖娃会种瓜不会种花。

（2）o：舌面、后、半高、圆唇元音。

上下唇自然拢圆，舌体后缩，舌面后部隆起和软腭相对，舌位介于半高半低之间。发音时，声带振动，软腭上升，关闭鼻腔通路。

发音练习：

磨破 mópò　　默默 mòmò　　佛寺 fósì　　剥削 bōxuē

（3）e：舌面、后、半高、不圆唇元音。

口半闭，展唇，舌体后缩，舌面后部隆起和软腭相对，比元音 o 略高而偏前。发音时，声带振动，软腭上升，关闭鼻腔通路。

发音练习：

苛刻 kēkè　　合格 hégé　　特赦 tèshè　　客车 kèchē

绕口令

【鹅和河】

坡上立着一只鹅，坡下就是一条河。宽宽的河，肥肥的鹅，鹅要过河，河要渡鹅，不知是鹅过河，还是河渡鹅？

（4）ê：舌面、前、半低、不圆唇元音。

口自然打开，展唇，舌尖抵住下齿背，使舌面前部隆起和硬腭相对。发音时，声带振动，软腭上升，关闭鼻腔通路。

发音练习：

裂变 lièbiàn　　确切 quèqiè　　结业 jiéyè　　绝技 juéjì

（5）i：舌面、前、高、不圆唇元音。

口微开，两唇呈扁平形，上下齿相对（齐齿），舌尖接触下齿背，使舌面前部隆起和硬腭前部相对。发音时，声带振动，软腭上升，关闭鼻腔通路。

发音练习：

低级 dījí　　气息 qìxī　　袭击 xíjī　　立体 lìtǐ

绕口令

【七棵树上结七样儿】

一二三，三二一，一二三四五六七。七个阿姨来摘果，七个花篮儿手中提。七棵树上结七样儿，苹果、桃儿、石榴、柿子，李子、栗子、梨。

(6) u：舌面、后、高、圆唇元音。

两唇收拢成圆形，略向前突出；舌体后缩，舌面后部隆起和软腭相对。发音时，声带振动，软腭上升，关闭鼻腔通路。

发音练习：

树木 shùmù　　出土 chūtǔ　　部署 bùshǔ　　幅度 fúdù

绕口令

【鼓上画只虎】

鼓上画只虎，破了拿布补。不知布补鼓，还是布补虎。

(7) ü：舌面、前、高、圆唇元音。

两唇拢圆，略向前突；舌尖抵住下齿背，使舌面前部隆起和硬腭前部相对。发音时，声带振动，软腭上升，关闭鼻腔通路。

发音练习：

区域 qūyù　　须臾 xūyú　　语句 yǔjù　　序曲 xùqǔ

绕口令

【女小吕和女老李】

这天天下雨，体育局穿绿雨衣的女小吕，去找穿绿运动衣的女老李。

穿绿雨衣的女小吕，没找到穿绿运动衣的女老李。

穿绿运动衣的女老李，也没见着穿绿雨衣的女小吕。

(8) -i：(前) 舌尖、前、高、不圆唇元音。

口略开，展唇，舌尖和上齿背相对，保持适当距离。发音时，声带振动，软腭上升，关闭鼻腔通路。这个韵母在普通话里只出现在 z、c、s 声母的后面。

发音练习：

私自 sīzì　　字词 zìcí　　辞职 cízhí　　此次 cǐcì

绕口令

【大嫂子和大小子】

一个大嫂子，一个大小子。大嫂子跟大小子比包饺子，看是大嫂子包的饺子好，还是大小子包的饺子好，再看大嫂子包的饺子少，还是大小子包的饺子少。大嫂子包的饺子又小又好又不少，大小子包的饺子又小又少又不好。

(9) -i：(后) 舌尖、后、高、不圆唇元音。

口略开，展唇，舌前端抬起和前硬腭相对。发音时，声带振动，软腭上升，关闭鼻腔通路。这个韵母在普通话里只出现在 zh、ch、sh、r 声母的后面。

发音练习：

指使 zhǐshǐ　　支持 zhīchí　　值日 zhírì　　试纸 shìzhǐ

绕口令

【知之为知之】

知之为知之，不知为不知。不以不知为知之，不以知之为不知，为此才能求真知。

（10）er：卷舌、央、中、不圆唇元音。

口自然开启，舌位不前不后不高不低，舌前、中部上抬，舌尖向后卷，和硬腭前端相对。发音时，声带振动，软腭上升，关闭鼻腔通路。

发音练习：

儿女 érnǚ　　二胡 èrhú　　然而 rán'ér　　饵料 ěrliào

2. 复韵母的发音

复韵母的发音有两个特点：一是发音过程中舌位、唇形一直在变化，由一个元音的发音快速地向另一个元音的发音过渡；二是元音之间的发音有主次之分，主要元音清晰响亮，其他元音轻短或含混模糊。

（1）ai。

发音时，口腔自然张到最大，舌尖抵住下齿背，舌位由低到高滑动。从“前 ɑ”开始，舌位向 i 方向滑动升高。

发音练习：

开采 kāicǎi　　拍卖 pāimài　　灾害 zāihài　　爱戴 àidài

绕口令

【白菜和海带】

买白菜，搭海带，不买海带就别买大白菜。买卖改，不搭卖，不买海带也能买到大白菜。

（2）ei。

发音时，舌尖抵住下齿背。舌位由低到高滑动，从 e 开始升高，向 i 方向滑动。

发音练习：

蓓蕾 bèilěi　　配备 pèibèi　　沸腾 fèiténg　　非得 fēiděi

绕口令

【贝贝和菲菲】

贝贝飞纸飞机，菲菲要贝贝的纸飞机，贝贝不给菲菲自己的纸飞机，贝贝教菲菲自己做能飞的纸飞机。

（3）ao。

发音时，舌头后缩，使舌面后部隆起。从“后ɑ”向o的方向滑动升高。

发音练习：

号召 hàozhào　　报道 bàodào　　稻草 dàocǎo　　逃跑 táopǎo

绕口令

【猫闹鸟】

东边庙里有个猫，西边树上有只鸟。不知猫闹树上鸟，还是鸟闹庙里猫？

（4）ou。

发音时，从略带圆唇的央元音o开始，舌位向u的方向滑动，动程最窄。

发音练习：

收购 shōugòu　　守候 shǒuhòu　　口头 kǒutóu　　丑陋 chǒulòu

绕口令

【黄狗咬我手】

清早上街走，走到周家大门口，门里跳出大黄狗，朝我汪汪大声吼。

我捡起砖头打黄狗，黄狗跳起来咬我手。

不知石头打没打着周家的狗，也不知周家的狗咬没咬着我手指头。

（5）iao。

由前高元音i开始，舌位降至低元音ɑ（后ɑ），然后再向后高元音o的方向滑升，唇形逐渐拢圆。发音过程中舌位先降后升，由前到后，曲折幅度大。

发音练习：

窈窕 yǎotiǎo　　逍遥 xiāoyáo　　渺小 miǎoxiǎo　　疗效 liáoxiào

绕口令

【鸟看表】

水上漂着一只表，表上落着一只鸟。鸟看表，表瞪鸟，鸟不认识表，表也不认识鸟。

（6）iou。

由前高元音i开始，舌位降至低元音o，然后再向后高圆唇元音u的方向滑升。发音过程中，舌位先降后升，由前到后，曲折幅度大。

发音练习：

悠久 yōujiǔ　　优秀 yōuxiù　　求救 qiújiù　　舅舅 jiùjiu

绕口令

【酒换油】

一葫芦酒，九两六；一葫芦油，六两九。

六两九的油，要换九两六的酒；九两六的酒，不换六两九的油。

（7）uai。

由圆唇的后高元音 u 开始，舌位向前滑降到前低不圆唇元音 ɑ（前 ɑ），然后再向前高不圆唇元音 i 的方向滑升。舌位动程先降后升，由后到前，曲折幅度大。

发音练习：

摔坏 shuāihuài　　作怪 zuòguài　　情怀 qínghuái　　外快 wàikuài

绕口令

【槐树歪歪】

槐树歪歪，坐个乖乖。乖乖用手，摔了老酒。酒瓶摔坏，奶奶不怪。怀抱乖乖，出外买买。

（8）uei。

由后高圆唇元音 u 开始，舌位向前向下滑到前半高不圆唇元音 e 偏后靠下的位置，然后再向前高不圆唇元音 i 的方向滑升。发音过程中，舌位先降后升，由后到前，曲折幅度较大。

发音练习：

回味 huíwèi　　摧毁 cuīhuǐ　　退回 tuìhuí　　未遂 wèisuì

绕口令

【嘴和腿】

嘴说腿，腿说嘴，嘴说腿爱跑腿，腿说嘴爱卖嘴。光动嘴不动腿，光动腿不动嘴，不如不长腿和嘴。

（9）iɑ。

发音时由 i 开始，舌位滑向央低元音 ɑ 止。i 的发音较短，ɑ 的发音响而长。

发音练习：

夏天 xiàtiān　　加价 jiājià　　关卡 guānqiǎ　　假象 jiǎxiàng

绕口令

【鸭和霞】

天上飘着一片霞，水上飘着一群鸭。霞是五彩霞，鸭是麻花鸭。

麻花鸭游进五彩霞，五彩霞网住麻花鸭。乐坏了鸭，拍碎了霞，分不清是鸭还是霞。

(10) ie。

发音时由 i 开始，舌位滑向前中元音 ê 止。i 较短，ê 响而长。

发音练习：

结业 jiéyè　　贴切 tiēqiè　　谢谢 xièxiè　　熄灭 xīmiè

绕口令

【茄子】

姐姐借刀切茄子，去把儿去叶儿斜切丝，切好茄子烧茄子，烧茄子、蒸茄子还有一碗焖茄子。

(11) uɑ。

发音时由 u 开始，舌位滑向央低元音 ɑ 止，唇形由最圆逐步展开到不圆。u 较短，ɑ 响而长。

发音练习：

挂帅 guàshuài　　画画 huàhuà　　刮花 guāhuā　　印刷 yìnshuā

绕口令

【墙头儿有个瓜】

墙头儿上有个老南瓜，掉下来砸着胖娃娃。娃娃叫妈妈，妈妈抱娃娃，娃娃骂南瓜。

(12) uo。

发音时由 u 开始，舌位向下滑到后中元音 o 止。u 较短，o 响而长。

发音练习：

陀螺 tuóluó　　错过 cuòguò　　国货 guóhuò　　堕落 duòluò

绕口令

【菠萝和陀螺】

坡上长菠萝，坡下玩陀螺。坡上掉菠萝，菠萝砸陀螺。砸破陀螺补陀螺，顶破菠萝剥菠萝。

(13) üe。

发音时由 ü 开始，舌位下滑到前中元音 ê，唇形由圆到不圆。ü 较短，ê 响而长。

发音练习：

雀跃 quèyuè　　的确 díquè　　攫取 juéqǔ　　缔约 dìyuē

绕口令

【喜鹊】

一群灰喜鹊，一群黑喜鹊。灰喜鹊飞进黑喜鹊群，黑喜鹊群里有灰喜鹊。黑喜鹊飞进灰喜鹊群，灰喜鹊群里有黑喜鹊。

3. 鼻韵母的发音

鼻韵母的发音有两个特点：一是发音时由元音向鼻辅音过渡，逐渐增加鼻音色彩，最后形成鼻辅音；二是鼻韵母的发音不是以鼻辅音为主，而是以元音为主。元音清晰响亮，鼻辅音重在做出发音状态，发音不太明显。

(1) 前鼻音鼻韵母。

①an

舌尖抵住下齿背，舌位降到最低，关闭鼻腔通路，从“前 a”开始，舌面升高，舌面前部抵住硬腭前部。口形先开后合，舌位动程较大。

发音练习：

斑斓 bānlán　　黯然 ànrán　　摊贩 tānfàn　　参展 cānzhǎn

绕口令

【蓝布棉门帘】

出前门，往正南，有个面铺面冲南，门口挂着蓝布棉门帘。

摘了它的蓝布棉门帘，棉铺面冲南，给他挂上蓝布棉门帘，面铺还是面冲南。

②en

从央元音 e 开始，舌面升高，舌面前部抵住硬腭前部，当两者将要接触时，软腭下降，打开鼻腔通路，同时舌面前部与硬腭前部闭合，使在口腔受到阻碍的气流从鼻腔里透出。口形由开到闭，舌位动程较小。

发音练习：

人身 rénshēn　　振奋 zhènfèn　　认真 rènzhēn　　粉尘 fěnchén

绕口令

【小陈和小沈】

小陈去卖针，小沈去卖盆。俩人挑着担，一起出了门。
小陈喊卖针，小沈喊卖盆。也不知是谁卖针，也不知是谁卖盆。

③in

舌尖抵住下齿背，软腭上升，关闭鼻腔通路。从舌位最高的元音 i 开始，舌位升高，舌面前部抵住硬腭前部。开口度几乎没有变化，舌位动程很小。

发音练习：

亲信 qīnxìn　　民心 mínxīn　　濒临 bīnlín　　殷勤 yīnqín

绕口令

【土变金】

你也勤来我也勤，生产同心土变金。工人农民亲兄弟，心心相印团结紧。

④ün

起点元音是前高圆唇元音 ü。与 in 的发音过程只是唇形变化不同。从圆唇的前元音 ü 开始，唇形从圆唇逐步展开，而 in 唇形始终是展唇。

发音练习：

军训 jūnxùn　　围裙 wéiqún　　均匀 jūnyún　　俊俏 jùnqiào

绕口令

【换裙子】

军车运来一堆裙，一色军用绿色裙。军训女生一大群，换下花裙换绿裙。

⑤ian

发音时，从前高元音 i 开始，舌位向前低元音 ɑ 的方向滑降。舌位只降到前次低元音［ε］的位置就开始升高，直到舌面前部抵住硬腭前部形成鼻音-n。

发音练习：

电线 diànxiàn　　面前 miànqián　　变迁 biànqiān　　沿线 yánxiàn

绕口令

【半边莲】

半边莲，莲半边，半边莲长在山涧边。半边天路过山涧边，发现这片半边莲。半边天拿来一把镰，割了半筐半边莲。半筐半边莲，送给边防连。

⑥uan

发音时，从圆唇的后高元音 u 开始，口形迅速由合口变为开口，舌位向前迅速滑降到不圆唇的前低元音（前 ɑ）；然后舌位升高，直到舌面前部抵住硬腭前部形成鼻音-n。

发音练习：

贯穿 guànchuān　　换算 huànsuàn　　婉转 wǎnzhuǎn　　专款 zhuānkuǎn

绕口令

【帆船】

大帆船，小帆船，竖起桅杆撑起船。风吹帆，帆引船，帆船顺风转海湾。

⑦uen

发音时，从圆唇的后高元音 u 开始，向央元音 e 滑降，然后舌位升高，直到舌面前部抵住硬腭前部形成鼻音-n。

发音练习：

温顺 wēnshùn　　混沌 hùndùn　　论文 lùnwén　　谆谆 zhūnzhūn

绕口令

【孙伦打靶】

孙伦打靶真叫准，半蹲射击特别神，本是半路出家人，摸爬滚打练成神。

⑧üan

发音时，从圆唇的前高元音 ü 开始，向前低元音 ɑ 的方向滑降。舌位只降到前次低元音［ɛ］略后就开始升高，直到舌面前部抵住硬腭前部形成鼻音-n。

发音练习：

轩辕 xuānyuán　　源泉 yuánquán　　圆圈 yuánquān　　全权 quánquán

绕口令

【画圆圈】

圆圈圆，圈圆圈，圆圆娟娟画圆圈。

娟娟画的圈连圈，圆圆画的圈套圈，娟娟圆圆比圆圈，看看谁的圆圈圆。

（2）后鼻音鼻韵母。

①ɑng

起点元音是后低不圆唇元音 ɑ，口大开，舌尖离开下齿背，舌头后缩。从“后 ɑ”开始，舌面后部抬起，当贴近软腭时，软腭下降，打开鼻腔通路，紧接着舌根与软腭接触，封闭口腔通路，气流从鼻腔里透出。

发音练习：

厂房 chǎngfáng　　党章 dǎngzhāng　　帮忙 bāngmáng　　螳螂 tángláng

绕口令

【小光和小刚】

小光和小刚，抬着水桶上山岗。上山岗，歇歇凉，拿起竹竿玩打仗。

乒乒乒，乓乓乓，打来打去砸了缸。小光怪小刚，小刚怪小光，小光小刚都怪竹竿和水缸。

②eng

起点元音是央元音 e，口半闭，展唇，舌身后缩，舌尖离开下齿背，舌面后部隆起，比发单元音 e 的舌位略低。从 e 开始，舌面后部抬起，贴向软腭。当两者将要接触时，软腭下降，打开鼻腔通路，紧接着舌面后部抵住软腭，使在口腔受到阻碍的气流，从鼻腔里透出。

发音练习：

丰盛 fēngshèng　　萌生 méngshēng　　生成 shēngchéng　　更正 gēngzhèng

绕口令

【台灯和屏风】

郑政捧着盏台灯，彭澎扛着架屏风。彭澎让郑政扛屏风，郑政让彭澎捧台灯。

③ing

起点元音是前高不圆唇元音 i，舌尖接触下齿背，舌面前部隆起。从 i 开始，舌面隆起部不降低，一直后移，舌尖离开下齿背，逐步使舌面后部隆起，贴向软腭。当二者将要接触时，软腭下降，打开鼻腔通路，紧接着舌面后部抵住软腭，封闭口腔通路，气流从鼻腔透出。口形没有明显变化。

发音练习：

定型 dìngxíng　　精明 jīngmíng　　冰晶 bīngjīng　　惊醒 jīngxǐng

绕口令

【天上七颗星】

天上七颗星，树上七只鹰，梁上七个钉，台上七盏灯。

拿扇扇了灯，用手拔了钉，举枪打了鹰，乌云盖了星。

④ong

起点元音是比后高圆唇元音 u 舌位略低的次高后元音［u］，发音时舌尖离开下齿背，舌头后缩，舌面后部隆起，软腭上升，关闭鼻腔通路。从次高后元音［u］开始，舌面后部贴向软腭。当两者将要接触时软腭下降，打开鼻腔通路，紧接着舌面后部抵住软腭，封闭口腔通路，气流从鼻腔里透出，唇形始终拢圆。

发音练习：

公共 gōnggòng　　从容 cōngróng　　共同 gòngtóng　　溶洞 róngdòng

绕口令

【炖冻豆腐】

会炖我的炖冻豆腐，来炖我的炖冻豆腐，不会炖我的炖冻豆腐，就别炖我的炖冻豆腐。要是混充会炖我的炖豆腐，那就吃不成我的炖冻豆腐。

⑤iang

发音时，从前高元音 i 开始，舌位向后滑降到后低元音 ɑ（后 ɑ），然后舌位升高，接续鼻音-ng。

发音练习：

踉跄 liàngqiàng　　响亮 xiǎngliàng　　想象 xiǎngxiàng　　向阳 xiàngyáng

绕口令

【羊撞墙】

杨家养了一只羊，蒋家修了一道墙。

杨家的羊撞倒了蒋家的墙，蒋家的墙压死了杨家的羊。

杨家要蒋家赔杨家的羊，蒋家要杨家赔蒋家的墙。

⑥uang

发音时，从圆唇的后高元音 u 开始，舌位滑降至后低元音 ɑ（后 ɑ），然后舌位升高，接续鼻音-ng。唇形从圆唇渐变为展唇。

发音练习：

矿床 kuàngchuáng　　双簧 shuānghuáng　　狂妄 kuángwàng　　装潢 zhuānghuáng

绕口令

【王庄和匡庄】

王庄卖筐，匡庄卖网。王庄卖筐不卖网，匡庄卖网不卖筐。

你要买筐别去匡庄去王庄，你要买网别去王庄去匡庄。

⑦ueng

发音时，从圆唇的后高元音 u 开始，舌位滑降到后半高元音 e（稍稍靠前略低）的位置，然后舌位升高，接续鼻音-ng。唇形从圆唇渐变为展唇。在普通话里，韵母 ueng 只有一种零声母的音节形式 weng。

发音练习：

翁 wēng　　瓮 wèng　　老翁 lǎowēng　　小瓮 xiǎowèng

⑧iong

发音时，由前高元音 i 开始，舌位向后略向下滑动到后次高圆唇元音［u］的位置，然后舌位升高，接续鼻音-ng。

发音练习：

贫穷 pínqióng　小熊 xiǎoxióng　汹涌 xiōngyǒng　　甬道 yǒngdào

四、韵母发音辨析

（一）单韵母辨析

1. 分辨 i 与 ü

i 与 ü 的区别在于是否是圆唇。i 与 ü 的发音很容易掌握，在 i 的基础上把唇形变成圆形即可发出 ü。

辨正练习：

你 nǐ　　女 nǚ　　漆 qī　　区 qū

办理 bànlǐ　　伴侣 bànlǚ　　歧义 qíyì　　区域 qūyù

2. 分辨 e 和 o

e 和 o 的区别在于是否是圆唇。e 是不圆唇元音（扁唇音），o 是圆唇元音，其他发音条件都是相同的。o 一般人都会发，可以利用它来发好 e，即在 o 的基础上，舌位前后、舌位高低都不动，调整口形，把圆唇音改为扁唇音即可。

辨正练习：

摸 mō　　佛 fó　　薄 bó　　壳 ké

叵测 pǒcè　　合格 hégé　　特色 tèsè　　破格 pògé

3. 单元音 er

er 只能自成音节，不与任何声母相拼，构成的字也很少，普通话中基本就是“儿、而、尔、耳、二”这 5 个独体字，以及“而、尔、耳”为声旁的形声字。er 发音中的问题主要有两个：一是口张得太大；二是舌头不能上卷至硬腭中部。

辨正练习：

而 ér　　迩 ěr　　洱 ěr　　二 èr

儿童 értóng　　偶尔 ǒu'ěr　　饵料 ěrliào　　二胡 èrhú

（二）复韵母辨析

1. 分辨 o 和 uo

o 和 uo 的发音区别在于口型是否有变化：o 是单韵母，口形始终不变；uo 是复韵母，口形从 u 到 o 稍有动程变化。

辨正练习：

播 bō	缩 suō	默 mò	阔 kuò
剥夺 bōduó	薄弱 bóruò	琢磨 zuómo	着墨 zhuómò

2. 分辨 u 和 ou

u 和 ou 的发音区别在于口型是否有变化：u 是单韵母，舌位口形始终不变；ou 是复韵母，口形从 o 到 u 舌位和唇形都有动程变化。

辨正练习：

疏 shū	收 shōu	兔 tù	透 tòu
大路 dàlù	大楼 dàlóu	毒针 dúzhēn	斗争 dòuzhēng

（三）鼻韵母辨析

1. 分辨 an 和 ang

an 是前鼻音鼻韵母，发音由前 a 开始发音，舌尖活动是顶下齿背到抵上牙龈部分，舌面稍升，舌前伸。收音时上下齿闭拢。

ang 是后鼻音鼻韵母，发音由后 a 开始发音，舌尖离开下齿背，舌头后缩，舌根抬起与软腭接触，舌头后缩。收音时嘴形微开。

辨正练习：

敢 gǎn	港 gǎng	蓝 lán	狼 láng
帆 fān	方 fāng	盘 pán	旁 páng
感伤 gǎnshāng	港商 gǎngshāng	干净 gānjìng	刚劲 gāngjìng
赞颂 zànsòng	葬送 zàngsòng	心烦 xīnfán	新房 xīnfáng

2. 分辨 en 和 eng

en 是前鼻音鼻韵母，发音部位在口腔前部，发音时舌尖与上齿龈接触，舌要往前伸，舌尖要往上抬。

eng 是后鼻音鼻韵母，发音部位在口腔后部，发音时舌根与软腭接触，舌要往后缩，舌跟要往上抬。

辨正练习：

粉 fěn	讽 fěng	痕 hén	恒 héng
岑 cén	层 céng	神 shén	绳 shéng
申明 shēnmíng	声明 shēngmíng	秋分 qiūfēn	秋风 qiūfēng
分流 fēnliú	风流 fēngliú	沉寂 chénjì	成绩 chéngjì

3. 分辨 in 和 ing

in 是前鼻音鼻韵母，ing 是后鼻音鼻韵母。两者的区别在于发音的部位不同，in 是齿龈音，舌头顶在齿龈的位置，不后缩；ing 是软腭音，发音时舌头往后缩，舌根与软腭形成阻碍，使气流从后口腔进入鼻腔，发出后鼻音。

辨正练习：

彬 bīn	冰 bīng	信 xìn	兴 xìng

琳 lín	零 líng	饮 yǐn	影 yǐng
禁地 jìndì	境地 jìngdì	亲身 qīnshēn	轻生 qīngshēng
民意 mínyì	名义 míngyì	人民 rénmín	人名 rénmíng

第四节　声　调

一、什么是声调

在汉语里，音高的升降能够区别意义。这种能区别意义的音高升降叫作声调，又叫作字调。例如“妈”（mā）和“马”（mǎ）就是靠声调区别意义的。

声调的高低升降主要决定于音高，而音高的变化又是由发音时声带的松紧决定的。发音时，声带越紧，在一定时间内振动的次数越多，音高就越高；声带越松，在一定时间内振动的次数越少，音高就越低。在发音过程中，声带可以随时调整，有时可以一直绷紧，有时可以先放松后绷紧，或先绷紧后放松，有时松紧相间。这就造成了不同音高的变化，也就构成了不同的声调。

普通话声调是区别意义的重要条件，是汉语章节中非常重要的组成部分。如果说话时没有声调，就无法准确表达汉语的意义，也不能完整地标注汉语的语音。相同的声母、韵母组合在一起，可以因为声调的不同而表示不同的意思。例如：

dá yí	dà yì	shān xī	shǎn xī	gū lì	gǔ lì
答疑	大意	山西	陕西	孤立	股利
huì yì	huí yì	lí zǐ	lì zi	tú dì	tǔ dì
会议	回忆	梨子	栗子	徒弟	土地

二、调值、调类、调号

1. 调值

调值是声调的实际读法，即高低升降的形式。普通话语音的调值有高平调、中升调、降升调和全降调 4 种基本类型，也就是说，普通话的声调有 4 种调值。

描写声调的调值，通常用“五度标记法”：用一条竖线表示高低，竖线的左边用横线、斜线、折线表示声调高低、升降、曲直的变化。竖线的高低分为“低、半低、中、半高、高”五度，用 1、2、3、4、5 表示，1 表示“低”，2 表示“半低”，依次类推。平调和降调用两个数字，曲折调用 3 个数字。

根据这种标调法，普通话声调的 4 种调值就可以用图表示出来（图 3-1）：

55、35、214、51 表示声调实际的高低升降，叫作调值。为了便于书写和印刷，一般用标数码的方式来表示调值变化。

2. 调类

普通话有 4 种基本调值，可以归为 4 个调类。根据古今调类演变的对应关系，定名

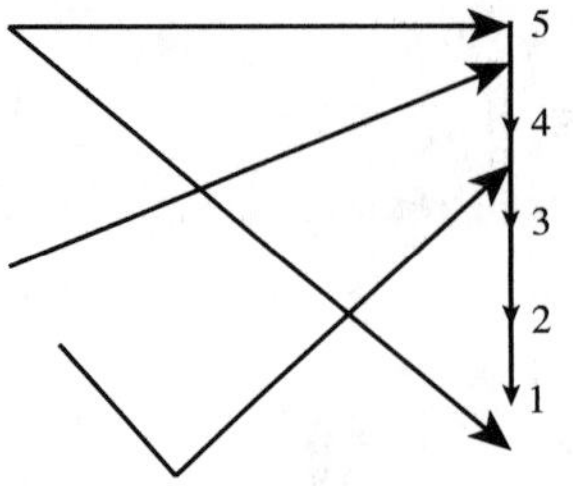

图 3-1　五度标记法

为阴平、阳平、上声和去声。

(1) 阴平。高而平，也叫高平调。发音时，由 5 度到 5 度，简称 55。例如：妈、督、先、通。

(2) 阳平。由中音升到高音，也叫中升调。发音时，由 3 度到 5 度，简称 35。例如：麻、毒、荚、贤、铜。

(3) 上声。由半低音降到低音再升到半高音，也叫降升调。发音时，由 2 度降到 1 度，再升到 4 度，简称 214。例如：马、赌、甲、显、桶。

(4) 去声。由高音降到低音，也叫全降调。发音时，由 5 度到 1 度，简称 51。例如：骂、豆、价、痛。

四声歌

学好声韵辨四声，阴阳上去要分明。
部位方法需找准，开齐合撮属口型。
双唇班报必百波，抵舌当地斗点丁。
舌根高狗坑耕故，舌面机结教尖精。
翘舌主争真志照，平舌资则早在增。
擦音发翻飞分复，送气茶柴产彻称。
合口呼舞枯胡古，开口河坡歌安争。
撮口虚学寻徐剧，齐齿衣优摇夜英。
前鼻恩因烟弯稳，后鼻昂迎中拥生。
咬紧字头归字尾，阴阳上去记变声。
循序渐进坚持练，不难达到纯和清。

3. 调号

调号就是标记普通话调类的符号。《汉语拼音方案》所规定的调号是：阴平“ˉ”、阳平“ˊ”、上声“ˇ”、去声“ˋ”。声调是整个音节高低升降的调子，声调高低升降的变化主要集中体现在韵腹即主要元音上，所以调号要标在韵母的韵腹上。

汉语拼音 6 个主要元音中，发音最响亮的是 ɑ，依次是 o、e、i、u、ü。一个音节有

ɑ 调号就标在 ɑ 上，如 chāo（超）；没有 ɑ 就标在 o 或 e 上，如 zhōu（周）；碰到 iu、ui 组成的音节就标在最后一个元音上，如 niú（牛）、duì（队）。调号标在 i 上时，i 上面的圆点可以省去，如 yīng（英）。轻声不标调，如 māmɑ（妈妈）。

三、声调发音分析

普通话声调的发音有鲜明的特点，阴平、阳平、上声和去声调形区别明显：一平、二升、三曲、四降。

1. 阴平

调值为 55，发音时声带绷到最紧，且无变化，保持高音。

发音练习：

供需 gōngxū　　低微 dīwēi　　军官 jūnguān　　夸张 kuāzhāng

2. 阳平

调值为 35，发音时声带从不松不紧的中区开始起音，逐渐绷紧升高至阴平处为止，声音由不高不低逐渐升到最高。

发音练习：

航行 hángxíng　　其实 qíshí　　榴莲 liúlián　　顽强 wánqiáng

3. 上声

调值为 214，发音时声带从稍有些紧张开始，立刻松弛下来，延长又迅速绷紧。

发音练习：

勉强 miǎnqiǎng　　奶粉 nǎifěn　　旅馆 lǚguǎn　　好转 hǎozhuǎn

4. 去声

调值为 51，发音时声带从最紧张开始至完全松弛为止，声音由高到低，是 4 个声调中音长最短的。

发音练习：

树立 shùlì　　变化 biànhuà　　剧烈 jùliè　　驾驭 jiàyù

绕口令

【妈妈骑马】

妈妈骑马，马慢，妈妈骂马。舅舅搬鸠，鸠飞，舅舅揪鸠。

姥姥喝酪，酪落，姥姥捞酪。妞妞哄牛，牛拧，妞妞拧牛。

四、调值辨析

1. 阴平的辨析

（1）调值不够高。阴平调值是 55，但有方言区念成 44（沈阳、成都）、33（长沙），甚至 11（滦县），如“现在开始播音”中的“播音”两个字念成最低音 11 就带有较明显的方言色彩。

辨正练习：

诗篇 shīpiān　出家 chūjiā　张贴 zhāngtiē　纷争 fēnzhēng

（2）阴平读成降调。例如，普通话“生生不息”中的“生生”本是高平，天津、南京、兰州、南昌、绍兴等地却读成下降的调子，听起来像是“胜胜”。

辨正练习：

失落 shīluò　推断 tuīduàn　伺机 sìjī　希冀 xījì

（3）阴平读成降升调。有方言区的人读高平调拐弯，如山东济南、泰安等地，把“茶杯”的“杯”发成类似普通话“北”的音，而“纸张”中的“张”类似“掌”。

辨正练习：

农耕 nónggēng　财经 cáijīng　竞相 jìngxiāng　客车 kèchē

2. 阳平的辨正

（1）阳平读成平调。内蒙古及河北滦县等地的人将普通话中的阳平字读为平调，如“方糖”中的“糖”听起来像“汤”，“去年”中的“年”像是“拈”。

辨正练习：

权限 quánxiàn　提纲 tígāng　动情 dòngqíng　文教 wénjiào

（2）阳平读为降调。济南、成都、福州等地易把阳平读成降调 42、41 或 52，如“学生”中的“学”类似“穴”，“权力”中的“权”听似“劝”。而南京、长沙、厦门和吴方言区的苏州、绍兴、上海等地容易把阳平读成低升调 13 或 24，而不是中升调 35。

辨正练习：

告辞 gàocí　别墅 biéshù　杂费 záfèi　轮回 lúnhuí

3. 上声的辨正

（1）上声调值不完全。上声调值是 214。发音时，要前短后长。但有些地区的人由于习惯，往往读得前长后短，致使声调不完全。沈阳、南昌地区则发成 213 的调值。

辨正练习：

结尾 jiéwěi　平整 píngzhěng　俗语 súyǔ　糖果 tángguǒ

祈祷 qídǎo　着想 zhuóxiǎng　神采 shéncǎi　竹笋 zhúsǔn

（2）上声读成降调。闽方言区的人，尤其是厦门人，易把上声字念成全降调 51，与普通话里的去声调值一样，如把“是你”中的“你”发成“腻”，把“网络”中的“网”发成“旺”。

辨正练习：

处所 chùsuǒ　复古 fùgǔ　隶属 lìshǔ　地毯 dìtǎn

宁肯 nìngkěn　字典 zìdiǎn　号角 hàojiǎo　落伍 luòwǔ

（3）上声读为平调。山东方言区除了烟台外的绝大部分地区，像济南、青岛、泰安、临沂、菏泽等地，在发上声时，听起来就像是高平调 55；而滨州、潍坊、东营等地又读成低平调 44。例如，“饭碗”里的“碗”听起来像是“弯”，“营养”中的“养”又类似“秧”。上海话里的上声也易读作平调 33。

辨正练习：

操场 cāochǎng　　机敏 jīmǐn　　多寡 duōguǎ　　花鸟 huāniǎo

鲜美 xiānměi　　黑板 hēibǎn　　喧嚷 xuānrǎng　　屋脊 wūjǐ

4. 去声的辨正

（1）去声读成升调或平调。兰州、四川地区的人把去声读成低升调 13，在发“四川”中的“四”时听起来像是“死”；而汉口地区易读为阳平调 35，南京、滦县则发成平调 44 或 55。

辨正练习：

黑洞 hēidòng　　欣慰 xīnwèi　　音量 yīnliàng　　支架 zhījià

疏散 shūsàn　　残暴 cánbào　　嫉妒 jídù　　劳作 láozuò

（2）去声读为降升调。南方地区的苏州、福建等地有把“看一看”读成类似“砍一砍”“急躁”中的“躁”与“早”相似的现象。

辨正练习：

世面 shìmiàn　　俯瞰 fǔkàn　　现任 xiànrèn　　在望 zàiwàng

可贵 kěguì　　锦绣 jǐnxiù　　假若 jiǎruò　　火力 huǒlì

五、声调发音练习

1. 单音节字词声调训练

妈 mā　麻 má　马 mǎ　骂 mà　搭 dā　答 dá　打 dǎ　大 dà

坡 pō　婆 pó　叵 pǒ　破 pò　疵 cī　词 cí　此 cǐ　次 cì

2. 双音节词语声调训练

（1）同调训练。

①全阴平词语练习

包装 bāozhuāng　　商标 shāngbiāo　　青春 qīngchūn　　优先 yōuxiān

沙滩 shātān　　参观 cānguān　　期间 qījiān　　初秋 chūqiū

②全阳平词语练习

儿童 értóng　　联盟 liánméng　　形成 xíngchéng　　成全 chéngquán

男人 nánrén　　来源 láiyuán　　神奇 shénqí　　吉祥 jíxiáng

③全上声词语练习

本土 běntǔ　　采访 cǎifǎng　　美好 měihǎo　　影响 yǐngxiǎng

党委 dǎngwěi　　可以 kěyǐ　　渺小 miǎoxiǎo　　选举 xuǎnjǔ

④全去声词语练习

浪漫 làngmàn　　耐力 nàilì　　怄气 òuqì　　论证 lùnzhèng

症状 zhèngzhuàng　　内乱 nèiluàn　　运动 yùndòng　　利润 lìrùn

（2）异调训练。

①阴平、阳平

深情 shēnqíng　　温柔 wēnróu　　兵团 bīngtuán　　波纹 bōwén

②阴平、上声

发展 fāzhǎn	钢铁 gāngtiě	经典 jīngdiǎn	欢喜 huānxǐ

③阴平、去声

侵略 qīnlüè	发现 fāxiàn	专利 zhuānlì	心血 xīnxuè

④阳平、阴平

红军 hóngjūn	年轻 niánqīng	权威 quánwēi	决心 juéxīn

⑤阳平、上声

情感 qínggǎn	平坦 píngtǎn	模仿 mófǎng	民主 mínzhǔ

⑥阳平、去声

全部 quánbù	前进 qiánjìn	明亮 míngliàng	童话 tónghuà

⑦上声、阴平

海关 hǎiguān	解剖 jiěpōu	讲师 jiǎngshī	普通 pǔtōng

⑧上声、阳平

本能 běnnéng	改革 gǎigé	理由 lǐyóu	委员 wěiyuán

⑨上声、去声

礼物 lǐwù	忍耐 rěnnài	体育 tǐyù	总算 zǒngsuàn

⑩去声、阴平

贯穿 guànchuān	特征 tèzhēng	外交 wàijiāo	最终 zuìzhōng

⑪去声、阳平

历来 lìlái	教学 jiàoxué	断层 duàncéng	矿床 kuàngchuáng

⑫去声、上声

背景 bèijǐng	市场 shìchǎng	物种 wùzhǒng	占领 zhànlǐng

3. 音节词语声调训练

（1）三字同调训练。

收音机 shōuyīnjī	氨基酸 ānjīsuān	形容词 xíngróngcí
胆小鬼 dǎnxiǎoguǐ	展览馆 zhǎnlǎnguǎn	电气化 diànqìhuà

（2）三字异调训练。

解放军 jiěfàngjūn	劳动者 láodòngzhě	标准化 biāozhǔnhuà
奏鸣曲 zòumíngqǔ	胰岛素 yídǎosù	寄生虫 jìshēngchóng

（3）其他。

出发点 chūfādiǎn	技术员 jìshùyuán	三角形 sānjiǎoxíng
化合物 huàhéwù	辩证法 biànzhèngfǎ	黄鼠狼 huángshǔláng

4. 四音节词语声调训练

（1）四字同调训练。

息息相关 xīxī-xiāngguān	严格执行 yángézhíxíng
岂有此理 qǐyǒucǐlǐ	万籁俱寂 wànlài-jùjì

（2）四声顺序。

花红柳绿 huāhóng-liǔlǜ	风调雨顺 fēngtiáo-yǔshùn

飞禽走兽 fēiqínzǒushòu　　雕虫小技 diāochóngxiǎojì

（3）四声逆序。

背井离乡 bèijǐng-líxiāng　　墨守成规 mòshǒu-chéngguī

调虎离山 diàohǔ-líshān　　破釜沉舟 pòfǔ-chénzhōu

第五节　语流音变

什么是语流音变？

在一个语流中，语音有时会发生各种临时变化，这种变化有别于语音经过一段时间而产生的历史变化，这种音变叫作语流音变。

在普通话口语的专业课学习中，必须了解和掌握一整套语音专业的理论知识，并通过长期的训练、比较、吸收、巩固，直至准确、游刃有余地运用到实践当中。汉语语音系统里常见的语流音变现象的表现形式有：轻声、上声、去声、儿化、重叠形容词“一”和“不”的变调、语气词“啊”的音变等，是学习普通话口语的学生必须掌握的基本功之一。

一、连读变调及其特点

汉语是有声调的语言。调类包括阴平、阳平、上声、去声 4 种，它们的基本调值用五度标记法分别记作 55、35、214、51。在语流里，由于音节和音节相连时相互发生影响，基本调值会发生变化，这就是连读变调。普通话的连读变调在上声字里表现最为突出。

二、上声变调规律

1. 上声与非上声的连读变调

（1）上声在阴平、阳平、去声前变成半上，即由 214 变为 211。

①上声在阴平前：主（214）——主张（211）

北方 běifāng　　小心 xiǎoxīn　　曙光 shǔguāng

普通 pǔtōng　　垦荒 kěnhuāng　　表彰 biǎozhāng

②上声在阳平前：起（214）——起航（211）

指责 zhǐzhé　　羽毛 yǔmáo　　旅游 lǚyóu

口才 kǒucái　　草原 cǎoyuán　　祖国 zǔguó

③上声在去声前：感（214）——感谢（211）

笔画 bǐhuà　　丑恶 chǒu'è　　暖室 nuǎnshì

满意 mǎnyì　　柳树 liǔshù　　好像 hǎoxiàng

（2）上声在轻声音节前时，有两种读法。

①第一个音节的上声读阳平，即 35。一般是单音节动词重叠和在一些习惯上第二个音节读轻声的双音节词语里。

走走 zǒuzou　　写写 xiěxie　　洗洗 xǐxi

打手 dǎshou　　找补 zhǎobu　　哪里 nǎli

②第一个音节的上声读半上，即 211。

亲属称谓中的上声重叠词、由“子”构成的名词，口语词基本上都如此变调。

奶奶 nǎinai　　姐姐 jiějie　　姥姥 lǎolao

椅子 yǐzi　　本子 běnzi　　小子 xiǎozi

马虎 mǎhu　　耳朵 ěrduo　　老实 lǎoshi

2. 上声与上声的连读变调

（1）2 个上声连读，前一个上声变成阳平，即由 214 变成 35。

感慨 gǎnkǎi——gánkǎi　　保守 bǎoshǒu——báoshǒu

也许 yěxǔ——yéxǔ　　美好 měihǎo——méihǎo

管理 guǎnlǐ——guánlǐ　　可以 kěyǐ——kéyǐ

手表 shǒubiǎo——shóubiǎo　　了解 liǎojiě——liáojiě

（2）3 个上声连读时，主要有两种形式。

①第一种的结构是“2+1”（展览+馆），那么前两个音节都变调为 35，变成“35+35+214”。

展览馆 zhǎnlǎnguǎn——zhánlánguǎn

手写体 shǒuxiětǐ——shóuxiétǐ

洗脸水 xǐliǎnshuǐ——xíliánshuǐ

管理法 guǎnlǐfǎ——guánlífǎ

②第二种的结构是“1+2”（很+美满），第一个音节变为半上 211，第二个音节变为 35，读成“211+35+214”。

很美满 hěnměimǎn——hěnmiémǎn

小老虎 xiǎolǎohǔ——xiǎoláohǔ

好领导 hǎolǐngdǎo——hǎolíngdǎo

买保险 mǎibǎoxiǎn——mǎibáoxiǎn

训练材料：

晃眼　　口水　　拇指　　理解　　鼓掌

广场　　勇敢　　彩礼　　水桶　　本领

老领导　　洗脸水　　好产品　　手写体

岂有此理　　永远友好　　辅导小组

海军　　祖宗　　演出　　许多　　早操

脸盆　　党员　　伟人　　羽毛　　企鹅

法律　　果树　　解放　　美术　　宝贵

小姐　　　　打手　　　　宝宝　　　　奶奶　　　　铲子

三、“一”“不”变调规律

1. “一”的变调

（1）单用或在词语末尾读原调阴平。

一、二、三 yī、èr、sān　　十月一日 shíyuèyīrì

一楼 yīlóu　　初一 chūyī

第一 dìyī　　统一 tǒngyī

始终如一 shǐzhōngrúyī　　一一过问 yīyīguòwèn

（2）在去声前读阳平。

一路 yīlù——yílù　　一律 yīlǜ——yílǜ

一定 yīdìng——yídìng　　一概 yīgài——yígài

一旦 yīdàn——yídàn　　一贯 yīguàn——yíguàn

（3）在非去声（阴平、阳平、上声）前读去声。

①阴平前

一生 yīshēng——yìshēng　　一只 yīzhī——yìzhī

一身 yīshēn——yìshēn

②上声前

一举 yījǔ——yìjǔ　　一早 yīzǎo——yìzǎo

一手 yīshǒu——yìshǒu

（4）在重叠动词中间读轻声。

听一听 tīngyitīng　　说一说 shuōyishuō

读一读 dúyidú　　谈一谈 tányitán

走一走 zǒuyizǒu　　跑一跑 pǎoyipǎo

试一试 shiyishi　　笑 笑 xiàoyixiào

2. “不”的变调

（1）单用、在词语末尾读原调去声。

不，不！bù，bù！我就不 wǒjiùbù

绝不 juébù 偏不 piānbù

（2）在非法去声前读原调去声。

①阴平前

不安 bù'ān　　不禁 bùjīn　　不惜 bùxī

②阳平前

不平 bùpíng　　不良 bùliáng　　不祥 bùxiáng

③上声前

不等 bùděng　　不法 bùfǎ　　不久 bùjiǔ

（3）在去声前读阳平。

不料 bùliào——búliào　　不会 bùhuì——búhuì

不断 bùduàn——búduàn　　不错 bùcuò——búcuò

不幸 bùxìng——búxìng　　不愧 bùkuì——búkuì

（4）夹在词语中间读轻声。

擦不擦 cābucā　　多不多 duōbuduō

忙不忙 mángbumáng　　圆不圆 yuánbuyuán

冷不冷 lěngbulěng　　等不等 děngbuděng

快不快 kuàibukuài　　像不像 xiàngbuxiàng

听不懂 tīngbudǒng　　来不及 láibují

起不来 qǐbulái　　看不见 kànbujiàn

3. “一”“不”变调的共同处

（1）“一”“不”+去声字→35+去声字：一地鸡毛 不去

（2）“一”“不”+非去声→51+非去声：一声叹息 不来

（3）“一”“不”+词语中间→轻声：看一看 看不见

四、“儿化”音变及其特点

儿化是汉语的一种构词方式。所谓儿化，指的是卷舌元音 er 与它前一音节的韵母结合成一个音节，并使这个韵母因卷舌而发生音变。这种音变现象就叫作儿化。因儿化音变而成的卷舌韵母叫儿化韵母，包含儿化韵母的音节叫儿化音节。由于地域原因，“儿”的读音千变万化，导致出现的儿化的表征亦有所不同。汉语方言里，北京话以多儿化而闻名。

儿化的基本性质是在原音节发音的同时带上一个卷舌动作。儿化音节用汉字书写是两个字。

er 韵母叫儿韵，只有“儿、而”ér，“尔、耳、迩、饵”ěr，“二、贰”èr 等很少几个常用字，并有具体的意义。er 还有另外的作用，它可以和韵母结合起来，使这个韵母发音时带有卷舌色彩，这就是“儿化韵”。一般不表示什么具体的意义。

“儿化韵”是韵母的一种音变现象。韵母儿化以后读音要发生变化，在发这个音节的同时韵母就产生卷舌动作，虽然读音只是一个音节，但是在书写上一般要用两个汉字。如“花儿”中的“花”和“儿”结合成一个儿化音节。《汉语拼音方案》规定，用拼音字母拼写儿化韵，一律在原韵母后面加一个 r 来表示。

在汉语中，儿作词尾时读音有变化，在读这种句子的时候，如果仍然把“儿”按一个独立的字音来读，听着很别扭。读儿化音，在前面一个音节的韵母末尾加个卷舌动作就行了，而不能把“儿”当成一个独立的音节来读。

读法要领：在念“儿”前面一个音节的同时，把舌尖轻轻向上一卷。增加这样一个卷舌动作可以使我们的语言更丰富、更准确，也使我们的语言更富有美感。

1. 儿化的作用及特点

普通话里的儿化词，大都具有区别词义、区分词性或表示一定感情色彩的作用。

（1）语法上区分词性，使词性发生转化。例如：

画（动词）——画儿（名词）破烂（形容词）——破烂儿（名词）

（2）词汇上区别词义，使词义发生变化。例如：

信（信件）——信儿（消息、信息）头（脑袋）——头儿（上司）

（3）修辞上表示细小或者带有喜爱、亲切等感情色彩。例如：

鲜花儿 小孩儿 米粒儿 有趣儿

（4）北京话口语习惯沿袭下来的。例如：

说哪儿去了，没边儿没沿儿的。

一大早儿就遛弯儿去了。

这天儿真好，明儿见。

需要注意，有时在文章中根据节律的需要，“儿”要成独立音节。

北京话中有很多儿化的现象，这是一种方言的语音习惯。朗读作品时，除人物对话中的和已经定型化了的儿化词外，为协调音节，有时儿化词中的“儿”也可单独念成一个音节，如诗歌中的一些“儿”“花儿为什么这样红”“绝不学痴情的鸟儿”。非儿化词中的“儿”更要读成一个音节，如“男儿志在四方”“混血儿”等。

2. 儿化的音变规律

儿化韵是以北京话为代表的大部分北方方言的特点之一，既具有一定的语法功能，又体现了浓郁的口语色彩。普通话口语是具有一定书面语色彩的口语语体，它面向大众传播，具有公开性、示范性、引导性、通俗性，语体风格介于“正式”与“通常”之间，体现在儿化词的处理上，就是有选择地吸收。

方言区的人们不容易发好儿化韵，主要障碍在于有些韵母（尾）不便于卷舌，需要注意它们的读音变化规律：

（1）音节末尾最后一个元音是 ɑ、o、e、ê、u，在发这些元音的同时韵母直接卷舌。例如：

鲜花儿 xiānhuār　　台阶儿 táijiēr

山坡儿 shānpōr　　干活儿 gànhuór

水珠儿 shuǐzhūr　　小狗儿 xiǎogǒur

（2）韵尾是 i、n 的韵母，丢掉韵尾，在发韵腹的同时加卷舌动作。例如：

小孩儿 háir→hár　　香味儿 wèir→wèr

拐弯儿 wānr→wār　　唱本儿 běnr→běr

（3）韵母是 i、ü，要在 i、ü 后面加上一个 er（发音比 e 的舌位略前，略低，舌面要放松），同时加卷舌动作。例如：

小鸡儿 jīr→jiēr　　金鱼儿 yúr→yuér

（4）韵母是-i（前）、-i（后）的，丢掉这个韵母，改成 er。例如：

树枝儿 zhīr→zhēr　　没事儿 shìr→shèr

鱼刺儿 cìr→cèr　　细丝儿 sīr→sēr

（5）后鼻音韵母丢掉韵尾 ng，发韵腹元音时，口、鼻同时出气，形成鼻化元音并卷舌。例如：

药方儿 yàofāngr　　门洞儿 méndòngr

3. 儿化练习

（1）词语练习。

球儿	圈儿	玩儿	馅儿	包干儿	冰棍儿	差点儿	大伙儿
干活儿	光棍儿	好好儿	好玩儿	金鱼儿	老头儿	聊天儿	没事儿
面条儿	墨水儿	纳闷儿	年头儿	纽扣儿	玩意儿	小孩儿	心眼儿
烟卷儿	一会儿	一块儿	一下儿	一点儿	这会儿	一个劲儿	

（2）绕口令练习。

①小孩儿，小孩儿，上井台儿，摔了个跟头拣了个钱儿。又打醋，又买盐儿，又娶媳妇儿，又过年儿。

②小新媳妇儿要过门儿，脸上蒙着红手巾儿。粉红的轿子抬着走，手里打着小红旗儿。

③玩意儿，独一份儿，小孩儿买来多有趣儿。不给买，撅着嘴儿，撒泼打滚儿不愿意儿，一对儿一对儿掉眼泪儿。

五、语气词“啊”的音变

1. 语气词“啊”的变调规律

“啊”是一个表语气的虚词，可作叹词单独成句，也可以附着在句子末尾作语气词，和语调相结合，表示陈述、祈使、疑问、感叹等语气类型。例如：

你大声点儿，我听不清啊！（陈述语气）

你快点儿吃啊！（祈使语气）

谁啊？（疑问语气）

哈尔滨的冬天可真冷啊！（感叹语气）

“啊”本身没有声调，在作叹词时，以语调作为自己的音高变化形式；作为语气词，则体现出句调末端的音高变化趋势，并受前字音高类型的影响。语气词“啊”具有黏附性，本身不具有任何意义，因而在语音形式上是弱化的，但由于它是句子表达中主观态度的标记之一，体现着句子语气的细微变化。例如：

这事他知道！（陈述语气）

这事他知道啊！（陈述语气，含有“与‘这事他知道’所应发生结果的预期不符，故而产生疑惑”的含义。）

当语气助词“啊”处在语句末尾时，由于跟前一个音节连读而受其末尾音素的合音影响，常常发生音变现象。“啊”音变是一种增音现象（包括同化增音和异化增音），我们称之为语气词“啊”的音变。在不同的语音环境中，“啊”的读音有不同的变化形式。其规律如下：

（1）前面音节末尾是 n 的，“啊”的语音形式变成 nɑ，有时文字形式也写作“哪”或“呐”。

多美的云啊 duōměi de yúnna　　真难啊 zhēnnánna　　小心啊 xiǎoxīnna

（2）前面音节末尾是 ng 的，“啊”的语音形式变成 nga。

好冷啊 hǎolěngnga　　快听啊 kuàitīngnga　　真香啊 zhēnxiāngnga

（3）前面音节末尾是［u］的（即韵母为 u、ao、iao），“啊”的语音形式变成 wa，有时文字形式也写作“哇”。

好啊 hǎowa　　加油啊 jiāyóuwa　　真苦啊 zhēnkǔwa

（4）前面音节末尾是 a、o（即韵母为 o 和 uo）、e（包括韵母 ie、üe）、i、ü 的，“啊”的语音形式为 ya，有时文字形式也写作“呀”。

jīya	yǘya	guōya	éya	xiěya	huàya
鸡啊	鱼啊	锅啊	鹅啊	写啊	画啊

（5）前面音节韵母是-i［前］的，“啊”的语音形式变成 za。

是真丝啊 shìzhēnsīza　　多美的陶瓷啊 duōměidetáocíza

（6）前面音节韵母是-i（后）和 er 的，“啊”的语音形式变成 ra。

谁说不是啊 shuíshuōbúshìra　　是老二啊 shìlǎo'èrra

2. “啊”的音变例说

（1）ya：在 a、o、e、i、ü、ê 音素后面时，不包括 ao、iao。

快打啊！就等你回家啊！夸啊！大家快来吃菠萝啊！都是记者啊！好新潮的大衣啊！日子过得真快啊！快帮我解围啊！你怎么不吃鱼啊？这孩子多活跃啊！

（2）wa：在 u 音素后面时，包括 ao、iao。

您在哪儿住啊？他普通话说得真好啊！还这么小啊！屋顶还漏不漏啊？看你一身油啊！

（3）na：在-n 音素后面时。

这件事儿可不简单啊！笑得真欢啊！买这么些冷饮啊！发音真准啊！

（4）nga：在-ng 音素的后面时。

小心水烫啊！小点儿声啊！行不行啊？不管用啊！

（5）ra：在舌尖后元音-i、卷舌元音 er 的后面时，在儿化韵后面时。

没法治啊！随便吃啊！什么了不起的事啊！他是王小二啊！这儿多好玩儿啊！

（6）za：在舌尖前元音-i 的后面时。

烧茄子啊！这是第几次啊？他就是老四啊！

3. 儿化音节后的“啊”音变形式

较为复杂，可参考表 3-7。

表 3-7　　儿化音节后的“啊”音变

儿化音节	“啊”音变的形式	例子
音节末尾为“展唇元音+卷舌动作”的，如 ar、er 等	直接发一个稍松的 ra，ra 在用力强度、发音清晰度和发音部位的到位程度上稍弱于（6）	花儿啊：huārra 风车儿啊：fēngchērra 台阶儿啊：táijiērra 小旗儿啊：xiǎoqiérra 棋子儿啊：qízěrra 小曲儿啊：xiǎoquěrra

续表

儿化音节	"啊"音变的形式	例子
音节末尾为"圆唇元音+卷舌动作"的，如 or、uor、ɑor、iɑor、iour 等	在发松 rɑ 的同时，唇形由圆变展，可以看作是松 rɑ 和 wɑ 两个发音动作的叠加，写作 rwɑ	or 和 uor 后的"啊"音变，由于唇形变化先于与 ɑ 的拼合，故"啊"音变的语音形式中 wɑ 处于极弱状态，有时也可以看作一个单独的 rɑ，如： 锯末儿啊：jùmòrrɑ 火锅儿啊：huǒguōrrɑ
	由于唇形变化和卷舌与 ɑ 的拼合有时并不同步，有时也可失落松 wɑ 的发音色彩，直接发成 rɑ。在语速稍慢的情况下，也可失落 rɑ 的发音色彩，直接发成 wɑ	小鸟儿啊：xiǎoniǎorrwɑ 小鹿儿啊：xiǎolùrrwɑ 小刘儿啊：xiǎoliúrrwɑ 小高儿啊：xiǎogāorrwɑ
音节末尾为"鼻化音+卷舌动作"的，如 ɑngr、ongr、engr 等	ɑngr、ongr 在后面加一个 rɑ，并将鼻化色彩扩展到 rɑ 上；在语速稍慢的情况下，也可以发成 ngɑ engr 则在后面加一个松 rwɑ，并将鼻化色彩扩展到松 rwɑ 上；语速稍慢时也可发成 ngɑ	药方儿啊：yàofāngrrɑ 麻绳儿啊：máshéngrrɑ 火星儿啊：hǎoxīngrrɑ 小熊儿啊：xiǎoxíongrrɑ 小虫儿啊：xiǎochóngrrɑ?

六、语流音变训练

1. 上声变调训练

（1）词语练习。

喜欢　展出　组织　导师　等车　口腔

敏捷　典型　考查　果茶　语流　铁锤

努力　脚步　晚会　体育　考试　等待

所以　选举　冷饮　所有　勉强　减少

引起　雨伞　水井　品种　永远　允许

跑马场　考古所　苦水井　草稿纸

耍笔杆　打草稿　党小组　短粉笔

蒙古语　选举法　小拇指　老保守

（2）绕口令练习。

五组的小组长姓鲁，九组的小组长姓李，

鲁组长比李组长小，李组长比鲁组长老。

比李组长小的鲁组长有个表姐比李组长老，

比鲁组长老的李组长有个表姐比鲁组长小。

小的小组长比老的小组长长得美，

老的小组长比小的小组长长得丑。
丑小组长的表姐比美小组长的表姐美，
美小组长的表姐比丑小组长的表姐丑。
请你想一想：
是鲁组长老，还是鲁组长的表姐老？
是李组长小，还是李组长的表姐小？
是五组小组长丑，还是九组小组长丑？
是鲁组长表姐美，还是李组长表姐美？

2.“一”“不”变调训练

（1）词语练习。

一切　一面　一色　一批　一般　一心
一排　一直　一行　一体　一朵　一总
搬一搬　吃一吃　停一停　尝一尝
剪一剪　理一理　画一画　念一念
一来二去　一了百了　一落千丈　一脉相承
不堪　不公　不觉　不凡　不容　不免
不满　不妙　不便　不测　不够　不对
问不问　好不好　走不走　热不热
说不清　打不好　去不了　赶不上
不卑不亢　不义之财　不三不四　不拘一格

（2）语段练习。

①可是一段时间后，叫阿诺德的那个小伙子青云直上，而那个叫布鲁诺的小伙子却仍在原地踏步。布鲁诺很不满意老板的不公正待遇。

②它不像汉白玉那样的细腻，可以刻字雕花，也不像大青石那样的光滑，可以供来浣纱捶布。

③一锅小米稀饭，一碟大头菜，一盘自家酿制的泡菜，一只巷口买回的烤鸭，简简单单，不像请客，倒像家人团聚。

④没有一片绿叶，没有一缕炊烟，没有一粒泥土，没有一丝花香，只有水的世界、云的海洋。

⑤我和妻子都是慢慢地，稳稳地，走得很仔细，好像我背上的同她背上的加起来，就是整个世界。

⑥我吃完的时候，她笑眯眯地看着我，短头发，脸圆圆的。

3. 儿化的音变训练

（1）读准下列各组词，注意儿化与不儿化的区别。

两口——两口儿 闲话——闲话儿 对——对儿 画——画儿 脸——脸儿 鱼——鱼儿
鲜花——鲜花儿 一块——一块儿 罩——罩儿 堆——堆儿 门——门儿 球——球儿

（2）读出下列儿化词。

①音节末尾为 ɑ、o、e、u

鲜花儿 油画儿 笑话儿 打杂儿 板擦儿 搭茬儿 刀把儿 纸匣儿 豆芽儿 大伙儿
上座儿 书桌儿 没错儿 蝈蝈儿 符号儿 时髦儿 好好儿 小道儿 唱歌儿 风车儿
打嗝儿 挨个儿 高个儿 模特儿 小河儿 八哥儿 白兔儿 眼珠儿 梨核儿 煤核儿
碎步儿 纹路儿 媳妇儿 白醭儿 袖口儿 两口儿 个头儿 奔头儿 年头儿 劲头儿
炕头儿 老头儿 说头儿 打球儿 一溜儿

②韵母为 ai、ei、an、en

小孩儿 壶盖儿 背带儿 一块儿 刀背儿 滋味儿 走味儿 泥人儿 一会儿 光板儿
腰板儿 笔杆儿 好玩儿 包干儿 白干儿 老伴儿 脸蛋儿 拔尖儿 面片儿 刀片儿
白班儿 快板儿 光杆儿 一点儿 有点儿 中间儿 拉链儿 圆圈儿 出圈儿 烟卷儿
春卷儿 旁边儿 摆摊儿 小船儿 照面儿 聊天儿 小辫儿 边沿儿 单弦儿 角尖儿
撒欢儿 杂院儿 绕远儿 人缘儿 有门儿 爷们儿 纳闷儿 桑葚儿 大婶儿 够本儿
老本儿 开刃儿

③主要元音变为 er

小鸡儿 茶几儿 小妮儿 针鼻儿 小米儿 眼皮儿 玩意儿 米粒儿 金鱼儿 小曲儿
孙女儿 马驹儿 有趣儿 蛐蛐儿 半截儿 锅贴儿 爷儿俩 木橛儿 主角儿 配角儿
棋子儿 瓜子儿 枪子儿 写字儿 咬字儿 挑刺儿 台词儿 铁丝儿 树枝儿 锯齿儿
小事儿 没事儿 顶事儿 红裙儿 年三十儿 小树林儿

（3）朗读下列文章片段，注意给需要儿化的地方加上儿化韵。

老舍《济南的冬天》（节选）

设若单单是有阳光，那也算不了出奇。请闭上眼睛想：一个老城，有山有水，全在天底下晒着阳光，暖和安适地睡着，只等春风来把它们唤醒，这是不是理想的境界？小山正把济南围了个圈儿，只有北边缺着点口儿。这一圈小山在冬天特别可爱，好像是把济南放在一个小摇篮里，它们安静不动地低声地说："你们放心吧，这儿准保暖和。"真的，济南的人们在冬天是面上含笑的。他们一看那些小山，心中便觉得有了着落，有了依靠。他们由天上看到山上，便不知不觉想起："明天也许就是春天了吧？这样的温暖，今天夜里山草也许就绿起来了吧？"就是这点幻想不能一时实现，他们也并不着急，因为这样慈善的冬天，干啥还希望别的呢！

最妙的是下点小雪呀。看吧，山上的矮松越发的青黑，树尖上顶着一髻白花，好像日本看护妇。山尖全白了，给蓝天镶上一道银边。山坡上，有的地方雪厚点，有的地方草色还露着；这样，一道儿白，一道儿暗黄，给山们穿上一件带水纹的花衣；看着看着，这件花衣像被风儿吹动，叫你希望看见一点更美的山的肌肤。等到快日落的时候，微黄的阳光斜射在山腰上，那点薄雪好像忽然害了羞，微微露出点粉色。就下小雪吧，济南是受不住大雪的，那些小山太秀气！

4. "啊"的音变训练

（1）ia：你怎么还不回家呀（jiāya）！

（2）o：他是你大伯呀（bóya）！

（3）ue：好大的雪呀（xuěya）！

（4）ai：你发什么呆呀（dāiya）！
（5）ui：你看对不对呀（duìya）！
（6）ü：漓江的水真绿呀（lǜya）！
（7）ou：这么多够不够哇（gòuwa）！
（8）iu：这是什么酒哇（jiǔwa）！
（9）ao：实习老师对我们多好哇（hǎowa）！
（10）ian：这孩子真可怜哪（liánna）！
（11）üan：你快点选哪（xuǎnna）！
（12）eng：这几天真冷啊（lěngnga）！
（13）ong：电话打不通啊（tōngnga）！
（14）-i：办学要舍得投资啊（zī［za］）！
（15）-i：要实事求是啊（shìra）！

第六节　语　　调

语调是说话的“腔调”，同时也是考量普通话是否标准的重要特征，是语言的“灵魂”所在。语调中包含了很多情感、情绪，人在说话时声音的高低、快慢、长短和语流音变可以体现人的喜怒哀乐、爱恨情仇等情绪、情感。学习普通话，除了要学会标准音的“形似”，还要有掌握语调能力的“神似”，“形神合一”才能更好地说好普通话。

（一）词语轻重格式的概念

普通话的轻重音表现在词和句子里，在双音节和多音节词语中轻重强弱的区别称为词语的轻重格式，双音节词的轻重音是最基本的轻重格式。

按照词语内部的轻重程度可分为4个等级：重音、中音、次重音、最轻音。长而强的音称为重音，短而轻的音称为轻音，二者之间的音称为中音。

（二）词语轻重格式的分类

普通话最基本的轻重音格式主要有以下几种。

1. 双音节

在普通话中，双音节词语的轻重格式主要有3种：“中·重”“重·次轻”“重·最轻”。根据词语统计数据，“中·重”格式词语所占比例为95.15%，是双音节词语的基本格式；“重·次轻”格式又称“可轻读词语”（可轻词），所占比例最小；“重·最轻”格式词语又称“必读轻声词语”（必轻音）。

双音节词语轻重格式练习：

中·重：国家　　伟大　　汽车（绝大多数）

重·次轻：艺术　　手艺　　娇气（可轻词）

重·最轻：耳朵　　妈妈　　庄稼（必轻音）

2. 三音节

在普通话中，三音节词语的轻重格式有3种：“中·次轻·重”“中·重·最轻”“重·轻·轻”。其中，“中·次轻·重”格式为三音节词语的基本格式；“中·重·最轻”格式里后面两个音节是轻声词，“重·轻·轻”格式中前面两个音节为轻声词。

三音节词语轻重格式练习：

中·次轻·重：炊事员　　电视机（绝大多数）

中·重·最轻：胡萝卜　　同学们（单字+轻声词）

重·轻·轻：朋友们　　姑娘家（轻声+后缀）

3. 四音节

四音节词语的轻重格式有两种：“中·轻·中·重”“中·轻·重·轻”。其中，“中·轻·中·重”格式是四音节词语的基本格式；“中·轻·重·轻”通常是两个双音节词语集合而成的。

四音节词语轻重格式练习：

中·次轻·中·重：高高兴兴　　弯弯曲曲（绝大多数）

中·次轻·重·轻：外甥媳妇　　如意算盘（轻+轻　极少）

4. 重音的作用

重音是在词汇和语句中运用声音形式着意强调的音。它能准确体现词语、句子的主次关系，便于听众正确领会词语和句子的意思。

第四章　朗读

第一节　朗读要点

在普通话水平测试中，朗读是考查考生用普通话朗读书面语的水平，重点考查语音、连读音变（上声变调、“一”“不”变调）、语调（语气）等项目。在分析了音节的声、韵、调和语流音变及节律特征之后，本章来谈谈关于朗读的几个问题。

一、朗读的含义

朗读是把文字材料用有声语言表达出来的一种带有创造性的艺术活动。它要求朗读者在对文字材料充分理解的基础上，运用一定的技巧，把文字材料用口头有声语言表现出来。由于书面形式本身的局限性，朗读者首先需要自己领会文字材料中蕴涵的情、景、事、理，然后再利用一定的节律把它充分地还原。如果读得好，不但能很好地传达出作者的原意，还能用鲜活的、有感染力的“立体”语言为原文增色。在朗读的时候，需要充分调动起所有的发音器官，运用一切必要的语音技巧，既需要发好每个音节的声母、韵母和声调，又要注意种种音变现象，还必须运用好节律的各个要素。所以，朗读既能提高口头表达能力，又是锤炼标准的普通话语感的重要方式。

朗读不是朗诵。朗诵是一种艺术表演形式，朗诵的表演性更强，而朗读则是用“读而不板，说而不演”的朗读语言表达。朗读具有转述性、知识性、质朴性、严肃性的特点；而朗诵则具有表演性、角色性、夸饰性。

二、朗读的要求

朗读是把文字作品转化为有声语言的创作活动，也就是朗读者在理解作品的基础上用自己的语音塑造形象、反映生活、说明道理，再现作者思想感情的再创造过程。在普通话水平测试中，朗读是对应试者普通话运用能力的一种综合检测形式。日常朗读活动中，决定朗读者朗读水平高低、朗读效果优劣的因素是多方面的。本节就普通话水平测试中影响应试者成绩的几个主要因素谈谈朗读的几个基本要求，目的是帮助应试者把握难点，在测试中减少失误，更好地发挥普通话朗读水平。

普通话朗读是一门学问。它除了要求应试者忠于作品原貌，不添字、漏字、改字外，还要求朗读时在声母、韵母、声调、轻声、儿化、音变以及语句的表达方式等方面都符合普通话语音的规范。朗读一篇作品，如果连普通话都读不准确，甚至读错了，那就会影响听众对原文的理解，甚至会闹笑话。要使自己的朗读符合普通话的语音规范，必须在以下几个方面下功夫。

1. 注意普通话和自己方言在语音上的差异

普通话和方言在语音上的差异大多数情况是有规律的。这种规律又有大的规律和小的规律，规律之中往往又包含一些例外，这些都要靠自己留心去总结。单是总结还不够，要多查字典和词典，加强记忆，反复练习。在练习中，不仅要注意声韵调方面的差异，还要注意轻声词和儿化韵。

2. 注意多音字的读音

一字多音是容易产生误读的重要原因之一，我们必须十分注意。多音字可以从两个方面去注意学习：第一类是意义不相同的多音字，要着重弄清它的各个不同的意义，从各个不同的意义去记住它的不同的读音；第二类是意义相同的多音字，要着重弄清它的不同的使用场合。这类多音字大多数情况是一个音使用场合“宽”，一个音使用场合“窄”，只要记住“窄”的就行。

3. 注意由字形相近或由偏旁类推引起的误读

由于字形相近而甲字张冠李戴地读成乙字，这种误读十分常见。由偏旁本身的读音或者由偏旁组成的较常用的字的读音去类推一个生字的读音而引起的误读，也很常见。所谓“秀才认字读半边”，闹出笑话，就是指的这种误读。

4. 注意异读词的读音

普通话词汇中，有一部分词（或词中的语素）意义相同或基本相同，但在习惯上有两个或几个不同的读法，这些被称为“异读词”。为了使这些读音规范，国家语委在20世纪50年代就组织了“普通话审音委员会”对普通话异读词的读音进行了审定。历经几十年，几易其稿。1985年，国家公布了《普通话异读词审音表》，要求全国文教、出版、广播及其他部门、行业涉及普通话异读词的读音、标音，均以这个新的审音表为准。在使用审音表的时候，最好对照工具书（如《新华字典》《现代汉语词典》等）来看。先看某个字的全部读音、义项和用例，再看审音表中的读音和用例。比较以后，如发现两者有不合之处，一律以审音表为准，这样就达到了规范读音的目的。

三、朗读的特点

1. 朗读是一种“说”的形式

朗读是将语言文字符号转化为有声语言形式的一种活动，属于“说话”的范畴。它要求朗读者将文字符号通过发音器官“说”出来，因此是一种语言输出形式。

2. 朗读是一种“读”的形式

朗读是一种语言的输入形式。因为朗读者只有通过视觉“看”到文字并将之转化为相应的语言形式才能进行朗读。朗读中除了眼、脑以外，还有发声器官的参与。从读的目的来看，朗读除了要获取信息，有时还为了传递信息。

3. 朗读是一种“听”的形式

朗读者在朗读的时候，将无声的文字符号变成了有声的语言，在这一连续的过程中，朗读者无论是有意的还是无意的，都会听到自己发出的语言信息。

可以看出，朗读是一种多感官并用的语言输入和输出形式。朗读需要用眼看文字符号，因此是一种阅读的输入形式；朗读又需要用“嘴”来说，因此又是一种有声的语言输出形式；朗读者本身还会“听”到自己所发出的语言信息，所以朗读也是一种语音输入形式。“看”和“听”表明朗读是一种语言输入形式，而“说”又表明朗读是一种语言输出形式。总的来说，朗读是一种语言信息处理和转换的过程。它对视觉感知的语言信息加以理解和加工，再将信息内容转换为口语语言表达出来。

四、把握作品的基调

准确地把握作品的基调，透彻地理解其内在含义，是朗读作品重要的前提和基础。

1. 熟悉作品

熟悉作品，要从理性上把握作品的思想内容和精神实质。只有透彻的理解，才能有深切的感受，才能准确地掌握作品的情调与节奏，正确地表现作品的思想感情。首先，要了解作者当时的思想和作品的时代背景；其次，要深刻理解作品的主题，这是深刻理解作品的关键；最后，根据不同体裁作品的特点，熟悉作品的内容和结构。对于抒情性作品，应着重熟悉其抒情线索和感情格调。对于叙事作品，应着重熟悉作品的情节与人物性格。对于论述文，需要通过逐段分析理解，抓住中心论点和各分论点，明确文章的论据和论述方法，或者抓住文章的说明次序和说明方法。总之，只有掌握了不同作品的特点，熟悉了作品的具体内容，才能准确地把握不同的朗读方法。

2. 形象表达

形象表达，就是在深刻理解作品内容的基础上，以一种形象的方式通过语音的具体形象把原作的思想感情表达出来。首先，要根据不同文体、不同题材、不同语言风格以及不同听众对象等因素，来确定朗读的基调；其次，对整个作品的朗读方案应有总体考虑。例如，作品中写景的地方怎么读？作品的高潮在什么地方？怎么安排快慢、高低、重音和停顿等？这就涉及朗读的技巧。

五、朗读的技巧

朗读时，除了要深刻透彻地把握作品的基调、理解作品的内容，还要充分合理地运用各种技巧，从而达到准确表达作品内在含义的目的。

（一）呼吸

学会自如地控制自己的呼吸非常重要，因为这样发出来的音坚实有力，音质优美，而且传送得较远。有的人在朗读时呼吸显得急促，甚至上气不接下气，这是因为他使用的是胸式呼吸，不能自如地控制自己的呼吸。朗读需要有较充足的气流，一般采用的是胸腹式呼吸法。它的特点是胸腔、腹腔都配合着呼吸进行收缩或扩张，尤其要注意横膈膜的运动。我们可以进行缓慢而均匀的呼吸训练，从中体会用腹肌控制呼吸的方法。

（二）吐字

吐字的技巧不仅关系到音节的清晰度，而且关系到声音的圆润、饱满。要吐字清楚，首先，要熟练地掌握常用词语的标准音，朗读时要熟悉每个音节的声母、韵母、声调，按照它们的标准音来发音。其次，要力求克服发音含糊、吐字不清的毛病。这个毛病的形成主要有 3 个方面的原因：一是在声母的成阻阶段比较马虎，不大注意发音器官的准确部位；二是在韵母阶段不大注意口形和舌位；三是发音吐字速度太快。平时多练习绕口令就是为了练好吐字的基本功。

（三）停顿

朗读时，有些句子较短，按书面标点停顿就可以，用“/”表示，它的多少表示停顿时间的长短。有些句子较长，结构比较复杂，句中虽没有标点符号，但为了表达清楚意思，中途也可以作短暂的停顿。如果停顿不当，就会破坏句子的结构。正确的停顿有以下几种类型。

1. 语法停顿

语法停顿是根据句子的语法结构所做的停顿。这种停顿一般是根据标点符号进行的时间长短不一的停顿，也被称为标点符号停顿。标点符号是书面语言的停顿符号，也是朗读作品时语言停顿的重要依据。标点符号的停顿规律一般是：句号、问号、感叹号后的停顿略长于分号、冒号，分号、冒号后的停顿又长于逗号，逗号后的停顿要比顿号长些，省略号和破折号的停顿时间要酌情而定。

2. 换气停顿

一般来说，人有换气的需要，所以在表达过程中就必然有停顿，这种停顿就是换气停顿。

在一些长句中，中间没有当然也不应该有标点符号，但是根据人的生理特点却无法一口气说完，就必须酌情进行换气停顿。换气停顿也要恰当，必须服从内容和思想感情表达的需要。

虽然每个人有不同的换气停顿的方法，但也不可以随心所欲地胡乱停顿。

案例精选

有的槐花//一条一条地//挂满枝头，近看//如维吾尔族姑娘//披散在肩头上的//小辫儿。

分析：标有“//”的地方也就是需要换气停顿的地方。这里的停顿不仅仅是为了换气，也是为了加强朗读时的清晰度和表现力。如果将上面的长句没有停顿地一口气念完，就很难做到清晰，也会缺乏表现力。

3. 逻辑停顿

逻辑停顿是指在朗读过程中，有时为了表达某种感情，强调某一观点或概念、突出某一事物或现象，在句中没有标点符号的地方做适当的停顿。这种停顿虽然随着所强调和突出的内容不同，停顿的地方可以有所不同，但它一般要受语法停顿的制约，一般是在较大的主语和谓语之间、动词和较长的宾语之间、较长的附加成分中心词之间、较长的联合成分之间作逻辑停顿。

4. 感情停顿

感情停顿不受书面标点和句子语法关系的制约，完全是根据感情或心理的需要而作的停顿处理，它受感情支配，根据感情的需要决定停与不停。它的特点是声断而情不断，也就是声断情连。感情停顿可长可短，短则几秒，长则几十秒，甚至几分钟，由表达者根据所要表达的内容或情感的需要自行设计和掌握，运用得好，就可以产生很强的艺术效果。

案例精选

周总理，我们的//好总理，你在//哪里啊，你在//哪里？

分析：这种朗读方式几乎是一字一顿，能够很好地传达出人民对周总理的深切缅怀之情和痛失总理的深切悲哀。

感情停顿主要运用于下面的场合：

（1）论理之后要举例说明，需要作停顿，举例结束也要作停顿。前者是为了引起听众的注意，后者是为了引发听众联想。

（2）设问之后回答之前需要作停顿。有些设问是可以不作答的，而有些设问是自问自答的，在设问之后、自答之前作停顿，既可以使听众产生悬念，还可以为后面出人意料的巧妙回答做铺垫。

（3）感叹或感叹之余需作停顿。感叹之余，紧接着运用感情停顿，以加深听众的印象，引起听众的共鸣。

（4）话题转移或告一段落时要作停顿。这是为了让听众将已讲完的话题暂时放下，做好接受新话题的心理准备。

5. 重音

重音是指那些在表情达意上起重要作用，在朗读时要加以特别强调的字、词或短语。重音是通过声音的强调来突出意义的，它能给色彩鲜明、形象生动的词增加分量。

（1）确定重音的依据。

①依据结构。有些句子平平常常，没有特殊的感情色彩，也没有什么特别强调的意味，这种句子的重音可以依据其语法结构来确定。一般而言，需要重读的有短句中的谓语、宾语、定语、状语、补语及有些代词，这类重音叫作语法重音。语法重音在朗读时不必过分强调，只要比其他音节读得重些就可以了。

②依据语意和感情。有些句子或由于构造复杂，或由于表意曲折，或由于感情特殊，它的重音往往不能一下子确定，必须联系上下文进行认真推敲，要把它放到特定的语言环境中加以考察才能确定重音，通常把这类重音叫作强调重音（逻辑重音）或感情重音。它同语法重音有时是一致的，有时则是不一致的。当强调重音或感情重音与语

法重音不一致时，后者必须服从前者。

重音不是简单的加重声音。在朗读时，重音有多种读法：重音重读、重音轻读、重读拖长、轻读拖长。

（2）重音的类型。

①语法重音。语法重音是按语言习惯自然重读的音节。这些重读的音节大多是按照平时的语言规律确定的。一般来说，语法重音不带特别强调的色彩，其常见的规律有以下几点：

A. 一般短句子里的谓语部分常重读。

B. 动词或形容词前的状语常重读。

C. 动词后面由形容词、动词及部分词组充当的补语常重读。

D. 名词前的定语常重读。

E. 用来做比喻的词语常常要重读。

F. 如果一句话里成分较多，往往要优先重读定语、状语、补语等连带成分。

案例精选

一曲完了，她激动地说："弹得多纯熟啊！感情多深啊！……"

我去过北京。我去过北京。我去过北京。

日照香炉生紫烟，遥看瀑布挂前川。飞流直下三千尺，疑是银河落九天。

分析：例子中画线的字词就是需要重读的部分。第一个例子中重读"多"字突出表现了"纯熟"和"深"的程度。第二个例子中，同一句话重读不同的字会表达出不同的意义。第三个例子突出瀑布的宏伟，所以重读"三千尺"。

②强调重音。强调重音是为了表示某种特殊的感情和强调某种特殊的意义而故意说得重一些的音。强调重音不受语法制约，它是根据语句所要表达的重点决定的，受朗读者的意愿制约。强调重音在句子中的位置是不固定的，受说话的环境、内容和感情支配，它的作用在于揭示语言的内在含义。如果表达目的不同，强调重音就会落在不同的词语上，所揭示的含义也就不相同，表达的效果也不一样。

③感情重音。感情重音可以使朗读的色彩丰富，充满生气，有较强的感染力。感情重音大部分出现在表现内心节奏强烈、情绪激动的地方。

6. 语速

语速是指在朗读时每个音节的长短及音节之间连接的松紧，在朗读时，适当地掌握速度的快慢，可以增强语言的表达效果。作品的内容和体裁决定朗读的速度。一方面，根据内容掌握语速。朗读时的语速须与作品的情境相适应，要根据作品的思想内容、故事情节、人物个性、环境背景、感情语气、语言特色来处理语速。当然，语速的快慢在一篇作品中并不是一成不变的，要根据具体的内容有所变化。另一方面，根据体裁掌握语速。不同的体裁对朗读的语速有不同的要求，要具体情况具体分析。

（1）急剧变化发展的场面宜用快读，平静、严肃的场面宜用慢读。

（2）紧张、焦急、慌乱、热烈、欢畅的心情宜用快读，沉重、悲痛、缅怀、悼念、失望的心情宜用慢读。

（3）不同的谈话方式语速不同，如辩论、争吵、急呼宜用快读，闲谈、絮语宜用慢读。

（4）不同的叙述方式语速不同，如作者的抨击、斥责、控诉、雄辩宜用快读，一般的记叙、说明、追忆宜用慢读。

7. 语调

语调指句子里声音高低升降的变化，其中以结尾的升降变化最重要，一般是和句子的语气紧密结合的。在朗读时，如能注意语调的升降变化，语音就有了动听的腔调，听起来便具有音乐美，也就能够更细致地表达不同的思想感情。语调变化多端，主要有以下几种：

（1）高升调。高升调多在疑问句、反诘句、短促的命令句子里使用，或者在表示愤怒、紧张、警告、号召的句子里使用。朗读时注意前低后高，语气上扬。例如："你说你这么做还是不是个人?"

（2）降抑调。降抑调一般用在感叹句、祈使句或表示坚决、自信、赞扬、祝愿等感情的句子里，表达沉痛、悲愤的感情一般也用这种语调。朗读时，注意调子逐渐由高降低，末字低而短。例如："玉树人民是坚强的，我们也要奉献我们的力量，帮助他们渡过难关。"

（3）平直调。平直调一般多用在叙述、说明或表示迟疑、思索、冷淡、追忆、悼念等句子里。朗读时始终平直舒缓，没有显著的高低变化。例如："他慢慢向前走着，影子拉得很长很长。"

（4）曲折调。曲折调用于表示特殊的感情，如讽刺、讥笑、夸张、强调、双关、特别惊异等句子里。朗读时由高而低再高，把句子中某些特殊的音节特别加重加高或拖长，形成一种升降曲折的变化。例如："他们哪里是要研究，而是要烟酒!"

第二节　不同文体的朗读

一、诗歌的朗读

诗歌是一种具有一定格式，运用强烈的情感、丰富的想象、优美的旋律，集中反映社会生活的一种文体，它也是最常见的文学形式。朗读诗歌时要注意以下几点。

1. 把握诗歌思想内容，确定情感基调

无论是格律诗还是现代诗，必须先把握其思想内容，再根据思想内容确定情感基调。

案例精选

送元二使安西

渭城朝雨浥轻尘，客舍青青柳色新。
劝君更尽一杯酒，西出阳关无故人。

分析：《送元二使安西》这首诗前两句写环境。清晨，渭城客舍，自东向西一直延伸，不见尽头的驿道上，早晨的小雨刚好润湿了尘土就停了。小雨多随人心愿啊，特意为远行的人安排了一条轻尘不扬的道路。客舍周围，道路两旁，被雨水清洗一新的柳树，人们眼前仿佛出现了一幅优美的风景画，令人心旷神怡。后两句写劝酒辞。劝酒中蕴含着浓浓的深情，读这两句应该怀有深切的感情。

2. 根据情感的需要确定语速

诗歌诵读的语速有一定的规律可循。如果表现的内容是欢快的、激动的或紧张的，那么速度要快一些；如果表现的内容是悲痛的、低沉的或抒情的，那么速度要慢一些；如果表现的内容是平铺直叙的，那么速度采取中等为宜。例如，《再别康桥》比《我爱这土地》的语速要慢一些。

在同一首诗歌中，语速并非一成不变。诗歌情感有发展，语速随之有变化，如闻一多的《发现》。

案例精选

发现

我来了，我喊一声，迸着血泪，
“这不是我的中华，不对，不对！”
我来了，因为我听见你叫我；
鞭着时间的罡风，擎一把火，
我来了，不知道是一场空喜。
我会见的是噩梦，哪里是你？
那是恐怖，是噩梦挂着悬崖，
那不是你，那不是我的心爱！
我追问青天，逼迫八面的风，
我问，拳头擂着大地的赤胸，
总问不出消息；我哭着叫你，
呕出一颗心来，——在我心里！

分析：作者一步步发现，一步步追问，节奏愈来愈紧，痛苦愈来愈深。最后，在呕心沥血之中终于发现，祖国原来珍藏在自己心底。因此，这首诗的语速应是：慢——快——慢。

3. 根据诗歌意境，确定轻读重读及音长音短

诗歌诵读有轻有重，有音长音短，才能将诗歌情感强调出来，才能将诗歌的韵味体现出来。字词句的轻重及音长音短要根据诗歌内容、意境来判断。

案例精选

再别康桥

轻轻地我走了，
正如我轻轻地来；
我轻轻地招手，
作别西天的云彩。

分析：这是《再别康桥》的第一节，整节诗比较轻柔，但轻柔之中依然有强调部分。诗中的3个“轻轻”虽然属于这节诗中重点强调的部分，但根据诗歌的意境来看，不能重读，应将语速放缓慢，声音稍微拉长。

4. 根据语境的关系确定诗句的停顿

诗歌诵读需要正确处理好停顿。节奏自然鲜明，诗歌才富有韵律美。一般说来，顿号后的停顿最短，逗号后的停顿长一点，分号和冒号后的停顿再长一点，句号、问号、感叹号和省略号后的停顿更长一些。无标点符号之处可以根据节拍来确定停顿，一般是两个音节一拍或三个音节一拍。

案例精选

一代人

黑夜/给了我/黑色的/眼睛，
我/却用它/来寻找/光明。

分析：以上的划分就是根据两个或三个音节一拍来停顿的，节奏鲜明自然。

有时需根据诗歌内容和语意关系来断定停顿。如闻一多的《红烛》最后一节，一般的处理可能会是这样：

“红烛/啊！莫问/收获，//但问/耕耘。”

然而如果仔细分析诗歌内容、意境，会发现这样的处理不太合适。诗人借咏颂燃烧的红烛寓志，在反复吟咏之后明志，表示要以“莫问收获，但问耕耘”的执着态度对待人生。所以，最后一节的处理应有别于本诗其他章节。这是本诗的高潮部分，每一字都非常重要，每一字都蕴含作者的情与志。为了体现每一字的力度，在朗读时，可以这样处理：

“红/烛/啊！莫/问/收/获，//但问/耕/耘。”

如此处理，一字一顿，一字一拍，更能准确地突出诗人的志向及志向的坚定。

二、散文的朗读

散文是指篇幅短小、题材多样、形式自由、情文并茂且富有意境的文章体裁。其特点是通过叙述、描写、抒情、议论等各种表现手法，创造出一种自由灵活、形散神凝、生动感人的艺术境界。

（一）散文的朗读基调

散文总是从作者主观视点来观察世界万物，从中有所感悟，于是有感而发，抒发自己的感想。散文的朗读基调应该是平缓的，没有太大起伏。即使是在作品的高潮部分也不会像演讲那样异峰突起，慷慨激昂。在朗读时要用中等的速度、柔和的音色，一般用拉长而不用加重的方法来强调重音。

案例精选

春

盼望着，盼望着，东风来了，春天的脚步近了。

一切都像刚睡醒的样子，欣欣然张开了眼。山朗润起来了，水涨起来了，太阳的脸红起来了。

小草偷偷地从土里钻出来，嫩嫩的，绿绿的。园子里，田野里，瞧去，一大片一大片满是的。坐着，躺着，打两个滚，踢几脚球，赛几趟跑，捉几回迷藏。风轻悄悄的，草软绵绵的。

桃树、杏树、梨树，你不让我，我不让你，都开满了花赶趟儿。红的像火，粉的像霞，白的像雪。花里带着甜味儿；闭了眼，树上仿佛已经满是桃儿、杏儿、梨儿。花下成千成百的蜜蜂嗡嗡地闹着，大小的蝴蝶飞来飞去。野花遍地是：杂样儿，有名字的，没名字的，散在草丛里，像眼睛，像星星，还眨呀眨的。

“吹面不寒杨柳风”。不错的，像母亲的手抚摸着你。风里带来些新翻的泥土的气息，混着青草味儿，还有各种花的香，都在微微润湿的空气里酝酿。鸟儿将巢安在繁花嫩叶当中，高兴起来了，呼朋引伴地卖弄清脆的喉咙，唱出宛转的曲子，跟轻风流水应和着。牛背上牧童的短笛，这时候也成天嘹亮地响着。

雨是最寻常的，一下就是三两天。可别恼。看，像牛毛，像花针，像细丝，密密地斜织着，人家屋顶上全笼着一层薄烟。树叶却绿得发亮，小草也青得逼你的眼。傍晚时候，上灯了，一点点黄晕的光，烘托出一片安静而和平的夜。在乡下，小路上，石桥边，有撑起伞慢慢走着的人。地里还有工作的农民，披着蓑，戴着笠。他们的房屋，稀稀疏疏的，在雨里静默着。

天上风筝渐渐多了，地上孩子也多了。城里乡下，家家户户，老老小小，也赶趟儿似的，一个个都出来了。舒活舒活筋骨，抖擞抖擞精神，各做各的一份儿事去了。“一年之计在于春”，刚起头儿，有的是工夫，有的是希望。

春天像刚落地的娃娃，从头到脚都是新的，它生长着。

春天像小姑娘，花枝招展的，笑着，走着。

春天像健壮的青年，有铁一般的胳膊和腰脚，领着我们上前去。

分析：朱自清先生在著名的散文《春》中描写春天，赞美春天，发出“一年之计在于春”的感想，从而激发了对生活的热爱。基调是热情愉快的，我们应该用明朗、甜美的声音去读。朗读《春》时，一开始是一种殷切期盼的情感，在朗读“山朗润起来了，水涨起来了，太阳的脸红起来了”时，要把三个层次读出来，把春天越来越近、人们越来越欣喜的心情读出来。中间部分，从各个方面描写春天，也表现了作者对春天的热爱，可以用减慢速度、降低音量的方法把描写和抒情区别开来。最后三小节，用娃娃、姑娘、青年来比喻春天，体现了人们对新的一年的憧憬和希望，情绪也随之转向高昂，音量、语速也应随之步步提高。

散文虽然不像诗歌那样有规整的节奏和严格的韵律，但是也讲究节奏和韵律美。散文的局部和某些句子也有对称结构，例如“风轻悄悄的，草软绵绵的”，在朗读时，可以用相同的语调来读这对语句，使文中的韵律美表现出来。

散文也有不同的类型。有的散文以抒情为主，不写人和事，如朱自清先生著名的散文《荷塘月色》《匆匆》，都是在抒发作者的感受；有的文章中虽然也会出现一些事物，但是这些事物都是虚写而不是实写的，是概括而不是具体的；另外一种类型的散文稍有不同，这些散文中穿插一些人和事，有时正是这些人和事给了作者启示，由此而产生了感慨。在朗读时应该把其人其事作为散文的一个组成部分，而不是作为一个故事来读。

（二）朗读散文要注意的问题

1. 感情要真实

朗读散文应力求展示作者倾注在作品中的“情感”，充分表现作品中的人格意象。散文是心灵的体现，是真情的流露。朗读时要充分把握不同的主题、结构和风格。例如，茅盾的《白杨礼赞》热情地赞美了白杨树，进而赞美了北方的农民，赞美我们民族在解放斗争中所不可缺的质朴、坚强以及力求上进的精神。朗读时要充分把握这种感情基调。

2. 表达要有变化

散文语言自由、舒展，表达细腻生动，叙述、描写、抒情、议论，相辅相成，显得生动、明快，对不同语体风格要区别处理。叙述性语言的朗读要语气舒展，声音明朗轻柔，娓娓动听；描写性语言要生动、形象、自然、贴切；抒情性语言要自然亲切、由衷而发；议论性语言要深沉含蓄、力透纸背。朗读者应把握文章的语言特点，恰如其分地处理好语气的高低、强弱，节奏的快慢、急缓，力求真切地把作者的“情”抒发出来。

散文的结构布局多种多样，有横式的，有纵式的；有逐层深入的，有曲折迂回的。例如，袁鹰的散文《井冈翠竹》以毛竹的功绩为线索，围绕这根主线，作者回忆过去，展望未来，热情歌颂了中国人民的革命气节和革命精神，是一篇纵式结构文章；而鲁迅的散文《从百草园到三味书屋》则分别描述了百草园和三味书屋，是一篇对比结构的横式散文。

散文的结体式样很多，写法多样，但无论什么散文都是形散神聚的，总是有一条清晰的线索贯穿全文，统领全篇。要么是自始至终有一种充沛的激情来描写感人肺腑的人和事，使全文浑然一体，如魏巍的《谁是最可爱的人》一文，作者向人们展现的是一种激昂的爱国主义、国际主义之情；要么是以一些寓意深邃的话语统领全文，如柯岩的《岚山情思》就是以周总理病重时的一句情深意切的话为主旨进行构思的。朗读时应根据文章的主题和发展线索，用停顿的长短来显示文章的结构变化及语脉发展，用重音和语调来突出主题，使语脉清晰，聚而不散。

三、记叙文的朗读

记叙文是一个包含内容很广的题材，它包括小说、散文、游记、故事、通讯等。我们这里所讲的记叙文是狭义的，指的是记人叙事的文章。

“记叙”就是讲故事。讲故事最重要的就是引人入胜，要让别人听得津津有味。怎样才能做到这一点呢？

那就是渲染气氛，交代脉络，塑造人物。

首先是如何渲染气氛。任何一个故事都有气氛，是轻松愉快的还是沉重不幸的，是富有哲理的还是幽默风趣的，不同的气氛要用不同的嗓音来表现。例如，《齐白石买菜》说的是老画家想买点儿白菜，卖菜的小伙子认出了他，提出要用画来换，这就是轻松愉快的作品，我们要用明亮的嗓音、跳跃的节奏来朗诵。《最后一课》写的是一位教师在国家将亡之际坚持上完最后一堂母语课时的悲痛心情，气氛是庄严沉重的，我们要用低沉的嗓音，缓慢的节奏来朗诵。

其次是怎样交代作品的脉络。故事总有开头、经过和结果，事件也总有发生、发展、高潮和结局。这就是脉络。开头用慢速，多停顿，使听众听得清楚明白；中途娓娓道来，要从容不迫；关键之处要运用重音、停顿引起听众的注意；高潮到来，要用富有节奏的语速变化来表现，否则就会显得平淡无奇了。

最后是如何塑造人物。故事中如果有人物出现，就要用声音来塑造人物的形象。人们的嗓音频率跟年龄有关。所以，读小伙子的话就要提高频率，读老先生的话就要降低频率。人物的喜、怒、哀、乐都可以用嗓音来表现。

下面以《齐白石买菜》为例来讨论记叙文的朗读方法。

案例精选

齐白石买菜

一天早晨，齐白石上街买菜，看见一个乡下小伙子的白菜又大又新鲜，就问：“多少钱一斤？”小伙子正要答话，仔细一看，心想，哦！这不是大画家齐白石吗？就笑了笑说：“您要买菜，不卖！”齐白石一听，不高兴地说：“那你干吗来了？”小伙子忙说：“我的白菜用画换。”齐白石明白了，看来这小伙子认出自己了，就说：“用画换？可以啊，不知怎样换法？”小伙子说：“您画一棵白菜，我给你一车白菜。”齐白石不由笑出了声：“小伙子，你可吃大亏了！”“不亏。您画我就换！”“行。”齐白石也来了兴致，“快拿纸墨来！”

小伙子买来纸墨，齐白石提笔抖腕，一幅淡雅清素的水墨《白菜图》很快就画出来了。小伙子接过画，从车上卸下白菜，拉起空车就走。齐白石忙拦住他笑笑说：“这么多菜我怎么吃得完？”说着，就只拿了几棵白菜走了。

（节选自：洪梅《齐白石买菜》）

分析：这篇故事轻松活泼，富有生活气息，因此我们可以选用自然、松弛的嗓音来朗读，完全不需要夸张。这样，故事的背景和气氛就出来了。从故事的脉络来看，一开始是普通的讨价还价，接着小伙子认出了老画家，情况有了变化。这一过程又分为以下几个小阶段：

（1）小伙子认出：“正要答话……齐白石吗？”用低声表示内心活动。

（2）欲擒故纵：“您要买菜，不卖！”扬声，故作冷淡。

（3）老人不高兴：“那你干吗来了？”声音低沉，稍重，表示老人气恼。

（4）小伙子解释：“我的白菜用画换。”语调下抑，表示诚恳。

（5）老人明白：“齐白石……换画”先抑后扬。

（6）商量办法：“小伙子……行”松弛自然，生活化，体现幽默风度。

（7）画画过程：“齐白石……画出来了”高潮，声音明快，体现一挥而就。

（8）取菜结束：“小伙子……走了”尾声，恢复平和自然的语气。

四、说明文的朗读

1. 说明文的朗读基调

说明文具有条理清楚、结构严谨的特点，朗读时不像朗读其他文章需要投入一定的情感。说明文的朗读基调应较平实，在语速、停顿等方面可以用叙述的语气把文章读正确，强调说明文中所介绍事物的特点，使听者理解说明文的内容。

2. 把握说明文的层次

说明文对科学知识的说明是按序分层展开的。为了让听者把握好说明文内在的层次结构，在朗读时要靠正确的停顿、节奏的变化来感受文章的内在逻辑结构。

案例精选

蛇与庄稼

几十年前，广东沿海发生了一次海啸，是台风引起的，许多田地村庄被海水淹没了。这场洪水过后，那儿的庄稼总得不到好收成，接连几年都是这样，即使风调雨顺，也不见起色。后来，老农们想出了一个办法，他们去外地买了一批蛇回来，把蛇放到田里。说也奇怪，那一年庄稼就获得了丰收。大家不明白这是什么道理，老农把秘密说破了。原来那场洪水把深藏在洞里的蛇都给淹死了，田鼠们游到树上和山坡上，保住了性命。后来洪水退了，田鼠又回到田里糟蹋庄稼。没有蛇来捕捉它们，它们繁殖特别快，庄稼都让田鼠给糟蹋了。现在田里又有了蛇，大量的田鼠让蛇给吃掉了，因而庄稼又得到了好收成。生物学家达尔文说过猫和苜蓿的故事。他说，在英国的好些地方，看村子喂的猫多还是少，就可以知道那里的苜蓿长得怎么样。苜蓿靠土蜂传播花粉，地里田鼠太多，土蜂的活动就受到影响。村子里喂的猫多，田鼠就不能那么放肆了。因此猫的多少，竟和苜蓿的收获有密切的关系。

天上下雨，地面就湿；太阳出来，东西就容易晒干；火会烧毁东西，水可以灭火……这些事儿都是显而易见的，大家都知道。但是世界上的事物除了这样简单的联系之外，还有不少复杂的联系，不是一下子能看清楚的。一个人不讲卫生，在马路上吐一口痰，也许会使许多人得病，甚至染上肺结核。肺结核病人躺在床上呻吟的时候，他怎么会想到使他生病的就是那个在马路上随便吐痰的人呢？事物之间的联系是非常复杂的，咱们必须不怕麻烦，研究它们，掌握它们的规律。这样，才能把事儿做得更合咱们的意愿。

分析：《蛇与庄稼》由广东沿海地区发生的一次大规模的海啸后，庄稼得不到好收成开始说起，从现象分析，看到问题的实质，层层递进。朗读时，应通过语调的变化来表达文章的内在层次结构。

五、议论文的朗读

议论文是指有感而发，对某一件事表明自己的意见、观点、看法而形成的一篇文章，其中包括演讲稿、辩护词以及随笔等。从广义上说，有人把随笔归入散文，但随笔跟抒情散文是完全不同的文体，随笔是一种议论文。

议论文有明确的观点，符合逻辑的论证过程，脉络清楚，条理分明，重点突出。所以，议论文的朗读具有以下几个特点：

（1）声音明亮清晰。这是因为在文章中要明确地亮出作者的观点，而且是毫不犹豫的。应该使用明亮的音色，在发音时，要使自己的发音器官肌肉紧绷，这样声音就不至于显得拖泥带水。

（2）语句重音作用明显。因为在议论文中有大量的议论，为了论证，一定会有所强调，所以语句重音就显出特别重要的作用。

（3）层次分明。在议论文中的思考和议论必然有一定的脉络和思路，由此一步步带着听众走向结论，所以必须是层次分明的，朗读时必须运用音量的大小、速度的快慢等因素逐步推到结论的出现，这也正是全文的高潮所在。

案例精选

理解万岁

记得《论语·学而》中有那么一句话：“患不知人也。”意思是可担忧的是不理解别人吧。

的确，理解、相知是人类多么宝贵的一种境界。理解自然、理解社会、理解人生……人类不也就是在这种境界中运行吗？

——乘着创世纪的诺亚方舟，理解是那只窥探到大自然衔回了橄榄枝的鸽子；

——沿着千回百折的汨罗江，理解是屈原感叹社会而传唱于今的骚体长辞；

——拨着高山流水般的琴声，理解是蔡锷小凤仙人生难得一知己的一曲知音……

自然界在理解中求得平衡，社会在理解中求得和谐，而更重要的是人类在理解中求得进化。

人是需要理解的。每个人都渴望理解自己，也渴望理解他人，更渴望被他人理解。

不理解自己的人，是难以把握自己的人生航向的；不理解他人的人，是难以团结生活和事业的同盟军的；不被他人理解的人，则难以挣脱孤独和苦闷的阴影。而只有理解自己，也理解他人，同时让他人理解的人，才能在求索的漫漫路途中不昏不聩，不傲不矜。

有时候，理解是一股热源，它能给人以无穷无尽的力量。坚守在亚热带南中国边疆的战士们，被短短一曲《十五的月亮》唱出了泉水般的泪水，他们紧紧抱在一起，陶醉在被理解之中，久久也不松开。一旦他们重新卧在堑壕里，那颗心便会化成山一样的屏障。

有时候，理解是一架罗盘，它能改变人一生的走向。在工读学校里，一道理解的目光，竟能使那误入歧途的年轻人怦然心动，反省、疚悔，以至作为一个真正的人生新起点。

有时候，理解是一道霓虹，它能给原本庄重的生活增添绮丽。读一读马克思给燕妮的书信吧，伟人对理解的渴求，以及被理解后的欢愉和情爱，难道不会给你给我们或新或深的启迪吗？

当然，要达到这个境界，并不是一件轻而易举的事。恢弘的宇宙、繁复的社会、神秘的自然，以及大千世界，芸芸众生，要达到相互间那种完全彻底的默契无隙的理解，从现阶段人类的认识能力、幻想能力、道德能力、智商凝聚力及科学技术水平来看，还十分遥远。那么就从一点一滴开始吧，理解自己的同志和朋友、父母和妻儿，理解自己周围的每棵小草，每片树叶，每粒尘土和每缕风，每束光吧！

（孙决《理解万岁》）

分析：《理解万岁》这篇短文从《论语》中的一句话“患不知人也”说起，论述了“理解是人类一种宝贵的境界”这个道理。在论述时，全文10个小节又从5个不同的层面加以阐述，这5个层面环环相扣，结构严密。

（1）开题与立论：第一小节——引用《论语》，提出话题；第二小节——提出论点：理解是人类宝贵的境界。

（2）历史的回顾：第三小节——人所共知的历史事实；第四小节——自然、社会的发展规律。

（3）人们需要它：第五小节——人渴望相互理解；第六小节——理解与否，影响巨大。

（4）理解是什么：第七小节——理解是热源，给人力量；第八小节——理解是罗盘，改变方向；第九小节——理解是霓虹，增添绮丽。

（5）怎样达到理解：第十小节——从一点一滴开始。

我们可以清楚地看出，全文的重点在第四个层面。在这一层中作者用了3个小节来反复论证，同时也在这一层中用了很具体很生动的事实来证明自己的论点。由此可见，作者说到这时倾注了感情，眼前似乎出现了堑壕里的战士、误入歧途的青年、历史上的伟人，耳边似乎听见了《十五的月亮》的歌声……因此我们在朗读时，也要把这一层作为重点来处理，一定要倾注我们的热情，例如：朗诵“紧紧地”“久久地”“山一样的”应该有重音，以体现理解给人的力量是如何巨大；朗诵“怦然心动”“反省”“疚悔”时，要一个比一个高而强，体现理解所带来的这些行动之间的关系是像一个又一个的台阶一样，把跌入深渊的人托上彼岸；在朗诵“霓虹”“绮丽”“书信”“渴求”时，要把声音放得很柔和，不用加强而用延长的方法来处理重音，使声音充分表现出人们被理解之后的欢欣。

既然全文是以第四层次为中心的，前面的3个层次就要为第四层次做铺垫。第一层次用平实的语调，体现庄重；第二层次用较为缓慢低沉的语调，体现沧桑感；第三层次开始，要逐步加快节奏和语速，从反面说时可以稍稍放慢放低，以便和正面说有所对比，这样就可以和第四层次相衔接；而最后一个层次应该是引起听众深深思考的一节，朗读时要放慢语速加重语气，给人以“语重心长”的感觉。

在这一小节中，有些重音是绝不能忽视的：“一点一滴”“小草”“树叶”“尘土”“风”“光”。也许有人会问，为什么要把重音放在草和叶上？朋友、父母就不重要吗？当然重要！父母、朋友，怎么说也比草、叶重要，但唯其重要才不能作为重音。请注意，这一节特别说的是“一点一滴”，是指要从身边最不容易注意的地方做起，因此后边一连串的人和事物是由大到小来排列的。不信，我们来看看：和尘土相比，小草和树叶是不是还算大的？但是跟风和光相比，尘土是不是还算“有形”的？所以，这儿是由大到小排列的。作者的意思是：要是你连小到这样微不足道的东西都能理解，那你就能达到这个宝贵的境界了。由此可见作者要强调的正是那最最小的东西，这也就是我们为什么要把树叶、尘土处理为重音的缘故。

六、寓言的朗读

寓言是一种以劝谕或讽刺性的故事为内容的文学样式，通常是假托一个故事来说明深刻的道理，具有讽刺和教育作用。朗读寓言要把握以下几点。

1. 确定寓意

寓言的特点之一是借事喻理，每一篇寓言的寓意都是不同的。有的反映人们对生活的看法，有的对某种社会现象加以批评，有的对某一阶层或某一类人物有所讽刺，或提供某种生活的教训，或进行某种劝诫。总之应弄清寓言的寓意是什么，然后抓住关键所在，用最适当的语气语调来表现。

2. 抓住特点

每篇寓言所借喻的事物不尽相同，在朗读时应注意把握住特点，如《乌鸦和狐狸》这则寓言告诉我们不要被奉承搞得昏昏然。在朗读时，应着重读好狐狸的话，用柔和的、细声细气的声音和曲折的语调突出其谄媚和狡猾，这样才能衬托出乌鸦的愚蠢。

3. 揣摩形象

对于寓言中出现的形象，作者总是有所褒贬的，在朗读时，对作品中的形象应好好揣摩，然后决定用什么语气语调朗读。

七、童话的朗读

童话世界是瑰丽而生动的，在童话作品中，天地日月、风云雷电、山川鸟兽、花草虫鱼，都可以被赋予“人”的性格和“人”的思想感情，并以其鲜明的形象和独特的个性活跃在幻想的舞台上，所以总是特别受到孩子们的欢迎。

朗读童话除了用普通话语音朗读、把握作品的基调、使用朗读的基本技巧外，关键是“化装”好角色。朗读时可以适当地把声音“化化装”，以加强表现力，朗读的音色因角色不同而有所变化。为了逼真地表现出作品中的角色，可以进行模仿、夸张，如朗读乌鸦的话时，声音可以尖一些，因为乌鸦体形很小；而朗读蜗牛的话时，可以把声音放低一些、慢一些，因为蜗牛总是慢腾腾的。这样立刻就可以使两个角色声音拉开距离、形成对比，不但可以塑造不同的角色，还可以增强作品的艺术效果。

案例精选

卖火柴的小女孩

天冷极了，下着雪，又快黑了。这是一年的最后一天——大年夜。在这又冷又黑的晚上，一个乖巧的小女孩儿，赤着脚在街上走着。她从家里出来的时候还穿着一双拖鞋，但是有什么用呢？那是一双很大的拖鞋——那么大，一向是她妈妈穿的。她穿过马路的时候，两辆马车飞快地冲过来，吓得她把鞋都跑掉了。一只怎么也找不着，另一只叫一个男孩儿捡起来拿着跑了。他说，将来他有了孩子，可以拿它当摇篮。

小女孩儿只好赤着脚走，一双小脚冻得红一块青一块的。她的旧围裙里兜着许多火柴，手里还拿着一把。这一整天，谁也没买过她一根火柴，谁也没给过她一个钱。

可怜的小女孩儿！她又冷又饿，哆哆嗦嗦地向前走。雪花落在她的金黄的长头发上，那头发打成卷儿披在肩上，看上去很美丽，不过她没注意这些。每个窗子里都透出灯光来，街上飘着一股烤鹅的香味儿，因为这是大年夜——她可忘不了这个。

她在一座房子的墙角里坐下来，蜷着腿缩成一团。她觉得更冷了。她不敢回家，因为她没卖掉一根火柴，没挣到一个钱，爸爸一定会打她的。再说，家里跟街上一样冷。他们头上只有个房顶，虽然最大的裂缝已经用草和破布堵住了，风还是可以灌进来。

她的一双小手几乎冻僵了。啊，哪怕一根小小的火柴，对她也是有好处的！她敢从成把的火柴里抽出一根来，在墙上擦燃了，来暖和暖和自己的小手吗？她终于抽出了一根，哧！火柴燃起来了，冒出火焰来了！她把小手拢在火焰上。多么温暖多么明亮的火焰啊，简直像一支小小的蜡烛。这是一道奇异的火光！小女孩儿觉得自己好像坐在一个大火炉前面，火炉装着闪亮的铜脚和铜把手，烧得旺旺的，暖烘烘的，多么舒服啊！哎，这是怎么回事呢？她刚把脚伸出去，想让脚也暖和一下，火柴灭了，火炉不见了。她坐在那儿，手里只有一根烧过了的火柴梗。

她又擦了一根。火柴燃起来了，发出亮光来了。亮光落在墙上，那儿忽然变得像薄纱那么透明，她可以一直看到屋里。桌上铺着雪白的台布，摆着精致的盘子和碗，肚子里填满了苹果和梅子的烤鹅正冒着香气。更妙的是这只鹅从盘子里跳下来，背上插着刀和叉，摇摇摆摆地在地板上走着，一直向这个穷苦的小女孩儿走来。这时候，火柴又灭了，她面前只有一堵又厚又冷的墙。

她又擦着了一根火柴。这一回，她坐在美丽的圣诞树下。这棵圣诞树比她去年圣诞节透过富商家的玻璃门看到的还要大，还要美。翠绿的树枝上点着几千支明晃晃的蜡烛，许多幅美丽的彩色画片，跟挂在商店橱窗里的一个样，在向她眨眼睛。小女孩儿向画片伸出手去。这时候，火柴又灭了。只见圣诞树上的烛光越升越高，最后成了在天空中闪烁的星星。有一颗星星落下来了，在天空中划出了一道细长的红光。

“有一个什么人快要死了。”小女孩儿说。唯一疼她的奶奶活着的时候告诉过她：一颗星星落下来，就有一个灵魂要到上帝那儿去了。

她在墙上又擦着了一根火柴。这一回，火柴把周围全照亮了。奶奶出现在亮光里，是那么温和，那么慈爱。

“奶奶！”小女孩儿叫起来，“啊！请把我带走吧！我知道，火柴一灭，您就会不见的，像那暖和的火炉、喷香的烤鹅、美丽的圣诞树一样，就会不见的！”

她赶紧擦着了一大把火柴，要把奶奶留住。一大把火柴发出强烈的光，照得跟白天一样明亮。奶奶从来没有像现在这样高大，这样美丽。奶奶把小女孩儿抱起来，搂在怀里。她俩在光明和快乐中飞走了，越飞越高，飞到那没有寒冷，没有饥饿，也没有痛苦的地方去了。

第二天清晨，这个小女孩儿坐在墙角里，两腮通红，嘴上带着微笑。她死了，在旧年的大年夜冻死了。新年的太阳升起来了，照在她小小的尸体上。小女孩儿坐在那儿，手里还捏着一把烧过了的火柴梗。

“她想给自己暖和一下……”人们说。谁也不知道她曾经看到过多么美丽的东西，她曾经多么幸福，跟着她奶奶一起走向新年的幸福中去。

分析：《卖火柴的小女孩》写于1846年，是安徒生的代表作品之一。作者通过对小女孩悲惨遭遇的描述，流露了对贫苦人民的深切同情和对不合理社会制度的批判和控诉。作者的情感也应是我们朗读这篇课文应有的情感。朗读这篇课文的基调应该是低沉而富于启发性的：低沉是为了烘托悲惨的气氛，启发性是为了引起人们深思造成小女孩悲惨命运的社会原因。朗读的基本语调应为低沉缓慢。当然，在具体朗读时还要在大致统一的基本语调语气中，根据故事情节的展开及发展变化和再想象获得的真切感受，适当变换语调和语气。

第1~4自然段描写小女孩所处的寒冷、凄凉的环境。朗读时，朗读者的内心要充满对小女孩深深的同情，语调低沉、缓慢。对环境要着重表现出“冷”“雪”“黑”，对小女孩要着重表现出“冷”和“饿”。

第5~7自然段分别写了小女孩的三个幻想和三次幻想的破灭。朗读幻想的文字，声音上扬、有力，语气、语调多变，语速加快，以表现小女孩对美好幸福生活的向往之情。但要注意声音不要过亮、过高、过响，要符合全篇总体的感情基调，因为这一切毕竟是小女孩的“幻想”，并不是真实的现实。幻想破灭后的现实描写，朗读时要注意与幻想的对比，要迅速调整感情态度，可多用虚声、气声，速度缓慢，语气深沉压抑，充满失望和怅惘。

第8~11自然段写小女孩在幻想中与疼爱她的奶奶在一起。“有一个什么人快要死了”要读出自言自语的语气，同时这句又似乎预示着小女孩悲惨的命运，语调要低。朗读奶奶曾经对她说的那句话，可适当模仿老年人的语气，语气慈爱、温和，速度缓慢，并要读得深沉含蓄。第9自然段朗读时突出强调“全”“奶奶”“温和”“慈爱”。

第10自然段是小女孩发自内心的、悲哀的、最后的呼喊，在现实中备受冷漠、歧视、饥饿、寒冷等各种痛苦的小女孩是多么渴望得到亲人的温暖和关怀！朗读时，速度渐快，停顿缩短，声音响亮上扬，语气中充满乞求，可略带颤音甚至哭腔。

第11自然段，“赶紧”“一大把”“强烈”“白天”“高大”“美丽”“抱”“搂”要重读。最后一句，表面看似乎基调应是幸福的、快乐的，而实际上是令人感到异常痛苦的、悲惨的。朗读时，可用柔和的嗓音、内紧外松的节奏，越读越慢，越读越轻，读至“去了”的“了”时几乎没有声音，好像小女孩真的和奶奶一起越飞越远了。这句之后，要加上一个较长的停顿，给听者体会、思索的想象空间。

第12自然段，第一句对小女孩的描写，朗读时语调要低，声音不要大，语速缓慢，停顿增多。第二句可这样处理停顿：“她/死了，//在旧年的大年夜/冻死了。”朗读这一句，语气凝重，语调低沉，但又要饱含悲愤交加的感情。之所以要增加停顿，是因为不忍说出这样美丽可爱的小女孩竟然在大年夜冻死街头这样一个残酷的事实。

最后一个自然段，“多么美丽”“多么幸福”“新年的幸福”用缓慢的速度予以重读，以引起听者的深思。

八、新闻消息的朗读

（一）新闻消息的语言特点

1. 准确无误

要坚持新闻完全真实的原则，除了新闻事实真实以外，运用语言也必须准确，这包括了语音、语法。准确就是反映事物最本质、最切实的状况，不含糊，不笼统，不模棱两可。

2. 简洁明快

新闻消息要求快，要求短，这就决定了新闻消息语言要简明扼要、直截了当，不能拖泥带水、拖沓冗长。要尽量用最少的文字及时准确地报道事实真相。

3. 朴素实在

新闻消息用朴素实在的语言报道新闻事实，这也是区别于其他文体语言的主要标志之一。朴素即自然，自然本身就有一种独具个性的和谐内在的美。实在就是表述时忌矫揉造作、渲染夸张。新闻消息的语言不能油腔滑调、花里胡哨。

4. 鲜活生动

新闻消息要及时、准确地反映丰富多彩、发展变化的客观事物，因此新闻消息的语言必须清新优美、富有动感，并且能够引人注目、耐人寻味。新闻的新鲜感决定了新闻消息语言的鲜活生动。

（二）新闻消息的朗读技巧

新闻消息的朗读一般称为播报，要求语言标准、表达规范、舒展明快和朴实大方。

1. 语言标准

语言标准体现在两方面：一是标准的语音，二是正确的语法。新闻消息播报有特定的语言环境，要求语音必须准确清晰，只有准确清晰的语音才可能保证消息内容的准确无误。对新闻播报语言的高标准、严要求还体现在所使用语言的语法上，因为只有语音标准、语法正确，才能够确保语言传播的准确。

2. 表达规范

有声语言表达有很多技巧，但是在新闻消息播报中对表达的要求相对规范，不能像文学艺术作品那样可以有更多的个性化理解和表达。新闻消息讲求客观真实，所以在播报新闻消息的时候语言表达相对客观，不能有太多主观色彩和太过夸张的处理。新闻稿件简洁明了的特点使新闻播报的语言表达更注重对新闻事实的客观报道，因此要多连而少停、重音少且精，要语势常扬，语尾不坠，不悠荡，不拖腔拿调。

3. 舒展明快

在新闻消息播报的用声上和表达上要尽量做到舒展明快。在新闻消息播报中多使用实声，新闻的客观性要求用实声加强新闻的可信性，声音不能挤捏，要松弛、自然，吐字要颗粒饱满、字字珠玑。在表达上，由于新闻的时效性以及新闻具有新鲜性的特点，新闻消息播报的节奏要明快一些，要做到“快而不乱”。

4. 朴实大方

朴实大方是对新闻消息播报总的状态的概括，在吐字发声、表达技巧当中贯穿着朴实大方，在整体语言面貌和语言表达整体把握当中，更要求体现出一种客观真实的气质。

第三节　普通话水平测试朗读范文 60 篇

【目录】

07.《二十美金的价值》
08.《繁星》
09.《风筝畅想曲》
10.《父亲的爱》
11.《国家荣誉感》
12.《海滨仲夏夜》
13.《海洋与生命》
14.《和时间赛跑》
15.《胡适的白话电报》
16.《火光》
17.《济南的冬天》
18.《家乡的桥》
19.《坚守你的高贵》
20.《金子》
27.《麻雀》
28.《迷途笛音》
29.《莫高窟》
30.《牡丹的拒绝》
31.《“能吞能吐”的森林》
32.《朋友和其他》
33.《散步》
34.《神秘的“无底洞”》
35.《世间最美的坟墓》
36.《苏州园林》
37.《态度创造快乐》
38.《泰山极顶》
39.《陶行知的“四块糖果”》
40.《提醒幸福》
47.《香港：最贵的一棵树》
48.《鸟的天堂》
49.《野草》
50.《一分钟》
51.《一个美丽的故事》
52.《永远的记忆》
53.《语言的魅力》
54.《赠你四味长寿药》
55.《站在历史的枝头微笑》
56.《中国的宝岛——台湾》
57.《中国的牛》
58.《住的梦》
59.《紫藤萝瀑布》
60.《最糟糕的发明》

作品1号——《白杨礼赞》

那是力争上游的一种树，笔直的干，笔直的枝。它的干呢，通常是丈把高，像是加以人工似的，一丈以内，绝无旁枝；它所有的桠枝呢，一律向上，而且紧紧靠拢，也像是加以人工似的，成为一束，绝无横斜逸出；它的宽大的叶子也是片片向上，几乎没有斜生的，更不用说倒垂了；它的皮，光滑而有银色的晕圈，微微泛出淡青色。这是虽在北方的风雪的压迫下却保持着倔强挺立的一种树！哪怕只有碗来粗细罢，它却努力向上发展，高到丈许，两丈，参天耸立，不折不挠，对抗着西北风。

这就是白杨树，西北极普通的一种树，然而绝不是平凡的树！

它没有婆娑的姿态，没有屈曲盘旋的虬枝，也许你要说它不美丽，——如果美是专指“婆娑”或“横斜逸出”之类而言，那么白杨树算不得树中的好女子；但是它却是伟岸，正直，朴质，严肃，也不缺乏温和，更不用提它的坚强不屈与挺拔，它是树中的伟丈夫！

当你在积雪初融的高原上走过，看见平坦的大地上傲然挺立这么一株或一排白杨树，难道你就只觉得树只是树，难道你就不想到它的朴质，严肃，坚强不屈，至少也象征了北方的农民；难道你竟一点儿也不联想到，在敌后的广大//土地上，到处有坚强不屈，就像这白杨树一样傲然挺立的守卫他们家乡的哨兵！难道你又不更远一点儿想到，这样枝枝叶叶靠紧团结、力求上进的白杨树，宛然象征了今天在华北平原纵横决荡用血写出新中国历史的那种精神和意志！

——节选自茅盾《白杨礼赞》

作品 2 号——《差别》

两个同龄的年轻人同时受雇于一家店铺，并且拿同样的薪水。

可是一段时间后，叫阿诺德的那个小伙子青云直上，而那个叫布鲁诺的小伙子却仍在原地踏步。布鲁诺很不满意老板的不公正待遇。终于有一天他到老板那儿发牢骚了。老板一边耐心地听着他的抱怨，一边在心里盘算着怎样向他解释清楚他和阿诺德之间的差别。

“布鲁诺先生，”老板开口说话了，“您现在到集市上去一下，看看今天早上有什么卖的。”

布鲁诺从集市上回来向老板汇报说，今早集市上只有一个农民拉了一车土豆在卖。

“有多少？”老板问。

布鲁诺赶快戴上帽子又跑到集上，然后回来告诉老板一共四十袋土豆。

“价格是多少？”

布鲁诺又第三次跑到集上问来了价格。

“好吧，”老板对他说，“现在请您坐到这把椅子上一句话也不要说，看看阿诺德怎么说。”

阿诺德很快就从集市上回来了。向老板汇报说到现在为止只有一个农民在卖土豆，一共四十口袋，价格是多少多少；土豆质量很不错，他带回来一个让老板看看。这个农民一个钟头以后还会弄来几箱西红柿，据他看价格非常公道。昨天他们铺子的西红柿卖得很快，库存已经不//多了。他想这么便宜的西红柿，老板肯定会要进一些的，所以他不仅带回了一个西红柿做样品，而且把那个农民也带来了，他现在正在外面等回话呢。

此时老板转向了布鲁诺，说：“现在您肯定知道为什么阿诺德的薪水比您高了吧！”

——节选自张健鹏、胡足青主编《故事时代》中《差别》

作品 3 号——《丑石》

我常常遗憾我家门前的那块丑石：它黑黝黝地卧在那里，牛似的模样；谁也不知道是什么时候留在这里的，谁也不去理会它。只是麦收时节，门前摊了麦子，奶奶总是说：这块丑石，多占地面呀，抽空把它搬走吧。

它不像汉白玉那样的细腻，可以刻字雕花，也不像大青石那样的光滑，可以供来浣纱捶布。它静静地卧在那里，院边的槐阴没有庇覆它，花儿也不再在它身边生长。荒草便繁衍出来，枝蔓上下，慢慢地，它竟锈上了绿苔、黑斑。我们这些做孩子的，也讨厌起它来，曾合伙要搬走它，但力气又不足；虽时时咒骂它，嫌弃它，也无可奈何，只好任它留在那里了。

终有一日，村子里来了一个天文学家。他在我家门前路过，突然发现了这块石头，眼光立即就拉直了。他再没有离开，就住了下来；以后又来了好些人，都说这是一块陨石，从天上落下来已经有二三百年了，是一件了不起的东西。不久便来了车，小心翼翼地将它运走了。

这使我们都很惊奇！这又怪又丑的石头，原来是天上的啊！它补过天，在天上发过热、闪过光，我们的先祖或许仰望过它，它给了他们光明、向往、憧憬；而它落下来了，在污土里，荒草里，一躺就//是几百年了！

我感到自己的无知，也感到了丑石的伟大，我甚至怨恨它这么多年竟会默默地忍受着这一切！而我又立即深深地感到它那种不屈于误解、寂寞的生存的伟大。

——节选自贾平凹《丑石》

作品 4 号——《达瑞的故事》

在达瑞八岁的时候，有一天他想去看电影。因为没有钱，他想是向爸妈要钱，还是自己挣钱。最后他选择了后者。他自己调制了一种汽水，向过路的行人出售。可那时正是寒冷的冬天，没有人买，只有两个人例外——他的爸爸和妈妈。

他偶然有一个和非常成功的商人谈话的机会。当他对商人讲述了自己的“破产史”后，商人给了他两个重要的建议：一是尝试为别人解决一个难题；二是把精力集中在你知道的、你会的和你拥有的东西上。

这两个建议很关键。因为对于一个八岁的孩子而言，他不会做的事情很多。于是他穿过大街小巷，不停地思考：人们会有什么难题，他又如何利用这个机会？

一天，吃早饭时父亲让达瑞去取报纸。美国的送报员总是把报纸从花园篱笆的一个特制的管子里塞进来。假如你想穿着睡衣舒舒服服地吃早饭和看报纸，就必须离开温暖的房间，冒着寒风，到花园去取。虽然路短，但十分麻烦。

当达瑞为父亲取报纸的时候，一个主意诞生了。当天他就按响邻居的门铃，对他们说，每个月只需付给他一美元，他就每天早上把报纸塞到他们的房门底下。大多数人都同意了，很快他有//了七十多个顾客。一个月后，当他拿到自己赚的钱时，觉得自己简直是飞上了天。

很快他又有了新的机会，他让他的顾客每天把垃圾袋放在门前，然后由他早上运到垃圾桶里，每个月加一美元。之后他还想出了许多孩子赚钱的办法，并把它集结成书，书名为《儿童挣钱的二百五十个主意》。为此，达瑞十二岁时就成了畅销书作家，十五岁有了自己的谈话节目，十七岁就拥有了几百万美元。

——节选自（德）博多·舍费尔《达瑞的故事》，刘志明译

作品 5 号——《第一场雪》

这是入冬以来，胶东半岛上第一场雪。

雪纷纷扬扬，下得很大。开始还伴着一阵儿小雨，不久就只见大片大片的雪花，从彤云密布的天空中飘落下来。地面上一会儿就白了。冬天的山村，到了夜里就万籁俱寂，只听得雪花簌簌地不断往下落，树木的枯枝被雪压断了，偶尔咯吱一声响。

大雪整整下了一夜。今天早晨，天放晴了，太阳出来了。推开门一看，嗬！好大的雪啊！山川、河流、树木、房屋，全都罩上了一层厚厚的雪，万里江山，变成了粉妆玉砌的世界。落光了叶子的柳树上挂满了毛茸茸亮晶晶的银条儿；而那些冬夏常青的松树和柏树上，则挂满了蓬松松沉甸甸的雪球儿。一阵风吹来，树枝轻轻地摇晃，美丽的银条儿和雪球儿簌簌地落下来，玉屑似的雪末儿随风飘扬，映着清晨的阳光，显出一道道

五光十色的彩虹。

大街上的积雪足有一尺多深，人踩上去，脚底下发出咯吱咯吱的响声。一群群孩子在雪地里堆雪人，掷雪球儿。那欢乐的叫喊声，把树枝上的雪都震落下来了。

俗话说，“瑞雪兆丰年”。这个话有充分的科学根据，并不是一句迷信的成语。寒冬大雪，可以冻死一部分越冬的害虫；融化了的水渗进土层深处，又能供应//庄稼生长的需要。我相信这一场十分及时的大雪，一定会促进明年春季作物，尤其是小麦的丰收。有经验的老农把雪比做是“麦子的棉被”。冬天“棉被”盖得越厚，明春麦子就长得越好，所以又有这样一句谚语：“冬天麦盖三层被，来年枕着馒头睡。”

我想，这就是人们为什么把及时的大雪称为“瑞雪”的道理吧。

——节选自峻青《第一场雪》

作品 6 号——《读书人是幸福人》

我常想读书人是世间幸福人，因为他除了拥有现实的世界之外，还拥有另一个更为浩瀚也更为丰富的世界。现实的世界是人人都有的，而后一个世界却为读书人所独有。由此我想，那些失去或不能阅读的人是多么的不幸，他们的丧失是不可补偿的。世间有诸多的不平等，财富的不平等，权力的不平等，而阅读能力的拥有或丧失却体现为精神的不平等。

一个人的一生，只能经历自己拥有的那一份欣悦，那一份苦难，也许再加上他亲自闻知的那一些关于自身以外的经历和经验。然而，人们通过阅读，却能进入不同时空的诸多他人的世界。这样，具有阅读能力的人，无形间获得了超越有限生命的无限可能性。阅读不仅使他多识了草木虫鱼之名，而且可以上溯远古下及未来，饱览存在的与非存在的奇风异俗。

更为重要的是，读书加惠于人们的不仅是知识的增广，而且还在于精神的感化与陶冶。人们从读书学做人，从那些往哲先贤以及当代才俊的著述中学得他们的人格。人们从《论语》中学得智慧的思考，从《史记》中学得严肃的历史精神，从《正气歌》中学得人格的刚烈，从马克思学得人世//的激情，从鲁迅学得批判精神，从托尔斯泰学得道德的执着。歌德的诗句刻写着睿智的人生，拜伦的诗句呼唤着奋斗的热情。一个读书人，一个有机会拥有超乎个人生命体验的幸运人。

——节选自谢冕《读书人是幸福人》

作品 7 号——《二十美金的价值》

一天，爸爸下班回到家已经很晚了，他很累也有点儿烦，他发现五岁的儿子靠在门旁正等着他。

“爸，我可以问您一个问题吗？”

“什么问题？”“爸，您一小时可以赚多少钱？”“这与你无关，你为什么问这个问题？”父亲生气地说。

“我只是想知道，请告诉我，您一小时赚多少钱？”小孩儿哀求道。“假如你一定要知道的话，我一小时赚二十美金。”

"哦，"小孩儿低下了头，接着又说，"爸，可以借我十美金吗？"父亲发怒了："如果你只是要借钱去买毫无意义的玩具的话，给我回到你的房间睡觉去。好好想想为什么你会那么自私。我每天辛苦工作，没时间和你玩儿小孩子的游戏。"

小孩儿默默地回到自己的房间关上门。

父亲坐下来还在生气。后来，他平静下来了。心想他可能对孩子太凶了——或许孩子真的很想买什么东西，再说他平时很少要过钱。

父亲走进孩子的房间："你睡了吗？""爸，还没有，我还醒着。"孩子回答。

"我刚才可能对你太凶了，"父亲说，"我不应该发那么大的火儿——这是你要的十美金。""爸，谢谢您。"孩子高兴地从枕头下拿出一些被弄皱的钞票，慢慢地数着。

"为什么你已经有钱了还要？"父亲不解地问。

"因为原来不够，但现在凑够了。"孩子回答："爸我现在有//二十美金了，我可以向您买一个小时的时间吗？明天请早一点儿回家——我想和您一起吃晚餐。"

——节选自唐继柳编译《二十美金的价值》

作品 8 号——《繁星》

我爱月夜，但我也爱星天。从前在家乡七八月的夜晚在庭院里纳凉的时候，我最爱看天上密密麻麻的繁星。望着星天，我就会忘记一切，仿佛回到了母亲的怀里似的。

三年前在南京我住的地方有一道后门，每晚我打开后门，便看见一个静寂的夜。下面是一片菜园，上面是星群密布的蓝天。星光在我们的肉眼里虽然微小，然而它使我们觉得光明无处不在。那时候我正在读一些天文学的书，也认得一些星星，好像它们就是我的朋友，它们常常在和我谈话一样。

如今在海上，每晚和繁星相对，我把它们认得很熟了。我躺在舱面上，仰望天空。深蓝色的天空里悬着无数半明半昧的星。船在动，星也在动，它们是这样低，真是摇摇欲坠呢！渐渐地我的眼睛模糊了，我好像看见无数萤火虫在我的周围飞舞。海上的夜是柔和的，是静寂的，是梦幻的。我望着许多认识的星，我仿佛看见它们在对我眨眼，我仿佛听见它们在小声说话。这时我忘记了一切。在星的怀抱中我微笑着，我沉睡着。我觉得自己是一个小孩子，现在睡在母亲的怀里了。

有一夜，那个在哥伦波上船的英国人指给我看天上的巨人。他用手指着：//那四颗明亮的星是头，下面的几颗是身子，这几颗是手，那几颗是腿和脚，还有三颗星算是腰带。经他这一番指点，我果然看清楚了那个天上的巨人。看，那个巨人还在跑呢！

——节选自巴金《繁星》

作品 9 号——《风筝畅想曲》

假日到河滩上转转，看见许多孩子在放风筝。一根根长长的引线，一头系在天上，一头系在地上，孩子同风筝都在天与地之间悠荡，连心也被悠荡得恍恍惚惚了，好像又回到了童年。

儿时放的风筝，大多是自己的长辈或家人编扎的，几根削得很薄的篾，用细纱线扎成各种鸟兽的造型，糊上雪白的纸片，再用彩笔勾勒出面孔与翅膀的图案。通常扎得最多的是“老雕”“美人儿”“花蝴蝶”等。

我们家前院就有位叔叔，擅扎风筝，远近闻名。他扎得风筝不只体形好看，色彩艳丽，放飞得高远，还在风筝上绷一叶用蒲苇削成的膜片，经风一吹，发出“嗡嗡”的声响，仿佛是风筝的歌唱，在蓝天下播扬，给开阔的天地增添了无尽的韵味，给驰荡的童心带来几分疯狂。

我们那条胡同的左邻右舍的孩子们放的风筝，几乎都是叔叔编扎的。他的风筝不卖钱，谁上门去要，就给谁，他乐意自己贴钱买材料。

后来，这位叔叔去了海外，放风筝也渐与孩子们远离了。不过年年叔叔给家乡写信，总不忘提起儿时的放风筝。香港回归之后，他的家信中说到，他这只被故乡放飞到海外的风筝，尽管飘荡游弋，经沐风雨，可那线头儿一直在故乡和//亲人手中牵着，如今飘得太累了，也该要回归到家乡和亲人身边来了。

是的。我想，不光是叔叔，我们每个人都是风筝，在妈妈手中牵着，从小放到大，再从家乡放到祖国最需要的地方去啊！

——节选自李恒瑞《风筝畅想曲》

作品 10 号——《父亲的爱》

爸不懂得怎样表达爱，使我们一家人融洽相处的是我妈。他只是每天上班下班，而妈则把我们做过的错事开列清单，然后由他来责骂我们。

有一次我偷了一块糖果，他要我把它送回去，告诉卖糖的说是我偷来的，说我愿意替他拆箱卸货作为赔偿。但妈妈却明白我只是个孩子。

我在运动场打秋千跌断了腿，在前往医院的途中一直抱着我的，是我妈。爸把汽车停在急诊室门口，他们叫他驶开，说那空位是留给紧急车辆停放的。爸听了便叫嚷道：“你以为这是什么车？旅游车？”

在我生日会上，爸总是显得有些不大相称。他只是忙于吹气球，布置餐桌，做杂务。把插着蜡烛的蛋糕推过来让我吹的，是我妈。

我翻阅照相册时，人们总是问：“你爸爸是什么样子的？”天晓得！他老是忙着替别人拍照。妈和我笑容可掬地一起拍的照片，多得不可胜数。

我记得妈有一次叫他教我骑自行车。我叫他别放手，但他却说是应该放手的时候了。我摔倒之后，妈跑过来扶我，爸却挥手要她走开。我当时生气极了，决心要给他点儿颜色看。于是我马上爬上自行车，而且自己骑给他看。他只是微笑。

我念大学时，所有的家信都是妈写的。他//除了寄支票外，还寄过一封短柬给我，说因为我不在草坪上踢足球了，所以他的草坪长得很美。

每次我打电话回家，他似乎都想跟我说话，但结果总是说：“我叫你妈来接。”

我结婚时，掉眼泪的是我妈。他只是大声擤了一下鼻子，便走出房间。

我从小到大都听他说：“你到哪里去？什么时候回家？汽车有没有汽油？不，不准去。”爸完全不知道怎样表达爱。除非……

会不会是他已经表达了，而我却未能察觉？

——节选自（美）艾尔玛·邦贝克《父亲的爱》

作品 11 号——《国家荣誉感》

一个大问题一直盘踞在我脑袋里：

世界杯怎么会有如此巨大的吸引力？除去足球本身的魅力之外，还有什么超乎其上而更伟大的东西？

近来观看世界杯，忽然从中得到了答案：是由于一种无上崇高的精神情感——国家荣誉感！

地球上的人都会有国家的概念，但未必时时都有国家的感情。往往人到异国，思念家乡，心怀故国，这国家概念就变得有血有肉，爱国之情来得非常具体。而现代社会，科技昌达，信息快捷，事事上网，世界真是太小太小，国家的界限似乎也不那么清晰了。再说足球正在快速世界化，平日里各国球员频繁转会，往来随意，致使越来越多的国家联赛都具有国际的因素。球员们不论国籍，只效力于自己的俱乐部，他们比赛时的激情中完全没有爱国主义的因子。

然而，到了世界杯大赛，天下大变。各国球员都回国效力，穿上与光荣的国旗同样色彩的服装。在每一场比赛前，还高唱国歌以宣誓对自己祖国的挚爱与忠诚。一种血缘情感开始在全身的血管里燃烧起来，而且立刻热血沸腾。

在历史时代，国家间经常发生对抗，好男儿戎装卫国。国家的荣誉往往需要以自己的生命去换//取。但在和平时代，唯有这种国家之间大规模对抗性的大赛，才可以唤起那种遥远而神圣的情感，那就是：为祖国而战！

——节选自冯骥才《国家荣誉感》

作品 12 号——《海滨仲夏夜》

夕阳落山不久，西方的天空，还燃烧着一片橘红色的晚霞。大海，也被这霞光染成了红色，而且比天空的景色更要壮观。因为它是活动的，每当一排排波浪涌起的时候，那映照在浪峰上的霞光，又红又亮，简直就像一片片霍霍燃烧着的火焰，闪烁着，消失了。而后面的一排，又闪烁着，滚动着，涌了过来。

天空的霞光渐渐地淡下去了，深红的颜色变成了绯红，绯红又变成浅红。最后，当这一切红光都消失了的时候，那突然显得高而远了的天空，则呈现出一片肃穆的神色。最早出现的启明星，在这蓝色的天幕上闪烁起来了。它是那么大，那么亮，整个广漠的天幕上只有它在那里放射着令人注目的光辉，活像一盏悬挂在高空的明灯。

夜色加浓，苍空中的“明灯”越来越多了。而城市各处的真的灯火也次第亮了起来，尤其是围绕在海港周围山坡上的那一片灯光，从半空倒映在乌蓝的海面上，随着波浪，晃动着，闪烁着，像一串流动着的珍珠，和那一片片密布在苍穹里的星斗互相辉映，煞是好看。

在这幽美的夜色中，我踏着软绵绵的沙滩，沿着海边，慢慢地向前走去。海水，轻轻地抚摸着细软的沙滩，发出温柔的//唰唰声。晚来的海风，清新而又凉爽。我的心里，有着说不出的兴奋和愉快。

夜风轻飘飘地吹拂着，空气中飘荡着一种大海和田禾相混合的香味儿，柔软的沙滩上还残留着白天太阳炙晒的余温。那些在各个工作岗位上劳动了一天的人们，三三两两地来到这软绵绵的沙滩上，他们浴着凉爽的海风，望着那缀满了星星的夜空，尽情地说笑，尽情地休憩。

——选自峻青《海滨仲夏夜》

作品13号——《海洋与生命》

生命在海洋里诞生绝不是偶然的，海洋的物理和化学性质，使它成为孕育原始生命的摇篮。

我们知道，水是生物的重要组成部分，许多动物组织的含水量在百分之八十以上，而一些海洋生物的含水量高达百分之九十五。水是新陈代谢的重要媒介，没有它，体内的一系列生理和生物化学反应就无法进行，生命也就停止。因此，在短时期内动物缺水要比缺少食物更加危险。水对今天的生命是如此重要，它对脆弱的原始生命，更是举足轻重了。生命在海洋里诞生，就不会有缺水之忧。

水是一种良好的溶剂。海洋中含有许多生命所必需的无机盐，如氯化钠、氯化钾、碳酸盐、磷酸盐，还有溶解氧，原始生命可以毫不费力地从中吸取它所需要的元素。

水具有很高的热容量，加之海洋浩大，任凭夏季烈日曝晒，冬季寒风扫荡，它的温度变化却比较小。因此，巨大的海洋就像是天然的“温箱”，是孕育原始生命的温床。

阳光虽然为生命所必需，但是阳光中的紫外线却有扼杀原始生命的危险。水能有效地吸收紫外线，因而又为原始生命提供了天然的“屏障”。

这一切都是原始生命得以产生和发展的必要条件。//

——节选自童裳亮《海洋与生命》

作品14号——《和时间赛跑》

读小学的时候，我的外祖母去世了。外祖母生前最疼爱我，我无法排除自己的忧伤，每天在学校的操场上一圈儿又一圈儿地跑着，跑得累倒在地上，扑在草坪上痛哭。

那哀痛的日子，断断续续地持续了很久，爸爸妈妈也不知道如何安慰我。他们知道与其骗我说外祖母睡着了，还不如对我说实话：外祖母永远不会回来了。

“什么是永远不会回来呢?”我问着。

“所有时间里的事物，都永远不会回来。你的昨天过去，它就永远变成昨天，你不能再回到昨天。爸爸以前也和你一样小，现在也不能回到你这么小的童年了；有一天你会长大，你会像外祖母一样老；有一天你度过了你的时间，就永远不会回来了。”爸爸说。

爸爸等于给我一个谜语，这谜语比课本上的“日历挂在墙壁，一天撕去一页”使我心里着急和“一寸光阴一寸金，寸金难买寸光阴”还让我感到可怕；也比作文本上的“光阴似箭，日月如梭”更让我觉得有一种说不出的滋味。

时间过得那么飞快，使我的小心眼儿里不只是着急，而是悲伤。有一天我放学回家，看到太阳快落山了，就下决心说：“我要比太阳更快地回家。”我狂奔回去，站在庭院前喘气的时候，看到太阳//还露着半边脸，我高兴地跳跃起来，那一天我跑赢了太阳。以后我就时常做那样的游戏，有时和太阳赛跑，有时和西北风比快，有时一个暑假才能做完的作业，我十天就做完了；那时我三年级，常常把哥哥五年级的作业拿来做。每一次比赛胜过时间，我就快乐得不知道怎么形容。

如果将来我有什么要教给我的孩子，我会告诉他：假若你一直和时间比赛，你就可以成功！

——节选自（中国台湾）林清玄《和时间赛跑》

作品 15 号——《胡适的白话电报》

三十年代初，胡适在北京大学任教授。讲课时他常常对白话文大加称赞，引起一些只喜欢文言文而不喜欢白话文的学生的不满。

一次，胡适正讲得得意的时候，一位姓魏的学生突然站了起来，生气地问："胡先生，难道说白话文就毫无缺点吗？"胡适微笑着回答说："没有。"那位学生更加激动了："肯定有！白话文废话太多，打电报用字多，花钱多。"胡适的目光顿时变亮了。轻声地解释说："不一定吧！前几天有位朋友给我打来电报，请我去政府部门工作，我决定不去，就回电拒绝了。复电是用白话写的，看来也很省字。请同学们根据我这个意思，用文言文写一个回电，看看究竟是白话文省字，还是文言文省字？"胡教授刚说完，同学们立刻认真地写了起来。

十五分钟过去，胡适让同学举手，报告用字的数目，然后挑了一份用字最少的文言电报稿，电文是这样写的："才疏学浅，恐难胜任，不堪从命。"白话文的意思是：学问不深，恐怕很难担任这个工作，不能服从安排。

胡适说，这份写得确实不错，仅用了十二个字。但我的白话电报却只用了五个字："干不了，谢谢！"

胡适又解释说："'干不了'就有才疏学浅、恐难胜任的意思；'谢谢'既对朋友的介绍表示感谢，又有拒绝的意思。所以，废话多不多，并不看它是文言文还是白话文，只要注意选用字词，白话文是可以比文言文更省字的。"

——节选自陈灼主编《实用汉语中级教程》（上）中《胡适的白话电报》

作品 16 号——《火光》

很久以前，在一个漆黑的秋天的夜晚，我泛舟在西伯利亚一条阴森森的河上。船到一个转弯处，只见前面黑黢黢的山峰下面一星火光蓦地一闪。

火光又明又亮，好像就在眼前……

"好啦，谢天谢地！"我高兴地说，"马上就到过夜的地方啦！"

船夫扭头朝身后的火光望了一眼，又不以为然地划起桨来。

"远着呢！"

我不相信他的话，因为火光冲破朦胧的夜色，明明在那儿闪烁。不过船夫是对的，事实上，火光的确还远着呢。

这些黑夜的火光的特点是：驱散黑暗，闪闪发亮，近在眼前，令人神往。乍一看，再划几下就到了……其实却还远着呢！……

我们在漆黑如墨的河上又划了很久。一个个峡谷和悬崖迎面驶来，又向后移去，仿佛消失在茫茫的远方，而火光却依然停在前头，闪闪发亮，令人神往——依然是这么近，又依然是那么远……

现在，无论是这条被悬崖峭壁的阴影笼罩的漆黑的河流，还是那一星明亮的火光，都经常浮现在我的脑际，在这以前和在这以后，曾有许多火光似乎近在咫尺，不止使我一人心驰神往。可是生活之河却仍然在那阴森森的两岸之间流着，而火光也依旧非常遥远。因此，必须加劲划桨……

然而，火光啊……毕竟……毕竟就//在前头！……

——节选自（俄）柯罗连科《火光》，张铁夫译

作品 17 号——《济南的冬天》

对于一个在北平住惯的人，像我，冬天要是不刮风，便觉得是奇迹；济南的冬天是没有风声的。对于一个刚由伦敦回来的人，像我，冬天要能看得见日光，便觉得是怪事；济南的冬天是响晴的。自然，在热带的地方，日光是永远那么毒，响亮的天气，反有点儿叫人害怕。可是，在北方的冬天，而能有温晴的天气，济南真得算个宝地。

设若单单是有阳光，那有算不了出奇。请闭上眼睛想：一个老城，有山有水，全在天底下晒着阳光，暖和安适地睡着，只等春风来把它们唤醒，这是不是理想的境界？小山把济南围了个圈儿，只有北边缺着点口儿。这一圈小山在冬天特别可爱，好像是把济南放在一个小摇篮里，它们安静不动地低声地说："你们放心吧，这儿准保暖和。"真的，济南的人们在冬天是面上含笑的。他们一看那些小山，心中便觉得有了着落，有了依靠。他们由天上看到山上，便不知不觉地想起：明天也许就是春天了吧？这样的温暖，今天夜里山草也许就绿起来了吧？就是这点儿幻想不能一时实现，他们也并不着急，因为这样慈善的冬天，干什么还希望别的呢！

最妙的是下点小雪呀。看吧，山上的矮松越发的青黑，树尖儿上//顶着一髻儿白花，好像日本看护妇。山尖儿全白了，给蓝天镶上一道银边。山坡上，有的地方雪厚点儿，有的地方草色还露着；这样，一道儿白，一道儿暗黄，给山们穿上一件带水纹儿的花衣；看着看着，这件花衣好像被风儿吹动，叫你希望看见一点儿更美的山的肌肤。等到快日落的时候，微黄的阳光斜射在山腰上，那点儿薄雪好像忽然害羞，微微露出点儿粉色。就是下小雪吧，济南是受不住大雪的，那些小山太秀气。

——节选自老舍《济南的冬天》

作品 18 号——《家乡的桥》

纯朴的家乡村边有一条河，曲曲弯弯，河中架一弯石桥，弓样的小桥横跨两岸。

每天，不管是鸡鸣晓月，日丽中天，还是月华泻地，小桥都印下串串足迹，洒落串串汗珠。那是乡亲为了追求多棱的希望，兑现美好的遐想。弯弯小桥，不时荡过轻吟低唱，不时露出舒心的笑容。

因而，我稚小的心灵，曾将心声献给小桥：你是一弯银色的新月，给人间普照光辉；你是一把闪亮的镰刀，割刈着欢笑的花果；你是一根晃悠悠的扁担，挑起了彩色的

明天！哦，小桥走进我的梦中。

我在漂泊他乡的岁月，心中总涌动着故乡的河水，梦中总看到弓样的小桥。当我访南疆探北国，眼帘闯进座座雄伟的长桥时，我的梦变得丰满了，增添了赤橙黄绿青蓝紫。

三十多年过去，我带着满头霜花回到故乡，第一紧要的便是去看望小桥。

啊！小桥呢？它躲起来了？河中一道长虹，浴着朝霞熠熠闪光。哦，雄浑的大桥敞开胸怀，汽车的呼啸、摩托的笛音、自行车的叮铃，合奏着进行交响乐；南来的钢筋、花布，北往的柑橙、家禽，绘出交流欢悦图……

啊！蜕变的桥，传递了家乡进步的消息，透露了家乡富裕的声音。时代的春风，美好的追求，我蓦地记起儿时唱//给小桥的歌，哦，明艳艳的太阳照耀了，芳香甜蜜的花果捧来了，五彩斑斓的岁月拉开了！

我心中涌动的河水，激荡起甜美的浪花。我仰望一碧蓝天，心底轻声呼喊：家乡的桥啊，我梦中的桥！

——节选自郑莹《家乡的桥》

作品 19 号——《坚守你的高贵》

三百多年前，建筑设计师莱伊恩受命设计了英国温泽市政府大厅。他运用工程力学的知识，依据自己多年的实践，巧妙地设计了只用一根柱子支撑的大厅天花板。一年以后，市政府权威人士进行工程验收时，却说只用一根柱子支撑天花板太危险，要求莱伊恩再多加几根柱子。

莱伊恩自信只要一根坚固的柱子足以保证大厅安全，他的“固执”惹恼了市政官员，险些被送上法庭。他非常苦恼；坚持自己原先的主张吧，市政官员肯定会另找人修改设计；不坚持吧，又有悖自己为人的准则。矛盾了很长一段时间，莱伊恩终于想出了一条妙计，他在大厅里增加了四根柱子，不过这些柱子并未与天花板接触，只不过是装装样子。

三百多年过去了，这个秘密始终没有被人发现。直到前两年，市政府准备修缮大厅的天花板，才发现莱伊恩当年的“弄虚作假”。消息传出后，世界各国的建筑专家和游客云集，当地政府对此也不加掩饰，在新世纪到来之际，特意将大厅作为一个旅游景点对外开放，旨在引导人们崇尚和相信科学。

作为一名建筑师，莱伊恩并不是最出色的。但作为一个人，他无疑非常伟大。这种//伟大表现在他始终恪守着自己的原则，给高贵的心灵一个美丽的住所，哪怕是遭遇到最大的阻力，也要想办法抵达胜利。

——节选自游宇明《坚守你的高贵》

作品 20 号——《金子》

自从传言有人在萨文河畔散步时无意发现了金子后，这里便常有来自四面八方的淘金者。他们都想成为富翁，于是寻遍了整个河床，还在河床上挖出很多大坑，希望借助它们找到更多的金子。的确，有一些人找到了，但另外一些人因为一无所得而只好扫兴归去。

也有不甘心落空的，便驻扎在这里，继续寻找。彼得·弗雷特就是其中一员。他在河床附近买了一块没人要的土地，一个人默默地工作。他为了找金子，已把所有的钱都押在这块土地上。他埋头苦干了几个月，直到土地全变成了坑坑洼洼，他失望了——他翻遍了整块土地，但连一丁点儿金子都没看见。

六个月后，他连买面包的钱都没有了。于是他准备离开这儿到别处去谋生。

就在他即将离去的前一个晚上，天下起了倾盆大雨，并且一下就是三天三夜。雨终于停了，彼得走出小木屋，发现眼前的土地看上去好像和以前不一样：坑坑洼洼已被大水冲刷平整，松软的土地上长出一层绿茸茸的小草。

“这里没找到金子，”彼得忽有所悟地说，“但这土地很肥沃，我可以用来种花，并且拿到镇上去卖给那些富人，他们一定会买些花装扮他们华丽的客厅。//如果真是这样的话，那么我一定会赚许多钱。有朝一日我也会成为富人……”

于是他留了下来。彼得花了不少精力培育花苗，不久田地里长满了美丽鲜艳的各色鲜花。

五年以后，彼得终于实现了他的梦想——成了一个富翁。“我是唯一的一个找到真金的人！”他时常不无骄傲地告诉别人，“别人在这儿找不到金子后便远远地离开，而我的‘金子’是在这块土地里，只有诚实的人用勤劳才能采集到。”

——节选自陶猛译《金子》

作品 21 号——《捐诚》

我在加拿大学习期间遇到过两次募捐，那情景至今使我难以忘怀。

一天，我在渥太华的街上被两个男孩子拦住去路。他们十来岁，穿得整整齐齐，每人头上戴着个做工精巧、色彩鲜艳的纸帽，上面写着“为帮助患小儿麻痹的伙伴募捐”。其中的一个，不由分说就坐在小凳上给我擦起皮鞋来，另一个则彬彬有礼地发问：“小姐，您是哪国人？喜欢渥太华吗？”“小姐，在你们国家有没有小孩儿患小儿麻痹？谁给他们医疗费？”一连串的问题，使我这个有生以来头一次在众目睽睽之下让别人擦鞋的异乡人，从近乎狼狈的窘态中解脱出来。我们像朋友一样聊起天儿来……

几个月之后，也是在街上。一些十字路口处或车站坐着几位老人。他们满头银发，身穿各种老式军装，上面布满了大大小小形形色色的徽章、奖章，每人手捧一大束鲜花，有水仙、石竹、玫瑰及叫不出名字的，一色雪白。匆匆过往的行人纷纷止步，把钱投进这些老人身旁的白色木箱内，然后向他们微微鞠躬，从他们手中接过一朵花。我看了一会儿，有人投一两元，有人投几百元，还有人掏出支票填好后投进木箱。那些老军人毫不注意人们捐多少钱，一直不//停地向人们低声道谢。同行的朋友告诉我，这是为纪念二次大战中参战的勇士，募捐救济残废军人和烈士遗孀，每年一次；认捐的人可谓踊跃，而且秩序井然，气氛庄严。有些地方，人们还耐心地排着队。我想，这是因为他们都知道：正是这些老人们的流血牺牲换来了包括他们信仰自由在内的许许多多。

我两次把那微不足道的一点儿钱捧给他们，只想对他们说声“谢谢”。

——节选自青白《捐诚》

作品 22 号——《可爱的小鸟》

没有一片绿叶，没有一缕炊烟，没有一粒泥土，没有一丝花香，只有水的世界，云的海洋。

一阵台风袭过，一只孤单的小鸟无家可归，落到被卷到洋里的木板上，乘流而下，姗姗而来，近了，近了！……

忽然，小鸟张开翅膀，在人们头顶盘旋了几圈儿，“噗啦”一声落到了船上。许是累了？还是发现了“新大陆”？水手撵它，它不走，抓它，它乖乖地落在掌心。可爱的小鸟和善良的水手结成了朋友。

瞧，它多美丽，娇巧的小嘴，啄理着绿色的羽毛，鸭子样的扁脚，呈现出春草的鹅黄。水手们把它带到舱里，给它“搭铺”，让它在船上安家落户，每天，把分到的一塑料筒淡水匀给它喝，把从祖国带来的鲜美的鱼肉分给它吃，天长日久，小鸟和水手的感情日趋笃厚。清晨，当第一束阳光射进舷窗时，它便敞开美丽的歌喉，唱啊唱，嘤嘤有韵，宛如春水淙淙。人类给它以生命，它毫不悭吝地把自己的艺术青春奉献给了哺育它的人。可能都是这样？艺术家们的青春只会献给尊敬他们的人。

小鸟给远航生活蒙上了一层浪漫色调。返航时，人们爱不释手，恋恋不舍地想把它带到异乡。可小鸟憔悴了，给水，不喝！喂肉，不吃！油亮的羽毛失去了光泽。是啊，我//们有自己的祖国，小鸟也有它的归宿，人和动物都是一样啊，哪儿也不如故乡好！

慈爱的水手们决定放开它，让它回到大海的摇篮去，回到蓝色的故乡去。离别前，这个大自然的朋友与水手们留影纪念。它站在许多人的头上，肩上，掌上，胳膊上，与喂养过它的人们，一起融进那蓝色的画面……

——节选自王文杰《可爱的小鸟》

作品 23 号——《课不能停》

纽约的冬天常有大风雪，扑面的雪花不但令人难以睁开眼睛，甚至呼吸都会吸入冰冷的雪花。有时前一天晚上还是一片晴朗，第二天拉开窗帘，却已经积雪盈尺，连门都推不开了。

遇到这样的情况，公司商店常会停止上班，学校也通过广播，宣布停课。但令人不解的是，唯有公立小学仍然开放。只见黄色的校车，艰难地在路边接孩子，老师则一大早就口中喷着热气，铲去车子前后的积雪，小心翼翼地开车去学校。

据统计，十年来纽约的公立小学只因为超级暴风雪停过七次课。这是多么令人惊讶的事。犯得着在大人都无须上班的时候让孩子去学校吗？小学的老师也太倒霉了吧？

于是，每逢大雪而小学不停课时，都有家长打电话去骂。妙的是，每个打电话的人，反应全一样——先是怒气冲冲地责问，然后满口道歉，最后笑容满面地挂上电话。原因是，学校告诉家长：在纽约有许多百万富翁，但也有不少贫困的家庭。后者白天开不起暖气，供不起午餐，孩子的营养全靠学校里免费的中饭，甚至可以多拿些回家当晚餐。学校停课一天，穷孩子就受一天冻、挨一天饿，所以老师们宁愿自己苦一点儿，也不能停//课。

或许有家长会说：何不让富裕的孩子在家里，让贫穷的孩子去学校享受暖气和营养午餐呢？

学校的答复是：我们不愿让那些穷苦的孩子感到他们是在接受救济，因为施舍的最高原则是保持受施者的尊严。

——节选自（中国台湾）刘墉《课不能停》

作品 24 号——《莲花和樱花》

十年，在历史上不过是一瞬间。只要稍加注意，人们就会发现：在这一瞬间里，各种事物都悄悄经历了自己的千变万化。

这次重新访日，我处处感到亲切和熟悉，也在许多方面发觉了日本的变化。就拿奈良的一个角落来说吧，我重游了为之感受很深的唐招提寺，在寺内各处匆匆走了一遍，庭院依旧，但意想不到的还看到了一些新的东西。其中之一，就是近几年从中国移植来的“友谊之莲”。

在存放鉴真遗像的那个院子里，几株中国莲昂然挺立，翠绿的宽大荷叶正迎风而舞，显得十分愉快。开花的季节已过，荷花朵朵已变为莲蓬累累。莲子的颜色正在由青转紫，看来已经成熟了。

我禁不住想：“因”已转化为“果”。

中国的莲花开在日本，日本的樱花开在中国，这不是偶然。我希望这样一种盛况延续不衰。可能有人不欣赏花，但决不会有人欣赏落在自己面前的炮弹。

在这些日子里，我看到了不少多年不见的老朋友，又结识了一些新朋友。大家喜欢涉及的话题之一就是古长安和古奈良。那还用得着问吗，朋友们缅怀过去，正是瞩望未来。瞩目于未来的人们必将获得未来。

我不例外，也希望一个美好的未来。

为//了中日人民之间的友谊，我将不浪费今后生命的每一瞬间。

——节选自严文井《莲花和樱花》

作品 25 号——《绿》

梅雨潭闪闪的绿色招引着我们，我们开始追捉她那离合的神光了。揪着草，攀着乱石，小心探身下去，又鞠躬过了一个石穹门，便到了汪汪一碧的潭边了。

瀑布在襟袖之间，但是我的心中已没有瀑布了。我的心随潭水的绿而摇荡。那醉人的绿呀！仿佛一张极大极大的荷叶铺着，满是奇异的绿呀。我想张开两臂抱住她，但这是怎样一个妄想啊。

站在水边，望到那面，居然觉着有些远呢！这平铺着、厚积着的绿，着实可爱。她松松地皱缬着，像少妇拖着的裙幅；她滑滑的明亮着，像涂了“明油”一般，有鸡蛋清那样软，那样嫩；她又不杂些尘滓，宛然一块温润的碧玉，只清清的一色——但你却看不透她！

我曾见过北京什刹海拂地的绿杨，脱不了鹅黄的底子，似乎太淡了。我又曾见过杭州虎跑寺近旁高峻而深密的“绿壁”，丛叠着无穷的碧草与绿叶的，那又似乎太浓了。

其余呢，西湖的波太明了，秦淮河的也太暗了。可爱的，我将什么来比拟你呢？我怎么比拟得出呢？大约潭是很深的，故能蕴蓄着这样奇异的绿；仿佛蔚蓝的天融了一块在里面似的，这才这般的鲜润啊。

那醉人的绿呀！我若能裁你以为带，我将赠给那轻盈的//舞女，她必能临风飘举了。我若能挹你以为眼，我将赠给那善歌的盲妹，她必明眸善睐了。我舍不得你，我怎舍得你呢？我用手拍着你，抚摩着你，如同一个十二三岁的小姑娘。我又掬你入口，便是吻着她了。我送你一个名字，我从此叫你“女儿绿”，好吗？

第二次到仙岩的时候，我不禁惊诧于梅雨潭的绿了。

——节选自朱自清《绿》

作品 26 号——《落花生》

我们家的后园有半亩空地，母亲说：“让它荒着怪可惜的，你们那么爱吃花生，就开辟出来种花生吧。”我们姐弟几个都很高兴，买种，翻地，播种，浇水，没过几个月，居然收获了。

母亲说：“今晚我们过一个收获节，请你们父亲也来尝尝我们的新花生，好不好？”我们都说好。母亲把花生做成了好几样食品，还吩咐就在后园的茅亭里过这个节。

晚上天色不太好，可是父亲也来了，实在很难得。

父亲说：“你们爱吃花生吗？”

我们争着答应：“爱！”

“谁能把花生的好处说出来？”

姐姐说：“花生的味儿美。”

哥哥说：“花生可以榨油。”

我说：“花生的价钱便宜，谁都可以买来吃，都喜欢吃。这就是它的好处。”

父亲说：“花生的好处很多，有一样最可贵：它的果实埋在地里，不像桃子、石榴、苹果那样，把鲜红嫩绿的果实高高地挂在枝头上，使人一见就生爱慕之心。你们看它矮矮地长在地上，等到成熟了，也不能立刻分辨出来它有没有果实，必须挖出来才知道。”

我们都说是，母亲也点点头。

父亲接下去说：“所以你们要像花生，它虽然不好看，可是很有用，不是外表好看而没有实用的东西。”

我说：“那么，人要做有用的人，不要做只讲体面，而对别人没有好处的人了。”//

父亲说：“对。这是我对你们的希望。”

我们谈到夜深才散。花生做的食品都吃完了，父亲的话却深深地印在我的心上。

——节选自许地山《落花生》

作品 27 号——《麻雀》

我打猎归来，沿着花园的林荫路走着。狗跑在我前边。

突然，狗放慢脚步，蹑足潜行，好像嗅到了前边有什么野物。

我顺着林荫路望去，看见了一只嘴边还带黄色、头上生着柔毛的小麻雀。风猛烈地吹打着林荫路上的白桦树，麻雀从巢里跌落下来，呆呆地伏在地上，孤立无援地张开两只羽毛还未丰满的小翅膀。

我的狗慢慢向它靠近。忽然，从附近一棵树上飞下一只黑胸脯的老麻雀，像一颗石子似的落到狗的跟前。老麻雀全身倒竖着羽毛，惊恐万状，发出绝望、凄惨的叫声，接着向露出牙齿、大张着的狗嘴扑去。

老麻雀是猛扑下来救护幼雀的。它用身体掩护着自己的幼儿……但它整个小小的身体因恐怖而战栗着，它小小的声音也变得粗暴嘶哑，它在牺牲自己！

在它看来，狗该是多么庞大的怪物啊！然而，它还是不能站在自己高高的、安全的树枝上……一种比它的理智更强烈的力量，使它从那儿扑下身来。

我的狗站住了，向后退了退……看来，它也感到了这种力量。

我赶紧唤住惊慌失措的狗，然后我怀着崇敬的心情，走开了。

是啊，请不要见笑。我崇敬那只小小的、英勇的鸟儿，我崇敬它那种爱的冲动和力量。

爱，我//想，比死和死的恐惧更强大。只有依靠它，依靠这种爱，生命才能维持下去，发展下去。

——节选自（俄）屠格涅夫《麻雀》，巴金译

作品 28 号——《迷途笛音》

那年我六岁。离我家仅一箭之遥的小山坡旁，有一个早已被废弃的采石场，双亲从来不准我去那儿，其实那儿风景十分迷人。

一个夏季的下午，我随着一群小伙伴偷偷上那儿去了。就在我们穿越了一条孤寂的小路后，他们却把我一个人留在原地，然后奔向“更危险的地带”了。

等他们走后，我惊慌失措地发现，再也找不到要回家的那条孤寂的小道了。像只无头的苍蝇，我到处乱钻，衣裤上挂满了芒刺。太阳已经落山，而此时此刻，家里一定开始吃晚餐了，双亲正盼着我回家……想着想着，我不由得背靠着一棵树，伤心地呜呜大哭起来……

突然，不远处传来了声声柳笛。我像找到了救星，急忙循声走去。一条小道边的树桩上坐着一位吹笛人，手里还正削着什么。走近细看，他不就是被大家称为“乡巴佬儿”的卡廷吗？

“你好，小家伙儿，”卡廷说，“看天气多美，你是出来散步的吧？”

我怯生生地点点头，答道：“我要回家了。”

“请耐心等上几分钟，”卡廷说，“瞧，我正在削一支柳笛，差不多就要做好了，完工后就送给你吧！”

卡廷边削边不时把尚未成形的柳笛放在嘴里试吹一下。没过多久，一支柳笛便递到我手中。我俩在一阵阵清脆悦耳的笛音//中，踏上了归途……

当时，我心中只充满感激，而今天，当我自己也成了祖父时，却突然领悟到他用心之良苦！那天当他听到我的哭声时，便判定我一定迷了路，但他并不想在孩子面前扮演“救星”的角色，于是吹响柳笛以便让我能发现他，并跟着他走出困境！卡廷先生以乡

下人的纯朴，保护了一个小男孩儿强烈的自尊。

——节选自唐若水译《迷途笛音》

作品 29 号——《莫高窟》

在浩瀚无垠的沙漠里，有一片美丽的绿洲，绿洲里藏着一颗闪光的珍珠。这颗珍珠就是敦煌莫高窟。它坐落在我国甘肃省敦煌市三危山和鸣沙山的怀抱中。

鸣沙山东麓是平均高度为十七米的崖壁。在一千六百多米长的崖壁上，凿有大小洞窟七百余个，形成了规模宏伟的石窟群。其中四百九十二个洞窟中，共有彩色塑像两千一百余尊，各种壁画共四万五千多平方米。莫高窟是我国古代无数艺术匠师留给人类的珍贵文化遗产。

莫高窟的彩塑，每一尊都是一件精美的艺术品。最大的有九层楼那么高，最小的还不如一个手掌大。这些彩塑个性鲜明，神态各异。有慈眉善目的菩萨，有威风凛凛的天王，还有强壮勇猛的力士……

莫高窟壁画的内容丰富多彩，有的是描绘古代劳动人民打猎、捕鱼、耕田、收割的情景，有的是描绘人们奏乐、舞蹈、演杂技的场面，还有的是描绘大自然的美丽风光。其中最引人注目的是飞天。壁画上的飞天，有的臂挎花篮，采摘鲜花；有的反弹琵琶，轻拨银弦；有的倒悬身子，自天而降；有的彩带飘拂，漫天遨游；有的舒展着双臂，翩翩起舞。看着这些精美动人的壁画，就像走进了//灿烂辉煌的艺术殿堂。

莫高窟里还有一个面积不大的洞窟——藏经洞。洞里曾藏有我国古代的各种经卷、文书、帛画、刺绣、铜像等共六万多件。由于清朝政府腐败无能，大量珍贵的文物被外国强盗掠走。仅存的部分经卷，现在陈列于北京故宫等处。

莫高窟是举世闻名的艺术宝库。这里的每一尊彩塑、每一幅壁画、每一件文物，都是中国古代人民智慧的结晶。

——节选自小学《语文》第六册中《莫高窟》

作品 30 号——《牡丹的拒绝》

其实你在很久以前并不喜欢牡丹，因为它总被人作为富贵膜拜。后来你目睹了一次牡丹的落花，你相信所有的人都会为之感动：一阵清风徐来，娇艳鲜嫩的盛期牡丹忽然整朵整朵地坠落，铺撒一地绚丽的花瓣。那花瓣落地时依然鲜艳夺目，如同一只奉上祭坛的大鸟脱落的羽毛，低吟着壮烈的悲歌离去。

牡丹没有花谢花败之时，要么烁于枝头，要么归于泥土，它跨越萎顿和衰老，由青春而死亡，由美丽而消遁。它虽美却不吝惜生命，即使告别也要展示给人最后一次的惊心动魄。

所以在这阴冷的四月里，奇迹不会发生。任凭游人扫兴和诅咒，牡丹依然安之若素。它不苟且、不俯就、不妥协、不媚俗，甘愿自己冷落自己。它遵循自己的花期自己的规律，它有权利为自己选择每年一度的盛大节日。它为什么不拒绝寒冷？

天南海北的看花人，依然络绎不绝地涌入洛阳城。人们不会因牡丹的拒绝而拒绝它的美。如果它再被贬谪十次，也许它就会繁衍出十个洛阳牡丹城。

于是你在无言的遗憾中感悟到，富贵与高贵只是一字之差。同人一样，花儿也是有灵性的，更有品位之高低。品位这东西为气为魂为//筋骨为神韵，只可意会。你叹服牡丹卓尔不群之姿，方知品位是多么容易被世人忽略或是漠视的美。

——节选自张抗抗《牡丹的拒绝》

作品 31 号——《“能吞能吐”的森林》

森林涵养水源，保持水土，防止水旱灾害的作用非常大。据专家测算，一片十万亩面积的森林，相当于一个两百万立方米的水库，这正如农谚所说的：“山上多栽树，等于修水库。雨多它能吞，雨少它能吐。”

说起森林的功劳，那还多得很。它除了为人类提供木材及许多种生产、生活的原料之外，在维护生态环境方面也是功劳卓著。它用另一种“能吞能吐”的特殊功能孕育了人类。因为地球在形成之初，大气中的二氧化碳含量很高，氧气很少，气温也高，生物是难以生存的。大约在四亿年之前，陆地才产生了森林。森林慢慢将大气中的二氧化碳吸收，同时吐出新鲜氧气，调节气温：这才具备了人类生存的条件，地球上才最终有了人类。

森林，是地球生态系统的主体，是大自然的总调度室，是地球的绿色之肺。森林维护地球生态环境的这种“能吞能吐”的特殊功能是其他任何物体都不能取代的。然而，由于地球上的燃烧物增多，二氧化碳的排放量急剧增加，使得地球生态环境急剧恶化，主要表现为全球气候变暖，水分蒸发加快，改变了气流的循环，使气候变化加剧，从而引发热浪、飓风、暴雨、洪涝及干旱。

为了//使地球的这个“能吞能吐”的绿色之肺恢复健壮，以改善生态环境，抑制全球变暖，减少水旱等自然灾害，我们应该大力造林、护林，使每一座荒山都绿起来。

——节选自《中考语文课外阅读试题精选》中《“能吞能吐”的森林》

作品 32 号——《朋友和其他》

朋友即将远行。

暮春时节，又邀了几位朋友在家小聚。虽然都是极熟的朋友，却是终年难得一见，偶尔电话里相遇，也无非是几句寻常话。一锅小米稀饭，一碟大头菜，一盘自家酿制的泡菜，一只巷口买回的烤鸭，简简单单，不像请客，倒像家人团聚。

其实，友情也好，爱情也好，久而久之都会转化为亲情。

说也奇怪，和新朋友会谈文学、谈哲学、谈人生道理等等，和老朋友却只话家常，柴米油盐，细细碎碎，种种琐事。很多时候，心灵的契合已经不需要太多的言语来表达。

朋友新烫了个头，不敢回家见母亲，恐怕惊骇了老人家，却欢天喜地来见我们，老朋友颇能以一种趣味性的眼光欣赏这个改变。

年少的时候，我们差不多都在为别人而活，为苦口婆心的父母活，为循循善诱的师长活，为许多观念、许多传统的约束力而活。年岁逐增，渐渐挣脱外在的限制与束缚，开始懂得为自己活，照自己的方式做一些自己喜欢的事，不在乎别人的批评意见，不在乎别人的诋毁流言，只在乎那一份随心所欲的舒坦自然。偶尔，也能够纵容自己放浪一下，并且有一种恶作剧的窃喜。

就让生命顺其自然，水到渠成吧，犹如窗前的//乌桕，自生自落之间，自有一份圆融丰满的喜悦。春雨轻轻落着，没有诗，没有酒，有的只是一份相知相属的自在自得。

夜色在笑语中渐渐沉落，朋友起身告辞，没有挽留，没有送别，甚至也没有问归期。

已经过了大喜大悲的岁月，已经过了伤感流泪的年华，知道了聚散原来是这样的自然和顺理成章，懂得这点，便懂得珍惜每一次相聚的温馨，离别便也欢喜。

——节选自（中国台湾）杏林子《朋友和其他》

作品 33 号——《散步》

我们在田野散步：我，我的母亲，我的妻子和儿子。

母亲本不愿出来的。她老了，身体不好，走远一点儿就觉得很累。我说，正因为如此，才应该多走走。母亲信服地点点头，便去拿外套。她现在很听我的话，就像我小时候很听她的话一样。

这南方初春的田野，大块小块的新绿随意地铺着，有的浓，有的淡，树上的嫩芽也密了，田里的冬水也咕咕地起着水泡。这一切都使人们想着一样东西——生命。

我和母亲走在前面，我的妻子和儿子走在后面。小家伙突然叫起来："前面是妈妈和儿子，后面也是妈妈和儿子。"我们都笑了。

后来发生了分歧：母亲要走大路，大路平顺；我的儿子要走小路，小路有意思。不过，一切都取决于我。我的母亲老了，她早已习惯听从她强壮的儿子；我的儿子还小，他还习惯听从他高大的父亲；妻子呢，在外面，她总是听我的。一霎时我感到了责任的重大。我想找一个两全的办法，找不出；我想拆散一家人，分成两路，各得其所，终不愿意。我决定委屈儿子，因为我伴同他的时日还长。我说："走大路。"

但是母亲摸摸孙儿的小脑瓜，变了主意："还是走小路吧。"她的眼随小路望去：那里有金色的菜花，两行整齐的桑树，//尽头一口水波粼粼的鱼塘。"我走不过去的地方，你就背着我。"母亲对我说。

这样，我们在阳光下，向着那菜花、桑树和鱼塘走去。到了一处，我蹲下来，背起了母亲；妻子也蹲下来，背起了儿子。我和妻子都是慢慢地，稳稳地，走得很仔细，好像我背上的同她背上的加起来，就是整个世界。

——节选自莫怀戚《散步》

作品 34 号——《神秘的"无底洞"》

地球上是否真的存在"无底洞"？按说地球是圆的，由地壳、地幔和地核三层组成，真正的"无底洞"是不应存在的，我们所看到的各种山洞、裂口、裂缝，甚至火山口也都只是地壳浅部的一种现象。然而中国一些古籍却多次提到海外有个深奥莫测的无底洞。事实上地球上确实有这样一个"无底洞"。

它位于希腊亚各斯古城的海滨。由于濒临大海，大涨潮时，汹涌的海水便会排山倒海般地涌入洞中，形成一股湍湍的急流。据测，每天流入洞内的海水量达三万多吨。奇怪的是，如此大量的海水灌入洞中，却从来没有把洞灌满。曾有人怀疑，这个“无底洞”，会不会就像石灰岩地区的漏斗、竖井、落水洞一类的地形。然而从二十世纪三十年代以来，人们就做了多种努力企图寻找它的出口，却都是枉费心机。

为了揭开这个秘密，一九五八年美国地理学会派出一支考察队，他们把一种经久不变的带色染料溶解在海水中，观察染料是如何随着海水一起沉下去。接着又察看了附近海面以及岛上的各条河、湖，满怀希望地寻找这种带颜色的水，结果令人失望。难道是海水量太大把有色水稀释得太淡，以致无法发现？//

至今谁也不知道为什么这里的海水会没完没了地“漏”下去，这个“无底洞”的出口又在哪里，每天大量的海水究竟都流到哪里去了？

——节选自（美）罗伯特·罗威尔《神秘的“无底洞”》

作品 35 号——《世间最美的坟墓》

我在俄国见到的景物再没有比托尔斯泰墓更宏伟、更感人的。

完全按照托尔斯泰的愿望，他的坟墓成了世间最美的，给人印象最深刻的坟墓。它只是树林中的一个小小的长方形土丘，上面开满鲜花——没有十字架，没有墓碑，没有墓志铭，连托尔斯泰这个名字也没有。

这位比谁都感到受自己的声名所累的伟人，却像偶尔被发现的流浪汉、不为人知的士兵，不留名姓地被人埋葬了。谁都可以踏进他最后的安息地，围在四周稀疏的木栅栏是不关闭的——保护列夫·托尔斯泰得以安息的没有任何别的东西，唯有人们的敬意；而通常，人们却总是怀着好奇，去破坏伟人墓地的宁静。

这里，逼人的朴素禁锢住任何一种观赏的闲情，并且不容许你大声说话。风儿俯临，在这座无名者之墓的树木之间飒飒响着，和暖的阳光在坟头嬉戏；冬天，白雪温柔地覆盖这片幽暗的土地。无论你在夏天或冬天经过这儿，你都想象不到，这个小小的、隆起的长方体里安放着一位当代最伟大的人物。

然而，恰恰是这座不留姓名的坟墓，比所有挖空心思用大理石和奢华装饰建造的坟墓更扣人心弦。在今天这个特殊的日子里，//到他的安息地来的成百上千人中间，没有一个有勇气，哪怕仅仅从这幽暗的土丘上摘下一朵花留作纪念。人们重新感到，世界上再没有比托尔斯泰最后留下的、这座纪念碑式的朴素坟墓，更打动人心的了。

——节选自（奥）茨威格《世间最美的坟墓》，张厚仁译

作品 36 号——《苏州园林》

我国的建筑，从古代的宫殿到近代的一般住房，绝大部分是对称的，左边怎么样，右边怎么样。苏州园林可绝不讲究对称，好像故意避免似的。东边有了一个亭子或者一道回廊，西边决不会来一个同样的亭子或者一道同样的回廊。这是为什么？我想，用图画来比方，对称的建筑是图案画，不是美术画，而园林是美术画，美术画要求自然之趣，是不讲究对称的。

苏州园林里都有假山和池沼。

假山的堆叠，可以说是一项艺术而不仅是技术。或者是重峦叠嶂，或者是几座小山配合着竹子花木，全在乎设计者和匠师们生平多阅历，胸中有丘壑，才能使游览者攀登的时候忘却苏州城市，只觉得身在山间。

至于池沼，大多引用活水。有些园林池沼宽敞，就把池沼作为全园的中心，其他景物配合着布置。水面假如成河道模样，往往安排桥梁。假如安排两座以上的桥梁，那就一座一个样，决不雷同。

池沼或河道的边沿很少砌齐整的石岸，总是高低屈曲任其自然。还在那儿布置几块玲珑的石头，或者种些花草。这也是为了取得从各个角度看都成一幅画的效果。池沼里养着金鱼或各色鲤鱼，夏秋季节荷花或睡莲开//放，游览者看“鱼戏莲叶间”，又是入画的一景。

——节选自叶圣陶《苏州园林》

作品 37 号——《态度创造快乐》

一位访美中国女作家，在纽约遇到一位卖花的老太太。老太太穿着破旧，身体虚弱，但脸上的神情却是那样祥和兴奋。女作家挑了一朵花说：“看起来，你很高兴。”老太太面带微笑地说：“是的，一切都这么美好，我为什么不高兴呢？”“对烦恼，你倒真能看得开。”女作家又说了一句。没料到，老太太的回答更令女作家大吃一惊：“耶稣在星期五被钉上十字架时，是全世界最糟糕的一天，可三天后就是复活节。所以，当我遇到不幸时，就会等待三天，这样一切就恢复正常了。”

“等待三天”，多么富于哲理的话语，多么乐观的生活方式。它把烦恼和痛苦抛下，全力去收获快乐。

沈从文在“文革”期间陷入了非人的境地。可他毫不在意，他在咸宁时给他的表侄、画家黄永玉写信说：“这里的荷花真好，你若来……”身陷苦难却仍为荷花的盛开欣喜赞叹不已，这是一种趋于澄明的境界，一种旷达洒脱的胸襟，一种面临磨难坦荡从容的气度，一种对生活童子般的热爱和对美好事物无限向往的生命情感。

由此可见，影响一个人快乐的，有时并不是困境及磨难，而是一个人的心态。如果把自己浸泡在积极、乐观、向上的心态中，快乐必然会//占据你的每一天。

——节选自《态度创造快乐》

作品 38 号——《泰山极顶》

泰山极顶看日出，历来被描绘成十分壮观的奇景。有人说：登泰山而看不到日出，就像一出大戏没有戏眼，味儿终究有点寡淡。

我去爬山那天，正赶上个难得的好天，万里长空，云彩丝儿都不见。素常烟雾腾腾的山头，显得眉目分明。同伴们都欣喜地说：“明天早晨准可以看见日出了。”我也是抱着这种想头，爬上山去。

一路从山脚往上爬，细看山景，我觉得挂在眼前的不是五岳独尊的泰山，却像一幅规模惊人的青绿山水画，从下面倒展开来。在画卷中最先露出的是山根底那座明朝建筑岱宗坊，慢慢地便现出王母池、斗母宫、经石峪。山是一层比一层深，一叠比一叠奇，层层叠叠，不知还会有多深多奇，万山丛中，时而点染着极其工细的人物。王母池旁的吕祖殿里有不少尊明塑，塑着吕洞宾等一些人，姿态神情是那样有生气，你看了，不禁会脱口赞叹说："活啦。"

画卷继续展开，绿阴森森的柏洞露面不太久，便来到对松山。两面奇峰对峙着，满山峰都是奇形怪状的老松，年纪怕都有上千岁了，颜色竟那么浓，浓得好像要流下来似的。来到这儿，你不妨权当一次画里的写意人物，坐在路旁的对松亭里，看看山色，听听流//水和松涛。

一时间，我又觉得自己不仅是在看画卷，却又像是在零零乱乱翻着一卷历史稿本。

——节选自杨朔《泰山极顶》

作品 39 号——《陶行知的"四块糖果"》

育才小学校长陶行知在校园看到学生王友用泥块砸自己班上的同学，陶行知当即喝止了他，并令他放学后到校长室去。无疑，陶行知是要好好教育这个"顽皮"的学生。那么他是如何教育的呢？

放学后，陶行知来到校长室，王友已经等在门口准备挨训了。可一见面，陶行知却掏出一块糖果送给王友，并说："这是奖给你的，因为你按时来到这里，而我却迟到了。"王友惊疑地接过糖果。

随后，陶行知又掏出一块糖果放到他手里，说："这第二块糖果也是奖给你的，因为当我不让你再打人时，你立即就住手了，这说明你很尊重我，我应该奖你。"王友更惊疑了，他眼睛睁得大大的。

陶行知又掏出第三块糖果塞到王友手里，说："我调查过了，你用泥块砸那些男生，是因为他们不守游戏规则，欺负女生；你砸他们，说明你很正直善良，且有批评不良行为的勇气，应该奖励你啊！"王友感动极了，他流着眼泪后悔地喊道："陶……陶校长你打我两下吧！我砸的不是坏人，而是自己的同学啊……"

陶行知满意地笑了，他随即掏出第四块糖果递给王友，说："为你正确地认识错误，我再奖给你一块糖果，可惜我只有这一块糖果了。我的糖果//没有了，我看我们的谈话也该结束了吧！"说完，就走出了校长室。

——节选自《教师博览·百期精华》中《陶行知的"四块糖果"》

作品 40 号——《提醒幸福》

享受幸福是需要学习的，当它即将来临的时刻需要提醒。人可以自然而然地学会感官的享乐，却无法天生地掌握幸福的韵律。灵魂的快意同器官的舒适像一对孪生兄弟，时而相傍相依，时而南辕北辙。

幸福是一种心灵的震颤。它像会倾听音乐的耳朵一样，需要不断地训练。

简而言之，幸福就是没有痛苦的时刻。它出现的频率并不像我们想象的那样少。人们常常只是在幸福的金马车已经驶过去很远时，才拣起地上的金鬃毛说，原来我见过它。

人们喜爱回味幸福的标本，却忽略它披着露水散发清香的时刻。那时候我们往往步履匆匆，瞻前顾后不知在忙着什么。

世上有预报台风的，有预报蝗灾的，有预报瘟疫的，有预报地震的。没有人预报幸福。

其实幸福和世界万物一样，有它的征兆。

幸福常常是朦胧的，很有节制地向我们喷洒甘霖。你不要总希望轰轰烈烈的幸福，它多半只是悄悄地扑面而来。你也不要企图把水龙头拧得更大，那样它会很快地流失。你需要静静地以平和之心，体验它的真谛。

幸福绝大多数是朴素的。它不会像信号弹似的，在很高的天际闪烁红色的光芒。它披着本色的外//衣，亲切温暖地包裹起我们。

幸福不喜欢喧嚣浮华，它常常在暗淡中降临。贫困中相濡以沫的一块糕饼，患难中心心相印的一个眼神，父亲一次粗糙的抚摸，女友一张温馨的字条……这都是千金难买的幸福啊。像一粒粒缀在旧绸子上的红宝石，在凄凉中愈发熠熠夺目。

——节选自毕淑敏《提醒幸福》

作品 41 号——《天才的造就》

在里约热内卢的一个贫民窟里，有一个男孩子，他非常喜欢足球，可是又买不起，于是就踢塑料盒，踢汽水瓶，踢从垃圾箱里拣来的椰子壳。他在胡同里踢，在能找到的任何一片空地上踢。

有一天，当他在一处干涸的水塘里猛踢一个猪膀胱时，被一位足球教练看见了。他发现这个男孩儿踢得很像是那么回事，就主动提出要送给他一个足球。小男孩儿得到足球后踢得更卖劲了。不久，他就能准确地把球踢进远处随意摆放的一个水桶里。

圣诞节到了，孩子的妈妈说："我们没有钱买圣诞礼物送给我们的恩人，就让我们为他祈祷吧。"

小男孩儿跟随妈妈祈祷完毕，向妈妈要了一把铲子便跑了出去。他来到一座别墅前的花园里，开始挖坑。

就在他快要挖好坑的时候，从别墅里走出一个人来，问小孩儿在干什么。孩子抬起满是汗珠的脸蛋儿，说："教练，圣诞节到了，我没有礼物送给您，我愿给您的圣诞树挖一个树坑。"

教练把小男孩儿从树坑里拉上来，说："我今天得到了世界上最好的礼物。明天你就到我的训练场去吧。"

三年后，这位十七岁的男孩儿在第六届足球锦标赛上独进二十一球，为巴西第一次捧回了金杯。一个原//来不为世人所知的名字——贝利，随之传遍世界。

——节选自刘燕敏《天才的造就》

作品 42 号——《我的母亲独一无二》

记得我十三岁时，和母亲住在法国东南部的耐斯城。母亲没有丈夫，也没有亲戚，够清苦的，但她经常能拿出令人吃惊的东西，摆在我面前。她从来不吃肉，一再说自己是素食者。然而有一天，我发现母亲正仔细地用一小块碎面包擦那给我煎牛排用的油锅。我明白了她称自己为素食者的真正原因。

我十六岁时，母亲成了耐斯市美蒙旅馆的女经理。这时，她更忙碌了。一天，她瘫在椅子上，脸色苍白，嘴唇发灰。马上找来医生，做出诊断：她摄取了过多的胰岛素。直到这时，我才知道母亲多年一直对我隐瞒的疾痛——糖尿病。

她的头歪向枕头一边，痛苦地用手抓挠胸口。床架上方，则挂着一枚我一九三二年赢得耐斯市少年乒乓球冠军的银质奖章。

啊，是对我的美好前途的憧憬支撑着她活下去！为了给她那荒唐的梦至少加一点真实的色彩，我只能继续努力，与时间竞争，直至一九三八年我被征入空军。巴黎很快失陷，我辗转调到英国皇家空军。刚到英国就接到了母亲的来信。这些信是由在瑞士的一个朋友秘密地转到伦敦，送到我手中的。

现在我要回家了，胸前佩戴着醒目的绿黑两色的解放十字绶//带，上面挂着五六枚我终生难忘的勋章，肩上还佩戴着军官肩章。到达旅馆时，没有一个人跟我打招呼。原来，我母亲在三年半以前就已经离开人间了。

在她死前的几天中，她写了近二百五十封信，把这些信交给她在瑞士的朋友，请这个朋友定时寄给我。就这样，在母亲死后的三年半的时间里，我一直从她身上吸取着力量和勇气——这使我能够继续战斗到胜利那一天。

——节选自（法）罗曼·加里《我的母亲独一无二》

作品 43 号——《我的信念》

生活对于任何人都非易事，我们必须有坚韧不拔的精神。最要紧的，还是我们自己要有信心。我们必须相信，我们对每一件事情都具有天赋的才能，并且，无论付出任何代价，都要把这件事完成。当事情结束的时候，你要能问心无愧地说："我已经尽我所能了。"

有一年的春天，我因病被迫在家里休息数周。我注视着我的女儿们所养的蚕正在结茧，这使我很感兴趣。望着这些蚕执着地、勤奋地工作，我感到我和它们非常相似。像它们一样，我总是耐心地把自己的努力集中在一个目标上。我之所以如此，或许是因为有某种力量在鞭策着我——正如蚕被鞭策着去结茧一般。

近五十年来，我致力于科学研究，而研究，就是对真理的探讨。我有许多美好快乐的记忆。少女时期我在巴黎大学，孤独地过着求学的岁月；在后来献身科学的整个时期，我丈夫和我专心致志，像在梦幻中一般，坐在简陋的书房里艰辛地研究，后来我们就在那里发现了镭。

我永远追求安静的工作和简单的家庭生活。为了实现这个理想，我竭力保持宁静的环境，以免受人事的干扰和盛名的拖累。

我深信，在科学方面我们有对事业而不//是对财富的兴趣。我的唯一奢望是在一个自由国家中，以一个自由学者的身份从事研究工作。

我一直沉醉于世界的优美之中，我所热爱的科学也不断增加它崭新的远景。我认定科学本身就具有伟大的美。

——节选自（波兰）玛丽·居里《我的信念》，剑捷译

作品 44 号——《我为什么当教师》

我为什么非要教书不可？是因为我喜欢当教师的时间安排表和生活节奏。七、八、九三个月给我提供了进行回顾、研究、写作的良机，并将三者有机融合，而善于回顾、研究和总结正是优秀教师素质中不可缺少的成分。

干这行给了我多种多样的“甘泉”去品尝，找优秀的书籍去研读，到“象牙塔”和实际世界里去发现。教学工作给我提供了继续学习的时间保证，以及多种途径、机遇和挑战。

然而，我爱这一行的真正原因，是爱我的学生。学生们在我的眼前成长、变化。当教师意味着亲历“创造”过程的发生——恰似亲手赋予一团泥土以生命，没有什么比目睹它开始呼吸更激动人心的了。

权利我也有了：我有权利去启发诱导，去激发智慧的火花，去问费心思考的问题，去赞扬回答的尝试，去推荐书籍，去指点迷津。还有什么别的权利能与之相比呢？

而且，教书还给我金钱和权利之外的东西，那就是爱心。不仅有对学生的爱，对书籍的爱，对知识的爱，还有教师才能感受到的对“特别”学生的爱。这些学生，有如冥顽不灵的泥块，由于接受了老师的炽爱才勃发了生机。

所以，我爱教书，还因为，在那些勃发生机的“特别”学//生身上，我有时发现自己和他们呼吸相通，忧乐与共。

——节选自（美）彼得·基·贝得勒《我为什么当教师》

作品 45 号——《西部文化和西部开发》

中国西部我们通常是指黄河与秦岭相连一线以西，包括西北和西南的十二个省、市、自治区。这块广袤的土地面积为五百四十六万平方公里，占国土总面积的百分之五十七；人口二点八亿，占全国总人口的百分之二十三。

西部是华夏文明的源头。华夏祖先的脚步是顺着水边走的：长江上游出土过元谋人牙齿化石，距今约一百七十万年；黄河中游出土过蓝田人头盖骨，距今约七十万年。这两处古人类都比距今约五十万年的北京猿人资格更老。

西部地区是华夏文明的重要发源地，秦皇汉武以后，东西方文化在这里交汇融合，从而有了丝绸之路的驼铃声声，佛院深寺的暮鼓晨钟。敦煌莫高窟是世界文化史上的一个奇迹，它在继承汉晋艺术传统的基础上，形成了自己兼收并蓄的恢宏气度，展现出精美绝伦的艺术形式和博大精深的文化内涵。秦始皇兵马俑、西夏王陵、楼兰古国、布达拉宫、三星堆、大足石刻等历史文化遗产，同样为世界瞩目，成为中华文化重要的象征。

西部地区又是少数民族及其文化的集萃地，几乎包括了我国所有的少数民族。在一些偏远的少数民族地区，仍保留//了一些久远时代的艺术品种，成为珍贵的“活化石”，如纳西古乐、戏曲、剪纸、刺绣、岩画等民间艺术和宗教艺术。特色鲜明、丰富多彩，犹如一个巨大的民族民间文化艺术宝库。

我们要充分重视和利用这些得天独厚的资源优势，建立良好的民族民间文化生态环境，为西部大开发做出贡献。

——节选自《中考语文课外阅读试题精选》中《西部文化和西部开发》

作品 46 号——《喜悦》

高兴，这是一种具体的被看得到摸得着的事物所唤起的情绪。它是心理的，更是生理的。它容易来也容易去，谁也不应该对它视而不见失之交臂，谁也不应该总是做那些使自己不高兴也使旁人不高兴的事。让我们说一件最容易做也最令人高兴的事吧，尊重你自己，也尊重别人，这是每一个人的权利，我还要说这是每一个人的义务。

快乐，它是一种富有概括性的生存状态、工作状态。它几乎是先验的，它来自生命本身的活力，来自宇宙、地球和人间的吸引，它是世界的丰富、绚丽、阔大、悠久的体现。快乐还是一种力量，是埋在地下的根脉。消灭一个人的快乐比挖掘掉一棵大树的根要难得多。

欢欣，这是一种青春的、诗意的情感。它来自面向着未来伸开双臂奔跑的冲力，它来自一种轻松而又神秘、朦胧而又隐秘的激动，它是激情即将到来的预兆，它又是大雨过后的比下雨还要美妙得多也久远得多的回味……

喜悦，它是一种带有形而上色彩的修养和境界。与其说它是一种情绪，不如说它是一种智慧、一种超拔、一种悲天悯人的宽容和理解，一种饱经沧桑的充实和自信，一种光明的理性，一种坚定//的成熟，一种战胜了烦恼和庸俗的清明澄澈。它是一潭清水，它是一抹朝霞，它是无边的平原，它是沉默的地平线。多一点儿、再多一点儿喜悦吧，它是翅膀，也是归巢。它是一杯美酒，也是一朵永远开不败的莲花。

——节选自王蒙《喜悦》

作品 47 号——《香港：最贵的一棵树》

在湾仔，香港最热闹的地方，有一棵榕树，它是最贵的一棵树，不光在香港，在全世界，都是最贵的。

树，活的树，又不卖何言其贵？只因它老，它粗，是香港百年沧桑的活见证，香港人不忍看着它被砍伐，或者被移走，便跟要占用这片山坡的建筑者谈条件：可以在这儿建大楼盖商厦，但一不准砍树，二不准挪树，必须把它原地精心养起来，成为香港闹市中的一景。太古大厦的建设者最后签了合同，占用这个大山坡建豪华商厦的先决条件是同意保护这棵老树。

树长在半山坡上，计划将树下面的成千上万吨山石全部掏空取走，腾出地方来盖楼，把树架在大楼上面，仿佛它原本是长在楼顶上似的。

建设者就地造了一个直径十八米、深十米的大花盆，先固定好这棵老树，再在大花盆底下盖楼。光这一项就花了两千三百八十九万港币，堪称是最昂贵的保护措施了。

太古大厦落成之后，人们可以乘滚动扶梯一次到位，来到太古大厦的顶层，出后门，那儿是一片自然景色。一棵大树出现在人们面前，树干有一米半粗，树冠直径足有二十多米，独木成林，非常壮观，形成一座以它为中心的小公园，取名叫“榕圃”。树前面//插着铜牌，说明缘由。此情此景，如不看铜牌的说明，绝对想不到巨树根底下还有一座宏伟的现代大楼。

——节选自舒乙《香港：最贵的一棵树》

作品 48 号——《鸟的天堂》

我们的船渐渐地逼近榕树了：我有机会看清它的真面目：是一棵大树，有数不清的丫枝，枝上又生根，有许多根一直垂到地上，伸进泥土里。一部分树枝垂到水面，从远处看，就像一棵大树斜躺在水面上一样。

现在正是枝繁叶茂的时节。这棵榕树好像在把它的全部生命力展示给我们看。那么多的绿叶，一簇堆在另一簇的上面，不留一点儿缝隙。翠绿的颜色明亮地在我们的眼前闪耀，似乎每一片树叶上都有一个新的生命在颤动，这美丽的南国的树！

船在树下泊了片刻，岸上很湿，我们没有上去。朋友说这里是“鸟的天堂”，有许多鸟在这棵树上做窝，农民不许人去捉它们。我仿佛听见几只鸟扑翅的声音，但是等到我的眼睛注意地看那里时，我却看不见一只鸟的影子，只有无数的树根立在地上，像许多根木桩。地是湿的，大概涨潮时河水常常冲上岸去。“鸟的天堂”里没有一只鸟，我这样想到。船开了，一个朋友拨着船，缓缓地流到河中间去。

第二天，我们划着船到一个朋友的家乡去，就是那个有山有塔的地方。从学校出发，我们又经过那“鸟的天堂”。

这一次是在早晨，阳光照在水面上，也照在树梢上。一切都//显得非常光明。我们的船也在树下泊了片刻。

起初四周围非常清静。后来忽然起了一声鸟叫。我们把手一拍，便看见一只大鸟飞了起来，接着又看见第二只，第三只。我们继续拍掌，很快地这个树林就变得很热闹了。到处都是鸟声，到处都是鸟影。大的，小的，花的，黑的，有的站在枝上叫，有的飞起来，在扑翅膀。

——节选自巴金《鸟的天堂》

作品 49 号——《野草》

有这样一个故事。

有人问：世界上什么东西的气力最大？回答纷纭得很，有的说“象”，有的说“狮”，有人开玩笑似的说：是“金刚”，金刚有多少气力，当然大家全不知道。

结果，这一切答案完全不对，世界上气力最大的，是植物的种子。一粒种子所可以显现出来的力，简直是超越一切。

人的头盖骨结合得非常致密与坚固，生理学家和解剖学者用尽了一切的方法要把它完整地分出来，都没有这种力气。后来忽然有人发明了一个方法，就是把一些植物的种子放在要剖析的头盖骨里，给它以温度与湿度，使它发芽。一发芽，这些种子便以可怕的力量，将一切机械力所不能分开的骨骼，完整地分开了。植物种子的力量之大，如此如此。

这，也许特殊了一点儿，常人不容易理解。那么，你看见过笋的成长吗？你看见过被压在瓦砾和石块下面的一棵小草的生长吗？它为着向往阳光，为着达成它的生之意志，不管上面的石块如何重，石与石之间如何狭，它必定要曲曲折折地，但是顽强不屈地透到地面上来。它的根往土壤钻，它的芽往地面挺，这是一种不可抗拒的力，阻止它的石块，结果也被它掀翻，一粒种子的力量之大，如//此如此。

没有一个人将小草叫做“大力士”，但是它的力量之大，的确是世界无比。这种力是一般人看不见的生命力。只要生命存在，这种力就要显现。上面的石块，丝毫不足以阻挡。因为它是一种“长期抗战”的力；有弹性，能屈能伸的力；有韧性，不达目的不止的力。

——节选自夏衍《野草》

作品 50 号——《一分钟》

著名教育家班杰明曾经接到一个青年人的求救电话，并与那个向往成功、渴望指点的青年人约好了见面的时间和地点。

待那个青年如约而至时，班杰明的房门敞开着，眼前的景象却令青年人颇感意外——班杰明的房间里乱七八糟、狼藉一片。

没等青年人开口，班杰明就招呼道：“你看我这房间，太不整洁了，请你在门外等候一分钟，我收拾一下，你再进来吧。”一边说着，班杰明就轻轻地关上了房门。

不到一分钟的时间，班杰明就又打开了房门并热情地把青年人让进客厅。这时，青年人的眼前展现出另一番景象——房间内的一切已变得井然有序，而且有两杯刚刚倒好的红酒，在淡淡的香水气息里还漾着微波。

可是，没等青年人把满腹的有关人生和事业的疑难问题向班杰明讲出来，班杰明就非常客气地说道：“干杯，你可以走了。”

青年人手持酒杯一下子愣住了，既尴尬又非常遗憾地说：“可是，我……我还没向您请教呢……”

“这些……难道还不够吗？”班杰明一边微笑着，一边扫视着自己的房间，轻言细语地说，“你进来又有一分钟了。”

“一分钟……一分钟……”青年人若有所思地说：“我懂了，您让我明白了一分钟的时间可以做许//多事情，可以改变许多事情的深刻道理。”

班杰明舒心地笑了。青年人把杯里的红酒一饮而尽，向班杰明连连道谢后，开心地走了。

其实，只要把握好生命的每一分钟，也就把握了理想的人生。

——节选自纪广洋《一分钟》

作品 51 号——《一个美丽的故事》

有个塌鼻子的小男孩儿，因为两岁时得过脑炎，智力受损，学习起来很吃力。打个比方，别人写作文能写二三百字，他却只能写三五行。但即便这样的作文，他同样能写得很动人。

那是一次作文课，题目是《愿望》。他极其认真地想了半天，然后极认真地写，那作文极短。只有三句话：我有两个愿望，第一个是，妈妈天天笑眯眯地看着我说：“你真聪明，”第二个是，老师天天笑眯眯地看着我说：“你一点儿也不笨。”

于是，就是这篇作文，深深地打动了他的老师，那位妈妈式的老师不仅给了他最高分，在班上带感情地朗读了这篇作文，还一笔一画地批道：你很聪明，你的作文写得非常感人，请放心，妈妈肯定会格外喜欢你的，老师肯定会格外喜欢你的，大家肯定会格外喜欢你的。

捧着作文本，他笑了，蹦蹦跳跳地回家了，像只喜鹊。但他并没有把作文本拿给妈妈看，他是在等待，等待着一个美好的时刻。

那个时刻终于到了，是妈妈的生日——一个阳光灿烂的星期天：那天，他起得特别早，把作文本装在一个亲手做的美丽的大信封里，等着妈妈醒来。妈妈刚刚睁眼醒来，他就笑眯眯地走到妈妈跟前说："妈妈，今天是您的生日，我要//送给您一件礼物。"

果然，看着这篇作文，妈妈甜甜地涌出了两行热泪，一把搂住小男孩儿，搂得很紧很紧。

是的，智力可以受损，但爱永远不会。

——节选自张玉庭《一个美丽的故事》

作品 52 号——《永远的记忆》

小学的时候，有一次我们去海边远足，妈妈没有做便饭，给了我十块钱买午餐。好像走了很久，很久，终于到海边了，大家坐下来便吃饭，荒凉的海边没有商店，我一个人跑到防风林外面去，级任老师要大家把吃剩的饭菜分给我一点儿。有两三个男生留下一点儿给我，还有一个女生，她的米饭拌了酱油，很香。我吃完的时候，她笑眯眯地看着我，短头发，脸圆圆的。

她的名字叫翁香玉。

每天放学的时候，她走的是经过我们家的一条小路，带着一位比她小的男孩儿，可能是弟弟。小路边是一条清澈见底的小溪，两旁竹荫覆盖，我总是远远地跟在她后面，夏日的午后特别炎热，走到半路她会停下来，拿手帕在溪水里浸湿，为小男孩儿擦脸。我也在后面停下来，把肮脏的手帕弄湿了擦脸，再一路远远跟着她回家。

后来我们家搬到镇上去了，过几年我也上了中学。有一天放学回家，在火车上，看见斜对面一位短头发、圆圆脸的女孩儿，一身素净的白衣黑裙。我想她一定不认识我了。火车很快到站了，我随着人群挤向门口，她也走近了，叫我的名字。这是她第一次和我说话。

她笑眯眯的，和我一起走过月台。以后就没有再见过//她了。

这篇文章收在我出版的《少年心事》这本书里。

书出版后半年，有一天我忽然收到出版社转来的一封信，信封上是陌生的字迹，但清楚地写着我的本名。

信里面说她看到了这篇文章心里非常激动，没想到在离开家乡，漂泊异地这么久之后，会看见自己仍然在一个人的记忆里，她自己也深深记得这其中的每一幕，只是没想到越过遥远的时空，竟然另一个人也深深记得。

——节选自苦伶《永远的记忆》

作品 53 号——《语言的魅力》

在繁华的巴黎大街的路旁，站着一个衣衫褴褛、头发斑白、双目失明的老人。他不像其他乞丐那样伸手向过路行人乞讨，而是在身旁立一块木牌，上面写着："我什么也看不见!"街上过往的行人很多，看了木牌上的字都无动于衷，有的还淡淡一笑，便姗姗而去了。

这天中午，法国著名诗人让·彼浩勒也经过这里。他看看木牌上的字，问盲老人："老人家，今天上午有人给你钱吗?"

盲老人叹息着回答："我，我什么也没有得到。"说着，脸上的神情非常悲伤。

让·彼浩勒听了，拿起笔悄悄地在那行字的前面添上了"春天到了，可是"几个字，就匆匆地离开了。

晚上，让·彼浩勒又经过这里，问那个盲老人下午的情况。盲老人笑着回答说："先生，不知为什么，下午给我钱的人多极了!"让·彼浩勒听了，摸着胡子满意地笑了。

"春天到了，可是我什么也看不见!"这富有诗意的语言，产生这么大的作用，就在于它有非常浓厚的感情色彩。是的，春天是美好的，那蓝天白云，那绿树红花，那莺歌燕舞，那流水人家，怎么不叫人陶醉呢?但这良辰美景，对于一个双目失明的人来说，只是一片漆黑。当人们想到这个盲老人，一生中竟连万紫千红的春天//都不曾看到，怎能不对他产生同情之心呢?

——节选自小学《语文》第六册中《语言的魅力》

作品 54 号——《赠你四味长寿药》

有一次，苏东坡的朋友张鹗拿着一张宣纸来求他写一幅字，而且希望他写一点儿关于养生方面的内容。苏东坡思索了一会儿，点点头说："我得到了一个养生长寿古方，药只有四味，今天就赠给你吧。"于是，东坡的狼毫在纸上挥洒起来，上面写着："一曰无事以当贵，二曰早寝以当富，三曰安步以当车，四曰晚食以当肉。"

这哪里有药?张鹗一脸茫然地问。苏东坡笑着解释说，养生长寿的要诀，全在这四句里面。

所谓"无事以当贵"，是指人不要把功名利禄、荣辱过失考虑得太多，如能在情志上潇洒大度，随遇而安，无事以求，这比富贵更能使人终其天年。

"早寝以当富"，指吃好穿好、财货充足，并非就能使你长寿。对老年人来说，养成良好的起居习惯，尤其是早睡早起，比获得任何财富更加宝贵。

"安步以当车"，指人不要过于讲求安逸、肢体不劳，而应多以步行来替代骑马乘车，多运动才可以强健体魄，通畅气血。

"晚食以当肉"，意思是人应该用已饥方食、未饱先止代替对美味佳肴的贪吃无厌。他进一步解释，饿了以后才进食，虽然是粗茶淡饭，但其香甜可口会胜过山珍；如果饱了还要勉强吃，即使美味佳肴摆在眼前也难以//下咽。

苏东坡的四味"长寿药"，实际上是强调了情志、睡眠、运动、饮食四个方面对养生长寿的重要性，这种养生观点即使在今天仍然值得借鉴。

——节选自蒲昭和《赠你四味长寿药》

作品 55 号——《站在历史的枝头微笑》

人活着，最要紧的是寻觅到那片代表着生命绿色和人类希望的丛林，然后选一高高的枝头站在那里观览人生，消化痛苦，孕育歌声，愉悦世界！

这可真是一种潇洒的人生态度，这可真是一种心境爽朗的情感风貌。

站在历史的枝头微笑，可以减免许多烦恼。在那里，你可以从众生相所包含的甜酸苦辣、百味人生中寻找你自己；你境遇中的那点儿苦痛，也许相比之下，再也难以占据一席之地；你会较容易地获得从不悦中解脱灵魂的力量，使之不致变得灰色。

人站得高些，不但能有幸早些领略到希望的曙光，还能有幸发现生命的立体的诗篇。每一个人的人生，都是这诗篇中的一个词、一个句子或者一个标点。你可能没有成为一个美丽的词、一个引人注目的句子、一个惊叹号，但你依然是这生命的立体诗篇中的一个音节、一个停顿、一个必不可少的组成部分。这足以使你放弃前嫌，萌生为人类孕育新的歌声的兴致，为世界带来更多的诗意。

最可怕的人生见解，是把多维的生存图景看成平面。因为那平面上刻下的大多是凝固了的历史——过去的遗迹；但活着的人们，活得却是充满着新生智慧的，由//不断逝去的“现在”组成的未来。人生不能像某些鱼类躺着游，人生也不能像某些兽类爬着走，而应该站着向前行，这才是人类应有的生存姿态。

——节选自（美）本杰明·拉什《站在历史的枝头微笑》

作品 56 号——《中国的宝岛——台湾》

中国的第一大岛、台湾省的主岛台湾，位于中国大陆架的东南方，地处东海和南海之间，隔着台湾海峡和大陆相望。天气晴朗的时候，站在福建沿海较高的地方，就可以隐隐约约地望见岛上的高山和云朵。

台湾岛形状狭长，从东到西，最宽处只有一百四十多公里；由南至北，最长的地方约有三百九十多公里。地形像一个纺织用的梭子。

台湾岛上的山脉纵贯南北，中间的中央山脉犹如全岛的脊梁。西部为海拔近四千米的玉山山脉，是中国东部的最高峰。全岛约有三分之一的地方是平地，其余为山地。岛内有缎带般的瀑布，蓝宝石似的湖泊，四季常青的森林和果园，自然景色十分优美。西南部的阿里山和日月潭，台北市郊的大屯山风景区，都是闻名世界的游览胜地。

台湾岛地处热带和温带之间，四面环海，雨水充足，气温受到海洋的调剂，冬暖夏凉，四季如春，这给水稻和果木生长提供了优越的条件。水稻、甘蔗、樟脑是台湾的“三宝”。岛上还盛产鲜果和鱼虾。

台湾岛还是一个闻名世界的“蝴蝶王国”。岛上的蝴蝶共有四百多个品种，其中有不少是世界稀有的珍贵品种。岛上还有不少鸟语花香的蝴//蝶谷，岛上居民利用蝴蝶制作的标本和艺术品，远销许多国家。

——节选自李恒瑞《中国的宝岛——台湾》

作品 57 号——《中国的牛》

对于中国的牛，我有着一种特别尊敬的感情。

留给我印象最深的，要算在田垄上的一次“相遇”。

一群朋友郊游，我领头在狭窄的阡陌上走，怎料迎面来了几头耕牛，狭道容不下人和牛，终有一方要让路。它们还没有走近，我们已经预计斗不过畜牲，恐怕难免踩到田地泥水里，弄得鞋袜又泥又湿了。正踟蹰的时候，带头的一头牛，在离我们不远的地方停下来，抬起头看看，稍迟疑一下，就自动走下田去。一队耕牛，全跟着它离开阡陌，从我们身边经过。

我们都呆了，回过头来，看着深褐色的牛队，在路的尽头消失，忽然觉得自己受了很大的恩惠。

中国的牛，永远沉默地为人做着沉重的工作。在大地上，在晨光或烈日下，它拖着沉重的犁，低头一步又一步，拖出了身后一列又一列松土，好让人们下种。等到满地金黄或农闲时候，它可能还得担当搬运负重的工作；或终日绕着石磨，朝同一方向，走不计程的路。

在它沉默的劳动中，人便得到应得的收成。

那时候，也许，它可以松一肩重担，站在树下，吃几口嫩草。偶尔摇摇尾巴，摆摆耳朵，赶走飞附身上的苍蝇，已经算是它最闲适的生活了。

中国的牛，没有成群奔跑的习//惯，永远沉沉实实的，默默地工作，平心静气。这就是中国的牛！

——节选自小思《中国的牛》

作品58号——《住的梦》

不管我的梦想能否成为事实，说出来总是好玩儿的：

春天，我将要住在杭州。二十年前，旧历的二月初，在西湖我看见了嫩柳与菜花，碧浪与翠竹。由我看到的那点儿春光，已经可以断定，杭州的春天必定会教人整天生活在诗与图画之中。所以，春天我的家应当是在杭州。

夏天，我想青城山应当算作最理想的地方。在那里，我虽然只住过十天，可是它的幽静已拴住了我的心灵。在我所看见过的山水中，只有这里没有使我失望。到处都是绿，目之所及，那片淡而光润的绿色都在轻轻地颤动，仿佛要流入空中与心中似的。这个绿色会像音乐，涤清了心中的万虑。

秋天一定要住北平。天堂是什么样子，我不知道，但是从我的生活经验去判断，北平之秋便是天堂。论天气，不冷不热。论吃的，苹果、梨、柿子、枣儿、葡萄，每样都有若干种。论花草，菊花种类之多，花式之奇，可以甲天下。西山有红叶可见，北海可以划船——虽然荷花已残，荷叶可还有一片清香。衣食住行，在北平的秋天，是没有一项不使人满意的。

冬天，我还没有打好主意，成都或者相当得合适，虽然并不怎样和暖，可是为了水仙，素心腊梅，各色的茶花，仿佛就受一点儿寒//冷，也颇值得去了。昆明的花也多，而且天气比成都好，可是旧书铺与精美而便宜的小吃远不及成都那么多。好吧，就暂这么规定：冬天不住成都便住昆明吧。

在抗战中，我没能发国难财。我想，抗战胜利以后，我必能阔起来。那时候，假若飞机减价，一二百元就能买一架的话，我就自备一架，择黄道吉日慢慢地飞行。

——节选自老舍《住的梦》

作品 59 号——《紫藤萝瀑布》

我不由得停住了脚步。

从未见过开得这样盛的藤萝，只见一片辉煌的淡紫色，像一条瀑布，从空中垂下，不见其发端，也不见其终极，只是深深浅浅的紫，仿佛在流动，在欢笑，在不停地生长。紫色的大条幅上，泛着点点银光，就像迸溅的水花。仔细看时，才知那是每一朵紫花中的最浅淡的部分，在和阳光互相挑逗。

这里除了光彩，还有淡淡的芳香。香气似乎也是浅紫色的，梦幻一般轻轻地笼罩着我。忽然记起十多年前，家门外也曾有过一大株紫藤萝，它依傍一株枯槐爬得很高，但花朵从来都稀落，东一穗西一串伶仃地挂在树梢，好像在察颜观色，试探什么。后来索性连那稀零的花串也没有了。园中别的紫藤花架也都拆掉，改种了果树。那时的说法是，花和生活腐化有什么必然关系。我曾遗憾地想：这里再看不见藤萝花了。

过了这么多年，藤萝又开花了，而且开得这样盛，这样密，紫色的瀑布遮住了粗壮的盘虬卧龙般的枝干，不断地流着，流着，流向人的心底。

花和人都会遇到各种各样的不幸，但是生命的长河是无止境的。我抚摸了一下那小小的紫色的花舱，那里满装了生命的酒酿，它张满了帆，在这//闪光的花的河流上航行。它是万花中的一朵，也正是由每一个一朵，组成了万花灿烂的流动的瀑布。

在这浅紫色的光辉和浅紫色的芳香中，我不觉加快了脚步。

——节选自宗璞《紫藤萝瀑布》

作品 60 号——《最糟糕的发明》

在一次名人访问中，被问及上个世纪最重要的发明是什么时，有人说是电脑，有人说是汽车等等。但新加坡的一位知名人士却说是冷气机。他解释，如果没有冷气，热带地区如东南亚国家，就不可能有很高的生产力，就不可能达到今天的生活水准。他的回答实事求是，有理有据。

看了上述报道，我突发奇想：为什么没有记者问："二十世纪最糟糕的发明是什么？"其实二〇〇二年十月中旬，英国的一家报纸就评出了"人类最糟糕的发明"。获此"殊荣"的，就是人们每天大量使用的塑料袋。

诞生于上个世纪三十年代的塑料袋，其家族包括用塑料制成的快餐饭盒、包装纸、餐用杯盘、饮料瓶、酸奶杯、雪糕杯等等。这些废弃物形成的垃圾，数量多、体积大、重量轻、不降解，给治理工作带来很多技术难题和社会问题。

比如，散落在田间、路边及草丛中的塑料餐盒，一旦被牲畜吞食，就会危及健康甚至导致死亡。填埋废弃塑料袋、塑料餐盒的土地不能生长庄稼和树木，造成土地板结，而焚烧处理这些塑料垃圾则会释放出多种化学有毒气体，其中一种称为二噁英的化合物，毒性极大。

此外，在生产塑料袋、塑料餐盒的//过程中使用的氟利昂，对人体免疫系统和生态环境造成的破坏也极为严重。

——节选自林光如《最糟糕的发明》

第五章　命题说话

第一节　命题说话测试要点

命题说话是普通话水平测试的第四项测试内容，该项目在于考查应试人在没有文字凭借的情况下说普通话的水平，也就是日常口语交际中说普通话的水平，重点测查语音标准程度、语句规范程度和自然流畅程度等。在整个普通话水平测试中，此项分值最高，难度最大，此项是否成功直接影响应试者能否顺利通过普通话水平测试，因此我们对该项内容应予以高度重视。

一、命题说话题型

在命题说话环节，每个题签提供两个话题，由应试者任选其中一个话题独自连续说一段话，时间不少于 3 分钟。命题说话测试范围是有限的，所测试话题均来自《普通话水平测试用话题》指定的 30 个。

考题示例：

请在下列话题中任选一个，共 40 分，限时 3 分钟。

1. 我知道的风俗
2. 我和体育

普通话水平测试指定话题：

1. 我的愿望（理想）
2. 我的学习生活
3. 我尊敬的人
4. 我喜爱的动物（或植物）
5. 童年的记忆
6. 我喜爱的职业
7. 难忘的旅行
8. 我的朋友
9. 我喜爱的文学（或其他）艺术形式
10. 谈谈卫生健康
11. 我的业余生活
12. 我喜欢的季节（或天气）

13. 学习普通话的体会
14. 谈谈服饰
15. 我的假日生活
16. 我的成长之路
17. 谈谈科技发展与社会生活
18. 我知道的风俗
19. 我和体育
20. 我的家乡（或熟悉的地方）
21. 谈谈美食
22. 我喜欢的节日
23. 我所在的集体（学校、机关、公司等）
24. 谈谈社会公德（或职业道德）
25. 谈谈个人修养
26. 我喜欢的明星（或其他知名人士）
27. 我喜爱的书刊
28. 谈谈对环境保护的认识
29. 我向往的地方
30. 购物（消费）的感受

二、命题说话基本要求

1. 语音语调标准

命题说话的测试目的是考查应试者在没有文字凭借的情况下说普通话的能力和所达到的规范程度。普通话语音标准程度是最重要的考查内容。语音标准指应试人说话发音时声母、韵母、声调要正确；变调、轻声、儿化和“啊”的音变正确恰当。命题说话时要尽可能减少语音错误和语音缺陷。应试者在命题说话规定的 3 分钟时间内所出现的语音错误累计的次数是重要的扣分依据。语音缺陷也是语音标准程度评分的重要依据。语音缺陷的数量和程度直接反映出应试者含有方言语音的程度，在语音错误数量相同的情况下，含有方音或方音明显会增加扣分。

2. 词汇语法规范

命题说话虽然预先有一定时间的准备，但是仍属于即兴说话，没有文字凭借，应试人要注意词汇语法的规范。要使用普通话词汇，不使用典型的方言词汇；要使用普通话的语法格式，不使用典型的方言语法格式；要使用规范的普通话句式，避免句法失误，避免出现明显的病句。

示例（表 5-1）：

表 5-1　　普通话词汇与方言词汇对比

普通话	方言
你真讨厌呢	你蛮讨嫌咧
这里没人关心我	这里没人齿起我
我不知道	我知不道
你会跳这种舞吗	这种舞你跳得来吗

3. 语流自然流畅

命题说话要求应试者说话时语速适中，语句通顺流畅，一句一句往下说，逻辑清晰，语意连贯，娓娓道来，缓而不急，不卡壳、不重复、不带口头禅，不断断续续，不结结巴巴，完整传达语意，便于听众的理解。应试者如果出现语言不连贯、语调生硬、结结巴巴以及背稿类似现象都要被扣分。

4. 语言表达口语化

命题说话是即兴口头表达，要求使用灵活的口头语言。主要表现在多用常用的口语词汇，可以适当使用语气词，如“吧”“吗”之类，多使用简单句和短句子，句式灵活多变，避免使用结构复杂、成分繁多的长句。当然，口语化是相对而言，不同的人因为语言习惯和文化程度的不同，所表现出的口语化特征不尽相同，但都应该力求使用通俗浅显、灵活流畅的口头语言。许多应试者提前准备了文字材料进行了记忆背诵，在命题说话测试中就会带上较浓的书面文字特色，失掉谈话应有的语调与情感起伏，出现背书腔也是会被扣分的。

5. 内容紧扣话题

应试者要围绕选定的话题说话，不能脱离该话题信马由缰、不着边际、不知所云。这些话题是对说话范围的规定，内容宽泛，贴近生活，是应试者比较熟悉、感受较多、有话可说的。在测试前，应试者应充分准备，理清思路，大致形成主题，这样就不会离题。命题说话主要测试应试者的普通话标准程度。尽管要求说话内容围绕话题展开，但对内容并没有太高要求，不要求立意选材、谋篇布局，也不要求措辞精彩优美，如果测试规定的时间到了而未能将话题完整地讲完，也不会被扣分。

三、命题说话评分标准

1. 语音标准程度

共 25 分，分 6 档：

一档：语音标准，或极少有失误。扣 0 分、1 分、2 分。

二档：语音错误在 10 次以下，有方音但不明显。扣 3 分、4 分。

三档：语音错误在 10 次以下，但方音比较明显或语音错误在 10~15 次，有方音但不明显。扣 5 分、6 分。

四档：语音错误在 10~15 次，方音比较明显。扣 7 分、8 分。

五档：语音错误超过 15 次，方音明显。扣 9 分、10 分、11 分。

六档：语音错误多，方音重。扣12分、13分、14分。

2. 词汇语法规范程度

共10分，分3档：

一档：词汇、语法规范。扣0分。

二档：词汇、语法偶有不规范的情况。扣1分、2分。

三档：词汇、语法屡有不规范的情况。扣3分、4分。

3. 自然流畅程度

共5分，分3档：

一档：语言自然流畅。扣0分。

二档：语言基本流畅，口语化较差，有背稿子的表现。扣0.5分、1分。

三档：语言不连贯，语调生硬。扣2分、3分。

说话不足3分钟，酌情扣分：缺时1分钟以内（含1分钟），扣1分、2分、3分；缺时1分钟以上，扣4分、5分、6分；说话不满30秒（含30秒），本测试项成绩计0分。

第二节　命题说话常见困难与应对方法

一、应试态度方面

1. 过于紧张

紧张是广大应试者在说话测试中最普遍的问题，由于紧张而带来一系列问题，最终影响到普通话测试的表现，如音量过小、声音发抖、语音错误频发等。

应对方法：一是加强考前训练，充分准备。对命题说话话题及说话内容做到烂熟于胸，信手拈来。同时，增加实战锻炼机会，参加各种模拟考试。可以自己录音自己考试，也可以与一同参试的同学互相练习考试。增加对考试内容和考试程序的熟悉度，减少紧张感。二是考前做好积极的自我心理调适，深呼吸、调整身体姿势、集中精力等。

2. 过于轻视

有的应试者十分自信，对于命题说话准备不足，临场考试时才发现自己说到一半没词儿了。央视播音员的语速是1秒钟4个字。一般人说话大约是1秒钟3个字，正常语速1分钟150个字到200个字。那么命题说话3分钟，按平常说话速度能说450个字到600个字。命题说话如果事先不做一点准备的话，考场临场发挥十之八九会出现无话可说、硬着头皮乱说的问题。

应对方法：不可疏忽大意，一定要认真踏实准备好每一个话题的说话内容，至少要准备好说话思路，先说什么，后说什么。

二、语音语调方面

大部分应试者在“命题说话”环节的语音、语调问题比前三项测试时明显增加。

这是因为没有文字凭借，应试者的主要精力分散在思考内容、组织语言方面，对自身语音语调的刻意纠音不知不觉忽略，平常生活中存在的语音缺陷、方音语调会不自觉流露。

应对方法：训练普通话不仅仅是为了应付测试，而是为了全面提升自身普通话水平，提升自身语音面貌，因此在日常工作学习生活中要有意识地训练自己，养成说规范标准普通话的习惯。同时，对自身存在的语音语调问题要有清晰的了解和认识，在命题说话测试中可以有意识地规避。

三、表达内容方面

实践中，我们发现许多应试者在命题说话环节最大的苦恼是不知道说什么，或者是一个话题三五句话就把自己想说的说完了，接下来就傻眼。例如话题“我喜爱的职业”，某应试者说道：“我最喜爱的职业是老师，因为我从小就喜欢当老师，我觉得当老师很好。”然后就再也说不出一句话了。还有的应试者从网上搜来 30 篇命题说话范文背诵，一下子就能听出来有背稿嫌疑，因为网络范文基本雷同，并且具有明显的书面化语言表达特色，也会带来较大失分。

应对方法：一是彻底摒弃背网络范文或者自己撰写稿件先行背诵的方式，这种方式既耽误大量时间又没有效果，甚至会带来坏效果。二是积极训练，拓展思维，对命题说话 30 个话题进行充分的分析和练习，对说话表达的内容组织进行有针对性的训练，做到思维活跃，言之有物。

第三节　普通话水平测试用话题分析

普通话命题说话环节在克服了紧张心理和语音语调问题之后，如何克服“无话可说”难题将是本节重点介绍的内容。

一、准备工作及话题分类

《普通话水平测试大纲》共提供了 30 个话题，那么我们在测试准备工作中是否需要一个个话题地准备呢？理论上来说是的，但实际中，我们可以对话题进行分类整合，将 30 个话题分为若干类别。

（一）记人类

3. 我尊敬的人
8. 我的朋友
23. 我所在的集体（学校、机关、公司等）

26. 我喜欢的明星（或其他知名人士）

该类别中，“尊敬的人”“我的朋友”“我喜欢的明星（或其他知名人士）”可以进行整合，两道题或三道题合为一道题，如尊敬的人和喜欢的明星可为同一人，尊敬的人与我的朋友也可以为同一人，甚至三者可以为同一人。

（二）记事类

5. 童年的记忆
7. 难忘的旅行
16. 我的成长之路
19. 我和体育

该类别也可以进行整合，整合为一道题或两道题，如童年记忆中最深刻的事就是那一次难忘的旅行，这旅行可能跟体育相关，与体育有关的一些事件构成了我的成长之路。

（三）记物类

1. 我的愿望（理想）
4. 我喜爱的动物（或植物）
6. 我喜爱的职业
18. 我知道的风俗
20. 我的家乡（或熟悉的地方）
22. 我喜欢的节日
27. 我喜爱的书刊
29. 我向往的地方

我的愿望可以是“成为什么样的人”（我喜爱的职业）或“养一株/一只××”（我喜爱的动物或植物）；我知道的风俗就是我最喜欢的节日中的那些风俗；我向往的地方就是我的家乡。“我喜爱的书刊”与“我喜爱的文学（或其他）艺术形式”可以合为一题。

（四）生活类

2. 我的学习生活
11. 我的业余生活
15. 我的假日生活
21. 谈谈美食
30. 购物（消费）的感受

我的业余生活就是在周末、寒暑假的时候去图书馆、去培训班如何学习，“我的学习生活”“我的业余生活”“我的假日生活”三者可以合为一题进行准备。“我的业余生活”“我的假日生活”也可分别与“购物（消费）的感受”“谈谈美食”搭配。

（五）议论感想类

9. 我喜爱的文学（或其他）艺术形式

10. 谈谈卫生健康
12. 我喜欢的季节（或天气）
13. 学习普通话的体会
14. 谈谈服饰
17. 谈谈科技发展与社会生活
24. 谈谈社会公德（或职业道德）
25. 谈谈个人修养
28. 谈谈对环境保护的认识

此类话题较为宏观，不太好发表意见，一般来说应尽量把宏观话题结合到自身的个人经历体会来谈。此外，命题考试环节会有两道备选话题，应考者二选一即可，一般不会同时出到两道议论感想类题，如果不擅长此类题型可以略为忽视，考试时规避此类话题即可。

通过话题分类整合，我们发现各话题之间并非泾渭分明，其实质可以相通，题材共用。那么最终 30 个话题大约可以简化为 10~15 个话题来进行考前准备，大大节约了备考精力和时间。

二、命题说话案例分析

很多应试者在命题说话环节最大的障碍在于说不满 3 分钟，曾经有应试者在练习中侃侃而谈，说完一番话感觉说得差不多了，低头看一下计时器，才过去 30 秒，顿时觉得 3 分钟十分漫长。

案例分析：

话题：我喜爱

某同学：我最喜爱的职业是老师，因为我从小就喜欢当老师，我觉得当老师很好。（10 秒结束）

话题扩展思路：

第一段：世界上的职业有很多种，每个人都会有自己最喜爱的职业，有的人喜欢当医生，有的人喜欢当律师，而我最喜爱的职业是老师。

（由普遍到特殊，由一般到个别，举其他人的例子，再说回自己，是命题说话的非常好的开场白。同时开场白还可以有其他多种方式，如引用名人名言、诗词等。）

第二段：我从小就喜欢当老师。小时候，每当长辈、大人们问起我的理想，我以后想做什么工作，我都会很坚定，很大声地告诉他们："我想当老师！"有一次，我和我的小伙伴们玩过家家的游戏，我就扮演了老师的角色。我来当老师，其他的小伙伴当学生，用家里的白墙作黑板，用树枝作粉笔，给他们讲课，还给他们布置作业、修改作业，那是我童年最美好的回忆了。

（举例子，最好是具体的有生活细节的例子，可以多用排比句、并列句，对事件过程方方面面进行细节描述。)

第三段：我觉得当老师很好。为什么我会觉得当老师很好呢？因为我觉得当老师有很多好处，比如有寒暑假，暑假有 2 个月，寒假有 1 个月，一年有整整 3 个月的假期，这是其他职业都没有的长假，比如医生、法官、警察等职业很辛苦但是很难休长假。当老师还有一个好处就是工作很开心，很有成就感，当老师主要是教学生知识，给同学上课，看到同学们从不明白到学会新的知识，老师会特别有成就感。另外，我的父母也希望我当老师，因为当老师工作很稳定，生活有保障，不会失业。

(可以自己提问、自己回答，每说一个观点一定要有事例、有细节)

第四段：这就是我想当老师的原因，我最喜爱的职业就是老师！

(如果时间没有把控好，说完结束语时间还没到，那么可以这样救场："老师是我最喜爱的职业，如果以后实在没有机会成为老师的话，那么我还有另一个喜爱的职业，那就是当××。"如上思路再来一遍。)

三、命题说话思路框架及思维特点

1. 思路框架

每一个话题在说话前都应该有一个思路准备，知道自己先说什么、再说什么，考试过程中才能不慌不忙，有条不紊。

可以采用"开头+主体+结尾"的思路框架，每一段话都准备好开场白和结束语，主体的部分要有案例、有细节、有对比，充分翔实。

2. 思维扩散

部分应试者在训练中一个话题往往三五句话结束，是因为采取了言简意赅浓缩型的思维方式，而在命题说话考试中，为了避免说话时长不足的问题，应把自己的思维方式调整为扩散型思维方式。除了自己的观点之外，还要扩充前因后果、扩充事实细节、扩充心情感想、扩充同类比较。例如：话题"我最尊敬的人"。

(1) 浓缩型说话：

我最尊敬的人是我的父亲。我的父亲很好，我非常尊敬他。

(2) 扩充型说话：

①前因后果：为什么我尊敬父亲？我是如何尊敬父亲的？尊敬父亲给我带来怎样的结果？

②事实细节：父亲曾经说过什么话，做过什么事？怎样说，怎样做的？我曾经说过什么话，做过什么事？怎样说，怎样做的，体现出我对父亲的尊敬？

③心情感想：在事件过程中，我的心情、我的感想如何？

④同类比较：别人的父亲是怎样的？别人是否尊敬父亲？他们是如何做、如何说的？

3. 注意事项

命题说话尽量说自己熟悉的人熟悉的事，这样即使不打草稿也能信手拈来、侃侃而谈，但同时又需注意不要说太动情感的事情或经历，以免导致自己哭得稀里哗啦，说话难以为继，影响考试表现。

命题说话测试重在考查口语表达中的语音语貌，在内容方面应试者只需围绕话题充分开展，不跑题、不偏题即可，考生有可能还没说完就已经到时间了，但这并不影响考生的考试分数，因为不是考生没说完，而是时间不允许考生说了。

第六章　推广普通话有关文件

第一节　《中华人民共和国国家通用语言文字法》

中华人民共和国国家通用语言文字法

第一章　总　　则

第一条　为推动国家通用语言文字的规范化、标准化及其健康发展，使国家通用语言文字在社会生活中更好地发挥作用，促进各民族、各地区经济文化交流，根据宪法，制定本法。

第二条　本法所称的国家通用语言文字是普通话和规范汉字。

第三条　国家推广普通话，推行规范汉字。

第四条　公民有学习和使用国家通用语言文字的权利。

国家为公民学习和使用国家通用语言文字提供条件。

地方各级人民政府及其有关部门应当采取措施，推广普通话和推行规范汉字。

第五条　国家通用语言文字的使用应当有利于维护国家主权和民族尊严，有利于国家统一和民族团结，有利于社会主义物质文明建设和精神文明建设。

第六条　国家颁布国家通用语言文字的规范和标准，管理国家通用语言文字的社会应用，支持国家通用语言文字的教学和科学研究，促进国家通用语言文字的规范、丰富和发展。

第七条　国家奖励为国家通用语言文字事业做出突出贡献的组织和个人。

第八条　各民族都有使用和发展自己的语言文字的自由。

少数民族语言文字的使用依据宪法、民族区域自治法及其他法律的有关规定。

第二章　国家通用语言文字的使用

第九条　国家机关以普通话和规范汉字为公务用语用字。法律另有规定的除外。

第十条　学校及其他教育机构以普通话和规范汉字为基本的教育教学用语用字。法律另有规定的除外。学校及其他教育机构通过汉语文课程教授普通话和规范汉字。使用的汉语文教材，应当符合国家通用语言文字的规范和标准。

第十一条　汉语文出版物应当符合国家通用语言文字的规范和标准。

汉语文出版物中需要使用外国语言文字的，应当用国家通用语言文字作必要的注释。

第十二条 广播电台、电视台以普通话为基本的播音用语。

需要使用外国语言为播音用语的，须经国务院广播电视部门批准。

第十三条 公共服务行业以规范汉字为基本的服务用字。因公共服务需要，招牌、广告、告示、标志牌等使用外国文字并同时使用中文的，应当使用规范汉字。提倡公共服务行业以普通话为服务用语。

第十四条 下列情形，应当以国家通用语言文字为基本的用语用字：

（一）广播、电影、电视用语用字；

（二）公共场所的设施用字；

（三）招牌、广告用字；

（四）企业事业组织名称；

（五）在境内销售的商品的包装、说明。

第十五条 信息处理和信息技术产品中使用的国家通用语言文字应当符合国家的规范和标准。

第十六条 本章有关规定中，有下列情形的，可以使用方言：

（一）国家机关的工作人员执行公务时确需使用的；

（二）经国务院广播电视部门或省级广播电视部门批准的播音用语；

（三）戏曲、影视等艺术形式中需要使用的；

（四）出版、教学、研究中确需使用的。

第十七条 本章有关规定中，有下列情形的，可以保留或使用繁体字、异体字：

（一）文物古迹；

（二）姓氏中的异体字；

（三）书法、篆刻等艺术作品；

（四）题词和招牌的手书字；

（五）出版、教学、研究中需要使用的；

（六）经国务院有关部门批准的特殊情况。

第十八条 国家通用语言文字以《汉语拼音方案》作为拼写和注音工具。

《汉语拼音方案》是中国人名、地名和中文文献罗马字母拼写法的统一规范，并用于汉字不便或不能使用的领域。

初等教育应当进行汉语拼音教学。

第十九条 凡以普通话作为工作语言的岗位，其工作人员应当具备说普通话的能力。

以普通话作为工作语言的播音员、节目主持人和影视话剧演员、教师、国家机关工作人员的普通话水平，应当分别达到国家规定的等级标准；对尚未达到国家规定的普通话等级标准的，分别情况进行培训。

第二十条 对外汉语教学应当教授普通话和规范汉字。

第三章 管理和监督

第二十一条 国家通用语言文字工作由国务院语言文字工作部门负责规划指导、管理监督。

国务院有关部门管理本系统的国家通用语言文字的使用。

第二十二条　地方语言文字工作部门和其他有关部门，管理和监督本行政区域内的国家通用语言文字的使用。

第二十三条　县级以上各级人民政府工商行政管理部门依法对企业名称、商品名称以及广告的用语用字进行管理和监督。

第二十四条　国务院语言文字工作部门颁布普通话水平测试等级标准。

第二十五条　外国人名、地名等专有名词和科学技术术语译成国家通用语言文字，由国务院语言文字工作部门或者其他有关部门组织审定。

第二十六条　违反本法第二章有关规定，不按照国家通用语言文字的规范和标准使用语言文字的，公民可以提出批评和建议。

本法第十九条第二款规定的人员用语违反本法第二章有关规定的，有关单位应当对直接责任人员进行批评教育；拒不改正的，由有关单位作出处理。

城市公共场所的设施和招牌、广告用字违反本法第二章有关规定的，由有关行政管理部门责令改正；拒不改正的，予以警告，并督促其限期改正。

第二十七条　违反本法规定，干涉他人学习和使用国家通用语言文字的，由有关行政管理部门责令限期改正，并予以警告。

第四章　附　　则

第二十八条　本法自2001年1月1日起施行。

第二节　《关于开展国家公务员普通话培训的通知》

人事部　教育部　国家语言文字工作委员会

关于开展国家公务员普通话培训的通知

人发〔1999〕46号

各省、自治区、直辖市、人事（人事劳动）厅（局）、教委（教育厅）、语委（语言文字工作机构）、国务院各部委、各直属机构人事（干部）部门、新疆生产建设兵团人事局：

根据《中华人民共和国宪法》关于“国家推广全国通用的普通话”的规定，为进一步贯彻中央领导同志关于“推广普通话，公务员要带头”的指示精神，提高公务员的普通话水平，人事部、教育部、国家语委决定，在全国公务员中开展普通话培训工作。现就有关事项通知如下：

一、各级人事部门要通过多种渠道、多种方式加大公务员带头推广普通话的宣传力度，要进一步提高国家公务员对推广普通话重要意义的认识，充分调动公务员学习、推广、使用普通话的积极性和自觉性。

二、各地各部门要采取措施，加强对公务员普通话的培训，同时，要正确处理好工作与培训的关系。通过培训，原则要求1954年1月1日以后出生的公务员达到普通话三级甲等以上水平，对1954年1月1日以前出生的公务员不作达标的硬性要求，但鼓励努力提高普通话水平。

三、对方言地区或使用方言以及普通话不熟练的公务员，要在认真调查研究的情况下，实施针对性培训，要结合公务员的业务实际，制定普通话培训的长期规划、达到的标准以及测试的办法。对普通话培训，可以先试点，然后再以点带面，逐步推广。

四、公务员普通话培训工作按分级分类的原则组织实施。人事部负责国务院各部委、各直属机构公务员的普通话培训工作，各省、自治区、直辖市政府人事部门负责本辖区公务员的普通话培训工作。各级教育部门、语言文字工作部门协助配合。

五、开展公务员普通话培训，各地可根据实际情况，采取灵活多样的方式进行，具备条件的地方可以进行普通话水平测试。各级教育行政部门、语言文字工作部门应在普通话培训、测试方面给予支持协助。

六、各地、各部门要高度重视公务员普通话培训工作，要把推广普通话作为一项经常性工作来抓，作为提高公务员素质的内容列入工作日程。要从各地、各部门实际出发，激励公务员积极参加普通话培训，发挥公务员推广普通话的表率作用。

七、国家公务员在公务活动中应当自觉使用普通话。各地、各部门要逐步将普通话作为考核公务员能力水平的内容之一。

中华人民共和国人事部
中华人民共和国教育部
国家语言文字工作委员会
1999年5月12日

第三节　推广普通话宣传口号

（1）国家推广全国通用的普通话
（2）积极普及民族共同语，增强中华民族凝聚力
（3）爱国旗，唱国歌，说普通话
（4）四海同音，万众一心
（5）普通话：神州音，华夏情
（6）普及普通话，四海是一家
（7）面向现代化，推广普通话
（8）积极普及普通话，齐心协力奔小康
（9）树立语言规范意识，提高民族文化素质
（10）推广普通话，公务员要带头
（11）新闻媒体要成为推广普通话的榜样

(12) 普通话是我们的校园语言
(13) 我是中国娃，爱说普通话
(14) 普通话：情感的纽带，沟通的桥梁
(15) 说普通话，迎四方宾客；用文明语，送一片真情
(16) 沟通——从普通话开始
(17) 说好普通话，方便你我他
(18) 说普通话，从我做起
(19) 说好普通话，朋友遍天下
(20) 普通话，使你我靠得更近
(21) 普通话——时代的需求，时尚的追求
(22) 普通话——让生活更精彩，让社会更温馨
(23) 普通话同青春携手，文明语和时尚并肩
(24) 文明语深入男女老少心，普通话融汇东西南北情
(25) 心相印，语相通，共奔小康乐融融
(26) 实现顺畅交流，构建和谐社会

附录一　容易读错的字

（注：本表只列出多音字在此词条中容易读错的读音，不包含其他读音）

【A】

皑 ái 白雪皑皑
隘 ài 狭隘
谙 ān 谙习　谙熟
挨 āi 挨近　挨个
挨 ái 挨批　挨整
铵 ǎn 碳酸铵
黯 àn 黯然
盎 àng 盎然
凹 āo 凹陷
凹 wā（用于地名）

【B】

扒 bā　扒车　扒拉　扒带
扒 pá　扒手　扒窃　扒糕
稗 bài　稗草
傍 bàng　傍黑　傍晚　傍午
褒 bāo　褒贬　褒奖　褒扬
胞 bāo　胞弟　侨胞　同胞
雹 báo　冰雹
臂 bei　胳臂
焙 bèi　焙干　焙粉
蓓 bèi　蓓蕾
畚箕　běnjī
匕 bǐ　匕首　图穷匕见
鄙 bǐ　鄙薄　鄙陋　卑鄙
秘 bì　秘鲁（其余读 mì）
婢 bì　奴婢
裨 bì　裨益
庇 bì　庇护　庇佑　包庇
痹 bì　风痹　寒痹　麻痹大意
泌 bì　泌阳
濒 bīn 濒临　濒危　濒于
波 bō　波浪　奔波　烟波
砭 biān　针砭
蝙 biān　蝙蝠
蹩 bié　蹩脚
迸 bèng　迸发
逋 bū　逋逃　逋客　逋留
捕 bǔ　捕风捉影　捕获　捕杀
哺 bǔ　哺乳　哺养　哺育
埠 bù　船埠　商埠　外埠
愎 bì　刚愎自用
摈 bìn　摈弃
屏 bǐng　屏气
钵 bō　衣钵
擘 bò　巨擘
箔 bó　金箔　铜箔　锡箔

【C】

糙 cāo　粗糙　毛糙
嘈 cáo　（统读）嘈杂
刹 chà　刹那　古刹
侪 chái　侪辈

蝉 chán　蝉联
婵 chán　婵娟
谄 chǎn　谄媚　谄笑
羼 chàn　羼水
忏 chàn　忏悔
伥 chāng　为虎作伥
裳 cháng　霓裳羽衣
场 cháng　一场雨
场 chǎng　三场比赛
偿 cháng　赔偿　偿还
惝 chǎng　惝恍（huǎng）
坼 chè　干坼
掣 chè　电掣
嗔 chēn　嗔怪
瞋 chēn　瞋目
称 chèn　匀称　称心如意
撑 chēng　支撑　撑腰
瞠 chēng　瞠目结舌
乘 chéng　乘车 乘客 乘机
惩 chéng　惩办　惩前毖后
骋 chěng　驰骋　骋怀
笞 chī　鞭笞
嗤 chī　嗤笑　嗤之以鼻
侈 chǐ　奢侈
褫 chǐ　褫夺
豉 chǐ　豆豉
饬 chì　整饬
啻 chì　不啻
炽 chì　炽热　炽烈
憧 chōng　憧憬
忡 chōng　忧心忡忡
种 chóng　（姓氏）
瞅 chǒu　瞅见
处 chǔ　处理　处女　处决
搐 chù　抽搐
黜 chù　黜退　罢黜　废黜
惆怅 chóuchàng
踌躇 chóuchú
椎 chuí　椎心泣（qì）血（xuè）
揣 chuāi　揣着书
揣 chuǎi　揣测
踹 chuài　踹开
啜 chuǎi　（姓氏）
辍 chuò　辍学
啜 chuò　啜泣
绰 chuò　阔绰
创 chuāng　创伤　重创
疵 cī　吹毛求疵
伺 cì　伺候（在“伺机、窥伺”中读sì）
淙 cóng　流水淙淙
从 cóng　从容不迫
丛 cóng　丛刊　丛林
簇 cù　簇拥
蹴 cù　一蹴而就
汆 cuān　汆丸子
攒 cuán　攒射　攒动
崔 cuī　嵬（wéi）
忖 cǔn　忖度
痤 cuó　痤疮
挫 cuò　挫伤　挫折　受挫

【D】

答 dā　答应　答理
呆 dāi　呆板
殚 dān　殚精竭虑
逮 dài　逮捕
当 dàng　当作　恰当　适当
当 dàng　安步当车
档 dàng　档案　档次　存档
蹈 dǎo　重蹈覆辙 循规蹈矩
悼 dào　悼词　悼念　哀悼
傣 dǎi　傣族

殆 dài　危殆
得 děi　总得
提 dī　提防
堤 dī　堤岸　堤坝　堤防
缔 dì　缔造
谛 dì　真谛
滇 diān　滇池
掂 diān　掂量
玷 diàn　玷污
笃 dǔ　笃信
盹 dǔn　打盹
咄 duō　咄咄怪事
掇 duō　拾掇
踱 duó　踱步
订 dìng　装订
胴 dòng　胴体
读 dòu　句读
度 duó　揣度　度德量力

【E】

阿 ē　阿胶 阿弥陀佛　阿谀
婀 ē　婀娜（nuó）
讹 é　讹诈
遏 è　遏制

【F】

珐 fà　珐琅
藩 fān　藩篱
梵 fàn　梵文　梵语　梵刹
肪 fáng　脂肪
氛 fēn　氛围　气氛
汾 fén　汾酒
斐 fěi　成绩斐然
菲 fěi　菲薄
沸 fèi　沸点
敷 fū　敷衍　敷粉　敷设
符 fú　符合　相符
拂 fú　拂晓　拂袖　吹拂
辐 fú　辐射　辐条
甫 fǔ　杜甫　惊魂甫定
脯 fǔ　果脯
阜 fù　物阜民丰
腹 fù　腹背受敌 腹泻 心腹
缚 fù　缚住　束缚
讣 fù　讣告　讣闻
复 fù　（统读）复杂

【G】

尬 gà　尴尬
冈 gāng　山冈　景阳冈
睾 gāo　睾丸
赅 gāi　言简意赅
噶 gá　准噶尔
戈 gē　戈壁　干戈
葛 gé　瓜葛　纠葛
葛 gě　诸葛
舸 gě　百舸争流
亘 gèn　横亘
颈 gěng　脖颈
肱 gōng　股肱
觥 gōng　觥筹
佝偻 gōulóu
枸杞 gǒuqǐ
垢 gòu　污垢
诟 gòu　诟骂
勾 gòu　勾当
供 gōng　提供　供暖　供应
呱 gū　呱呱坠地
骨 gǔ　一般读三声，只有“骨碌、骨朵儿”读阴平

梏 gù 桎（zhì）梏

盥 guàn 盥洗室

犷 guǎng 粗犷

瑰 guī 瑰宝 瑰丽

皈 guī 皈依

刽 guì 刽子手

聒 guō 聒噪

贾 gǔ 余勇可贾

【H】

哈 hǎ 哈达 哈巴狗

薅 hāo 薅草

骸 hái 骸骨

罕 hǎn 罕见 罕闻 罕有

悍 hàn 精悍 悍然

吭 háng 引吭高歌

沆 hàng 沆瀣（xiè）一气

诃 hē 契诃夫

阂 hé 隔阂

涸 hé 干涸

貉 hé 一丘之貉

可汗 kèhán

壑 hè 沟壑

褐 hè 褐色

横 héng 横加阻拦

横 hèng 横祸 蛮横 横财

行 héng 道行

行 háng 行家 行道（轻声）

行 hàng 树行子

行 xíng 行道树

讧 hòng 内讧

哄 hōng 哄堂大笑

哄 hǒng 哄逗 哄骗

哄 hòng 一哄而散

囫囵 húlún 囫囵吞枣（单独“囫囵”一词时囵读轻声）

怙 hù 怙恶不悛（quān）

桦 huà 白桦树

踝 huái 踝骨 足踝

徊 huái 徘徊

豢 huàn 豢养

浣 huàn 浣衣

肓 huāng 病入膏肓

溃 huì 溃脓（区别“溃烂”kuì）

喙 huì 毋庸置喙

诲 huì 诲人不倦 教诲

晦 huì 晦暗 晦气 晦涩

馄饨 hún · tun

混 hùn 混凝土 混淆

豁 huō 豁出去

和 huó 和泥 和面

和 huò 搅和 和稀泥

【J】

几 jī 窗明几净

畸 jī 畸变 畸形

稽 jī 稽查 稽拿

羁 jī 羁绊 羁留

缉 jī 通缉 侦缉

即 jí 即将 即兴 立即

汲 jí 汲取 汲水

棘 jí 棘手

藉 jí 狼藉

疾 jí 疾病 疾苦 疾驶

棘 jí 棘手 荆棘

嫉 jí 嫉妒 嫉恶 嫉恨

脊 jǐ 脊背 脊椎 书脊

脊 ji 里脊（轻声，本音 jǐ）

给 jǐ 给予（注意与“给以”的区别）

济 jǐ 人才济济

掎 jǐ 掎角之势

绩 jì 成绩 功绩 业绩

迹 jì　古迹　轨迹　奇迹
寂 jì　寂静　寂寞　孤寂
夹 jiā　夹克
浃 jiā　汗流浃背
戛 jiá　戛然而止
夹 jiá　夹袄　夹被
胛 jiǎ　肩胛
歼 jiān　歼灭　歼击　围歼
渐 jiān　渐染　东渐入海
缄 jiān　缄默
笺 jiān　信笺　笺注
菅 jiān　草菅人命
睑 jiǎn　眼睑
柬 jiǎn　请柬
僭 jiàn　僭越
间 jiàn　间隔　间歇　间接
监 jiàn　太监　国子监
较 jiào　较量　较真　比较
酵 jiào　酵母　发酵
矫 jiǎo　矫正　矫枉过正
侥 jiǎo　侥幸
缴 jiǎo　缴纳　缴费
窖 jiào　地窖
嗟 jiē　嗟叹
皆 jiē　啼笑皆非
讦 jié　攻讦
孑 jié　孑孓（jué）
桀 jié　桀骜（ào）
藉 jiè　慰藉　枕藉
解 jiè　解送　押解
解 xiè　浑身解数
津 jīn　津津有味　问津
禁 jīn　不禁
馑 jǐn　饥馑
尽 jǐn　尽管　尽快　尽量
浸 jìn　浸泡　浸透　沉浸
噤 jìn　噤若寒蝉
菁 jīng　菁华
腈 jīng　腈纶
茎 jīng　根茎叶
粳 jīng　粳米
颈 jǐng　颈部
颈 gěng　脖颈
儆 jǐng　以儆效尤
痉 jìng　痉挛
劲 jìng　强劲　劲敌　劲旅
靓 jìng　靓妆
迥 jiǒng　迥然
炯 jiǒng　炯炯　炯然
窘 jiǒng　窘迫
攫 jué　攫取
灸 jiǔ　针灸
厩 jiù　马厩
狙 jū　狙击　狙击手
掬 jū　笑容可掬
咀 jǔ　咀嚼（jué）
沮 jǔ　沮丧
矩 jǔ　循规蹈矩　矩形
倨 jù　前倨后恭
绢 juàn　绢花
倔 jué　倔强
隽 juàn　隽永
龟 jūn　龟裂
疚 jiù　负疚　内疚　歉疚
咎 jiù　咎由自取　引咎
咀 jǔ　咀嚼
俊 jùn　俊杰　俊美　俊俏

【K】

揩 kāi　揩拭　揩油
楷 kǎi　楷模　楷书
慨 kǎi　慷慨　愤慨
忾 kài　同仇敌忾

勘 kān　勘察
瞰 kàn　鸟瞰
扛 káng　扛枪　扛长工
亢 kàng　亢奋　高亢
犒 kào　犒劳　犒赏
恪 kè　恪守
脍 kuài　脍炙人口
眶 kuàng　眼眶
框 kuàng　框架　条条框框
岿 kuī　岿然
窥 kuī　窥探　窥视
傀 kuǐ　傀儡（lěi）
喟 kuì　喟叹
溃 kuì　溃烂
篑 kuì　功亏一篑
廓 kuò　轮廓
倥偬 kǒng zǒng

【L】

褴 lán 衣衫褴褛
琅 láng　书声琅琅
睐 lài　青睐
唠 láo　唠叨
唠 lào　唠家常
落 lào　落不是
烙 lào　烙印
酪 lào　奶酪
勒 lè　勒索　勒令
勒 lēi　勒紧
擂 lèi　擂台　打擂
羸 léi　羸弱
蕾 lěi　花蕾　蓓蕾
累 léi　果实累累
累 lěi　连篇累牍　连累
肋 lèi　肋骨
敛 liǎn　聚敛　收敛
殓 liàn　殓葬　装殓
寥 liáo　寥落　寥若晨星
劣 liè　劣等　劣迹
踉 liàng　踉跄（qiàng）
量 liáng　量杯　思量
量 liàng　量体裁衣
趔 liè　趔趄（qiè）
蠡 lí　管窥蠡测
丽 lí　浙江丽水
逦 lǐ　迤逦
莅 lì　莅临
凛 lǐn　凛冽（liè）
赁 lìn　租赁
遴 lín　遴选
淋 lìn　淋病
囹 líng　身陷囹圄
令 líng　令狐（姓）
拎 līn　拎包　拎东西
虏 lǔ　虏获　俘虏
掳 lǔ　掳掠　掳走
闾 lǘ　闾里　闾巷
榈 lǘ　棕榈
掠 lüè　掠夺　掠影
弄 lòng　弄堂
镂 lòu　镂空
赂 lù　贿赂
绿 lù　绿林好汉

【M】

霾 mái　阴霾
埋 mán　埋怨
猫 māo　猫腰
莽 mǎng　莽莽群山　草莽
牤 māng　牤牛
芒 máng　麦芒

虻 méng　牛虻
袂 mèi　分袂　联袂
扪 mén　扪心自问
懑 mèn　愤懑
靡 mǐ　披靡　风靡
弭 mǐ　消弭
谧 mì　静谧　宁谧
泌 mì　分泌
娩 miǎn　分娩
腼 miǎn　腼腆（tiǎn）
藐 miǎo　藐视
泯 mǐn　泯灭
酩 mǐng　酩酊（dǐng）大醉
谬 miù　谬论　谬误
摩 mó　按摩
蓦 mò　蓦然回首
秣 mò　秣马厉兵
沫 mò　口沫　唾沫
抹 mò　抹墙
模 mú　模样（区别“模型”mó）

【N】

那 nā　那拉氏
南 nā　南无（mó）阿弥陀佛
捺 nà　按捺
赧 nǎn　羞赧
难 nàn　发难　责难
呶 náo　呶呶不休
挠 náo　阻挠
淖 nào　泥淖
讷 nè　讷讷　木讷
馁 něi　冻馁　气馁　自馁
拟 nǐ　拟订　拟人　比拟
拈 niān　拈花惹草
嫩 nèn　娇嫩
泥 nì　拘泥　泥古
昵 nì　亲昵　昵称
袅 niǎo　袅娜（nuó）
嗫 niè　嗫嚅（rú）
宁 nìng　宁可　宁愿
忸 niǔ　忸怩 ní
虐 nüè　虐待
驽 nú　驽马
弩 nǔ　弩弓
酿 niàng　酿酒　酝酿
泞 nìng　泥泞
脓 nóng　脓包　化脓

【O】

讴 ōu　讴歌
呕 ǒu　呕心沥血

【P】

葩 pā　奇葩
迫 pǎi　迫击炮
湃 pài　澎湃
蹒 pán　蹒跚
胖 pán　心宽体胖
畔 pàn　河畔
滂 pāng　滂沱（tuó）
炮 páo　炮制　炮烙
庖 páo　庖厨　庖代
胚 pēi　胚胎（tāi）
喷 pèn　喷香　喷喷香

（注：“香喷喷”读 pēn，但本音是 pèn，与“懒洋洋”读 yāng、“黑洞洞”读 dōng、“血淋淋”读 līn 等重叠形容词一样属于音变）

澎 péng　澎湃（pài）

抨 pēng　抨击
坯 pī　土坯　坯胎
纰 pī　纰漏　纰缪
砒 pī　砒霜
毗 pí　毗邻　毗连
匹 pǐ　匹夫
僻 pì　偏僻
癖 pǐ　癖好　洁癖
否 pǐ　否极泰来
媲 pì　媲美
睥 pì　睥睨（nì）
骈 pián　骈文　骈体
便 pián　大腹便便
缥 piāo　缥缈（miǎo）
殍 piǎo　饿殍遍野
剽 piāo　剽窃　剽悍
骠 piào　骠勇
扁 piān　扁舟
翩 piān　翩跹
娉 pīng　娉婷（tíng）
冯 píng　暴虎冯河
聘 pìn　聘请
泊 pō　湖泊
泊 bó　漂泊
繁 pó　繁（姓）
鄱 pó　鄱阳
粕 pò　糟粕
剖 pōu　解剖
仆 pú　仆从
曝 pù　一曝十寒　曝晒
曝 bào　曝光

【Q】

戚 qī　亲戚
蹊 qī　蹊跷（qiāo）
畦 qí　菜畦
颀 qí　颀长
绮 qǐ　绮丽
稽 qǐ　稽首
讫 qì　付讫　收讫
迄 qì　自古迄今
卡 qiǎ　哨卡
洽 qià　洽谈
愆 qiān　罪愆
悭 qiān　悭吝
潜 qián　潜质　潜伏
掮 qián　掮客
戕 qiāng　戕害
襁 qiǎng　襁褓
强 qiǎng　牵强附会
嵌 qiàn　镶（xiāng）嵌
纤 qiàn　纤绳　拉纤
翘 qiáo　翘首
憔 qiáo　憔悴（cuì）
悄 qiǎo　悄然
诮 qiào　讥诮
壳 qiào　地壳
怯 qiè　胆怯
惬 qiè　惬意
挈 qiè　挈妇将雏
遒 qiú　遒劲
擎 qíng　引擎
黥 qíng　黥刑
亲 qìng　亲家
茕 qióng　茕茕孑（jié）立
穹 qióng　苍穹
祛 qū　祛除　祛疑
龋 qǔ　龋齿
觑 qù　面面相觑
蜷 quán　蜷伏　蜷缩
榷 què　商榷
悛 quān　怙恶不悛
券 quàn　胜券在握

【R】

冉 rǎn　冉冉升起
绕 rào　围绕
荏 rěn　光阴荏苒（rǎn）
稔 rěn　熟稔
妊 rèn　妊娠（shēn）
冗 rǒng　冗长　冗余
蠕 rú　蠕动
偌 ruò　偌大

【S】

霎 shà　霎时
讪 shàn　搭讪　讪笑
赊 shē　赊欠
摄 shè　统摄
慑 shè　威慑
娠 shēn　妊娠
莘 shēn　莘莘学子
哂 shěn　哂笑
蜃 shèn　海市蜃楼
髓 suǐ　精髓
遂 suì　遂心　遂愿
遂 suí　半身不遂
恃 shì　有恃无恐
舐 shì　舐犊情深
噬 shì　吞噬
室 shì　教室　办公室
说 shuì　游说
铄 shuò　众口铄金
枢 shū　中枢　枢纽
漱 shù　漱口
墅 shù　别墅
涮 shuàn　洗涮
狩 shòu　狩猎
吮 shǔn　吮吸
谥 shì　谥号
食 sì　箪食
怂 sǒng　怂恿
悚 sǒng　悚然
薮 sǒu　渊薮
溯 sù　推本溯源
祟 suì　作祟　鬼祟
娑 suō　婆娑
缩 suō　收缩
塑 sù　塑料　塑造

【T】

挞 tà　鞭挞
沓 tà　拖沓
台 tāi　天台山　台州
叨 tāo　叨光
傥 tǎng　风流倜（tì）傥
体 tī　体己
剔 tī　剔除　挑剔
悌 tì　孝悌
恬 tián　恬静　恬不知耻
殄 tiǎn　暴殄天物
佻 tiāo　轻佻
调 tiáo　调皮
帖 tiē　妥帖
帖 tiě　请帖
帖 tiè　字帖
恸 tòng　恸哭
荼 tú　荼毒生灵
吐 tù　上吐下泻
湍 tuān　水流湍急
颓 tuí　颓废　颓唐

蜕 tuì　蜕化　蜕变
臀 tún　臀部
唾 tuò　唾手可得　唾弃

【W】

娲 wā　女娲
蜿 wān　蜿蜒
崴 wǎi　海参崴
委 wēi　虚与委蛇（yí）
逶 wēi　山岭逶迤
伪 wěi　伪造
猥 wěi　猥亵（xiè）
紊 wěn　紊乱
倭 wō　倭寇
斡 wò　斡旋
龌 wò　龌龊（chuò）
芜 wú　芜杂　荒芜
侮 wǔ　侮辱　欺侮

【X】

晰 xī　蜥蜴
嬉 xī　嬉皮笑脸
晰 xī　清晰
蹊 xī　独辟蹊径
膝 xī　膝盖
袭 xí　袭击
檄 xí　檄文
葸 xǐ　畏葸不前
黠 xiá　狡黠
瑕瑜 xiá yú
骁 xiāo　骁勇　骁将
鲜 xiān　屡见不鲜
鲜 xiǎn　鲜见　鲜为人知
纤 xiān　纤维
跹 xiān　蹁（pián）跹
嫌 xián　嫌弃
痫 xián　癫痫
涎 xián　垂涎
饷 xiǎng　军饷
相 xiàng　相机行事
淆 xiáo　混淆
肖 xiào　肖像　惟妙惟肖
楔 xiē　楔子
偕 xié　偕同
挟 xié　挟持　要挟　挟制
携 xié　携手
屑 xiè　琐屑
解 xiè　浑身解数
械 xiè　机械
臭 xiù　无色无臭　乳臭
吁 xū　长吁短叹
栩 xǔ　栩栩如生
诩 xǔ　自诩
畜 xù　畜牧　畜养
恤 xù　体恤
煦 xù　煦暖　和煦
酗 xù　酗酒
渲 xuàn　渲染
眩 xuàn　眩晕（yùn）
噱 xué　噱头
谑 xuè　戏谑
勋 xūn　功勋　勋业
驯 xùn　驯服
徇 xùn　徇私
殉 xùn　殉职

【Y】

睚 yá　睚眦（zì）必报
轧 yà　倾轧
揠 yà　揠苗助长
殷 yān　殷红
湮 yān　湮没　湮灭
筵 yán　筵席　寿筵
窈 yǎo　窈窕（tiǎo）
偃 yǎn　偃旗息鼓
魇 yǎn　梦魇
赝 yàn　赝品
肴 yáo　佳肴
杳 yǎo　杳无音信
钥 yào　钥匙
噎 yē　因噎废食
揶 yé　揶揄（yú）
曳 yè　摇曳
靥 yè　笑靥
旖 yǐ　旖旎 nǐ
迤 yǐ　迤逦 lǐ
诣 yì　造诣
翌 yì　翌日
肄 yì　肄业
弈 yì　对弈
熠 yì　熠熠
轶 yì　轶事
谊 yì　友谊
衣 yì　衣锦还乡
氤 yīn　氤氲（yūn）
垠 yín　广阔无垠
荫 yìn　荫凉
应 yīng　应届
莠 yǒu　良莠不齐
囿 yòu　囿于成见
庸 yōng　附庸
佣 yōng　佣工
佣 yòng　佣金
迂 yū　迂回　迂腐
逾 yú　年逾古稀
腴 yú　丰腴
瘐 yǔ　瘐死
伛 yǔ　伛偻 lǚ
与 yǔ　与虎谋皮　与人为善
与 yù　参与　与会
熨 yù　熨帖
蜮 yù　鬼蜮
鹬 yù　鹬蚌相争
垣 yuán　断壁残垣
钥 yuè　锁钥
晕 yùn　月晕　晕车
晕 yūn　头晕　晕厥　晕倒

【Z】

扎 zā　包扎　扎小辫
扎 zhā　驻扎
暂 zàn　暂时
藏 zàng　宝藏
载 zǎi　千载难逢　转载
载 zài　拒载　载人　载重
谮 zèn　谮言
沼 zhǎo　沼气
粘 zhān　粘连
憎 zēng　憎恨　憎恶
锃 zèng　锃亮
凿 záo　穿凿　确凿
札 zhá　札记
择 zhái　择菜
占 zhān　占卜
召 zhào　召开　号召
绽 zhàn　绽开　破绽
颤 zhàn　颤栗

颤 chàn 颤动 发颤
蛰 zhé 惊蛰 蛰伏
辙 zhé 南辕北辙
箴 zhēn 箴言
帧 zhēn 装帧
鸩 zhèn 饮鸩止渴
缜 zhěn 缜密
症 zhēng 症结
拯 zhěng 拯救
诤 zhèng 诤友
栉 zhì 鳞次栉比
帙 zhì 卷帙浩繁
峙 zhì 对峙
诌 zhōu 胡诌
轴 zhòu 大轴子 压轴戏
中 zhòng 中肯
啭 zhuàn 莺啼鸟啭
卓 zhuó 远见卓识
拙 zhuō 拙劣 笨拙
涿 zhuō 涿州
灼 zhuó 真知灼见
诸 zhū 诸位
术 zhú 白术
杼 zhù 机杼
伫 zhù 伫立
赘 zhuì 累（léi）赘
缀 zhuì 连缀
谆 zhūn 谆谆告诫
着 zhuó 着想 着重
擢 zhuó 擢发难数
濯 zhuó 童山濯濯
滓 zǐ 渣滓
渍 zì 浸（jìn）渍
作 zuō 作坊（fang）
怍 zuò 惭（cán）怍
质 zhì 质量
纂 zuǎn 编纂
踯躅 zhí zhú
抵掌 zhǐ zhǎng
琢磨 zhuómó （雕琢、打磨）
琢磨 zuómo （思考、研究）

附录二　常见姓氏的正确读法

种 chóng（不读 zhòng）
查 zhā（不读 chá）
葛 gě（不读 gé）
观 guàn（不读 guān）
冠 guàn（不读 guān）
过 guō（不读 guò）
哈 hǎ（不读 hā）
华 huà（不读 huá）
将 jiāng（不读 jiàng）
纪 jǐ（不读 jì）
邝 kuàng（不读 guǎng）
蒙 méng（不读 měng）
缪 miào（不读 miù）
那 nā（不读 nà）
燕 yān（不读 yàn）
应 yīng（不读 yìng）
翟 zhái（不读 dí）
乜 niè（不读 miē）
宁 nìng（不读 níng）
区 ōu（不读 qū）
朴 piáo（不读 pǔ）
裴 péi（不读 pī）
仇 qiú（不读 chóu）
曲 qū（不读 qǔ）
瞿 qú（不读 jù）
任 rén（不读 rèn）
阮 ruǎn（不读 yuán）
单 shàn（不读 dān）
台 tái（不读 tāi）
冼 xiǎn（不读 xǐ）
解 xiè（不读 jiě）
尉迟 yúchí（不读 wèichí）
长孙 zhǎngsūn（不读 chángsūn）
繁 pó（不读 fán）

附录三 普通话异读字审音表

一、本表所审，主要是普通话有异读的词和有异读的作为“语素”的字。不列出多音多义字的全部读音和全部义项，与字典、词典形式有所不同。

二、在字后注明“统读”的，表示此字不论用于任何词语中只读一音（轻声变读不受此限），本表不再举出词例。

三、在字后不注“统读”的，表示此字有几种读音，本表只审订其中有异读的和常用词语的读音，用处较窄的和方言读音不再列出。

四、有些字有文白二读，本表以“文”和“语”作注。前者一般用于书面语言，用于复音词和文言成语中；后者多用于口语中的单音词及少数日常生活事物的复音词中。

五、有些字除附举词例之外，酌加简单说明，以便读者分辨。说明或按具体字义，或按“动作义”“名物义”等区分。

六、有些字的几种读音中某音用处较窄，另音用处甚宽，则注“除××（较少的词）念乙音外，其他都念甲音”，以避免列举词条繁而未尽、挂一漏万的缺点。

七、由于轻声问题比较复杂，本表一般不予审订。

A

阿(1) ā~訇 ~罗汉 ~木 林~姨
　(2) ē~谀 ~附 ~胶 ~弥陀佛
挨(1) āi~个 ~近 边
　(2) ái~打 ~说 ~宰
癌 ái（统读）
霭 ǎi（统读）
蔼 ǎi（统读）
隘 ài（统读）
谙 ān（统读）
埯 ǎn（统读）
昂 áng（统读）
凹 āo（统读）
拗(1) ào~口 ~口令
　(2) niù 执~ 脾气很~
坳 ào（统读）

B

拔 bá（统读）
把(1) bǎ ~柄 ~酒 ~玩~稳 ~关 ~门
　(2) bà 印~子 花~儿
白 bái（统读）
膀(1) bǎng 翅~ 臂~
　(2) bàng 吊~子
　(3) páng~胱
蚌(1) bàng 蛤~
　(2) bèng~埠
傍 bàng（统读）

磅(1) bàng 过~
(2) páng~礴
龅 bāo（统读）
胞 bāo（统读）
薄(1) báo（语）常单用，如“纸很~”
(2) bó（文）多用于复音词，~弱 稀~淡~尖嘴~舌单~厚~
(3) bò~荷
堡(1) bǎo 碉~ ~垒
(2) bǔ~子 吴~ 柴沟~
(3) pù 十里~
暴(1) bào~露
(2) pù 一~十寒
爆 bào（统读）
焙 bèi（统读）
惫 bèi（统读）
背(1) bēi ~带 ~包 ~负
(2) bèi~脊 ~静
鄙 bǐ（统读）
俾 bǐ（统读）
笔 bǐ（统读）
比 bǐ（统读）
臂(1) bì 手~ ~膀
(2) bei 胳~
庇 bì（统读）
髀 bì（统读）
避 bì（统读）
辟(1) bì 复~ ~邪
(2) pī~头
(3) pì 开~ 精~ ~谣
裨(1) bì~补 ~益
(2) pí~将
婢 bì（统读）
痹 bì（统读）
壁 bì（统读）
蝙 biān（统读）
遍 biàn（统读）
骠(1) biāo 黄~马
(2) piào~骑 ~勇
傧 bīn（统读）
缤 bīn（统读）
濒 bīn（统读）
髌 bìn（统读）
屏(1) bǐng~除 ~弃 ~气
(2) píng~藩 ~风
柄 bǐng（统读）
波 bō（统读）
播 bō（统读）
菠 bō（统读）
剥(1) bō（文）~削
(2) bāo（语）
泊(1) bó 淡~ 飘~ 停~
(2) pō 湖~ 血~
帛 bó（统读）
勃 bó（统读）
钹 bó（统读）
伯(1) bó~~（bo）老~
(2) bǎi 大~子（丈夫的哥哥）
箔 bó（统读）
簸(1) bǒ 颠~
(2) bò~箕
膊 bo 胳~
卜 bo 萝~
醭 bú（统读）
哺 bǔ（统读）
捕 bǔ（统读）
鵏 bǔ（统读）
埠 bù（统读）

C

残 cán（统读）
惭 cán（统读）
灿 càn（统读）
藏(1) cáng 矿~

（2）zàng 宝~
糙 cāo（统读）
嘈 cáo（统读）
螬 cáo（统读）
厕 cè（统读）
岑 cén（统读）
差（1）chā（文）不~累黍 不~什么 偏~ 色~ ~别 视~ 误~ 电势~一念之~ ~池 ~错 一~二错 阴错阳~ ~等 ~额 ~价 ~强人意 ~数 ~异
（2）chà（语）~不多 ~不离 ~点儿
（3）cī 参~
（4）chāi 出~ ~旅 ~使
猹 chá（统读）
搽 chá（统读）
阐 chǎn（统读）
羼 chàn（统读）
颤（1）chàn~动 发~
（2）zhàn~栗 打~
韂 chàn（统读）
伥 chāng（统读）
场（1）chǎng~合 ~所 冷~ 捧~
（2）cháng 外~ 圩~ 一~雨
（3）chang 排~
钞 chāo（统读）
巢 cháo（统读）
嘲 cháo~讽 ~骂 ~笑
耖 chào（统读）
车（1）chē 安步当~ 杯水~薪 闭门造~ 螳臂当~
（2）jū（象棋棋子名称）
晨 chén（统读）
称（1）chèn~心 ~意 对~ ~职 相~
（2）chēng~霸 ~颂 ~病 ~号
撑 chēng（统读）
乘（1）动作义念 chéng，~便 ~风破浪 ~客 ~势 ~兴
（2）名物义读 shèng 史~ 野~ 千~之国
橙 chéng（统读）
惩 chéng（统读）
澄（1）chéng（文）~清（如“~清混乱”“~清问题”）
（2）dèng（语）单用（如“把水~清了”）
痴 chī（统读）
吃 chī（统读）
弛 chí（统读）
褫 chǐ（统读）
尺（1）chǐ~寸 ~头
（2）chě 工~（我国民族音乐的符号总称）
豉 chǐ（统读）
侈 chǐ（统读）
炽 chì（统读）
舂 chōng（统读）
冲（1）chōng ~动 ~犯 ~剂
（2）chòng~床 ~模
臭（1）chòu 遗~万年
（2）xiù 乳~ 铜~
储 chǔ（统读）
处（1）chù（名物义）~所~长 住~
（2）chǔ（动作义）~罚 ~分 ~决 ~理 ~女 ~置
畜（1）chù（名物义）~力 家~ 牲~ 幼~
（2）xù（动作义）~产 ~牧 ~养
触 chù（统读）
搐 chù（统读）
绌 chù（统读）
黜 chù（统读）
闯 chuǎng（统读）

创（1）chuàng 草～　～举　首～
～造　～作
（2）chuāng～伤　重～
绰（1）chuò～～有余
（2）chuo 宽～
疵 cī（统读）
雌 cí（统读）
赐 cì（统读）
伺（1）cì～候
（2）sì～机
枞（1）cōng～树
（2）zōng～阳〔地名〕
从 cóng（统读）
丛 cóng（统读）
攒（1）cuán 万头～动　万箭～心
（2）zǎn 积～　～钱
脆 cuì（统读）
撮（1）cuō～儿　一～儿盐　一～儿匪帮
（2）zuǒ 一～儿毛
措 cuò（统读）

D

搭 dā（统读）
答（1）dá 报～　～复
（2）dā～理　～应
打（1）dá 苏～　一～（12 个）
（2）dǎ～包　～岔
大（1）dà～夫（古官名）　～王（如爆破～王、钢铁～王）
（2）dài～夫（医生）　～王（如山～王）
呆 dāi（统读）
傣 dǎi（统读）
逮（1）dài（文）～捕
（2）dǎi（语，单用）～蚊子
～特务
当（1）dāng～地　～间儿～　年（指过去）～日（指过去）～天（指过去）～时（指过去）螳臂～车
（2）dàng 一个～俩 安步～车　适～　～年（同一年）～日（同一时候）～天（同一天）
档 dàng（统读）
蹈 dǎo（统读）
导 dǎo（统读）
倒（1）dǎo 颠～是非　颠～黑白　颠三～四　倾箱～箧　排山～海　～板
～嚼　～仓　～嗓　～戈　潦～
（2）dào～粪（把粪弄碎）
悼 dào（统读）
纛 dào（统读）
凳 dèng（统读）
羝 dī（统读）
氐 dī（古民族名）
堤 dī（统读）
提（1）tí～拔　～纲　～前
（2）dī～防
的（1）de 助词
（2）dí～当（dàng）～确
抵 dǐ（统读）
蒂 dì（统读）
缔 dì（统读）
谛 dì（统读）
点（1）diǎn～拨　～名　～头
（2）dian 打～（收拾、贿赂）
跌 diē（统读）
蝶 dié（统读）
订 dìng（统读）
都（1）dōu～来了
（2）dū～市　首～
堆 duī（统读）
吨 dūn（统读）
盾 dùn（统读）

多 duō（统读）
咄 duō（统读）
掇(1) duō（“拾取、采取”义）
(2) duo 撺～ 掂～
裰 duō（统读）
踱 duó（统读）
度(1) dù ～假 ～日
(2) duó 忖～ ～德量力

E

婀 ē（统读）

F

伐 fá（统读）
阀 fá（统读）
砝 fǎ（统读）
法 fǎ（统读）
发(1) fā ～生 ～问 ～笑
(2) fà 理～ 脱～ 结～
帆 fān（统读）
藩 fān（统读）
梵 fàn（统读）
坊(1) fāng 牌～ ～巷
(2) fáng 粉～磨～碾～染～油～谷～
妨 fáng（统读）
防 fáng（统读）
肪 fáng（统读）
沸 fèi（统读）
汾 fén（统读）
讽 fěng（统读）
肤 fū（统读）
敷 fū（统读）
俘 fú（统读）
浮 fú（统读）
服(1) fú～毒 ～药
(2) fù（量词）一～药
拂 fú（统读）
辐 fú（统读）
幅 fú（统读）
甫 fǔ（统读）
复 fù（统读）
缚 fù（统读）

G

噶 gá（统读）
冈 gāng（统读）
刚 gāng（统读）
岗(1) gǎng～楼 ～哨 ～子
门～ 站～ 山～子
(2) gāng 同“冈”
港 gǎng（统读）
葛(1) gé～藤 ～布 瓜～
(2) gě（姓，包括单、复姓）
隔 gé（统读）
革 gé（统读）
合 gě（量词）
给(1) gěi（语）单用
(2) jǐ（文）补～ 供～
～予 配～ 自～自足
亘 gèn（统读）
更(1) gēng 五～ ～生 打～
(2) gèng ～加 ～其
颈(1) gěng 脖～子
(2) jǐng ～联 ～椎 ～项
供(1) gōng～给 提～ ～销
(2) gòng 口～ 翻～ 上～
佝 gōu（统读）
枸 gǒu～杞

勾（1） gōu～搭 ～画 ～勒
（2） gòu～当
估（除“～衣”读 gù 外，都读 gū）
骨（除“～碌”“～朵”读 gū 外，都读 gǔ）
谷（1） gǔ～雨
（2） yù 吐～浑（我国古民族名）
锢 gù（统读）
冠（1） guān（名物义）～心病
（2） guàn（动作义）沐猴而～ ～军
犷 guǎng（统读）
庋 guǐ（统读）
桧（1） guì（树名）
（2） huì（人名）秦～
刽 guì（统读）
聒 guō（统读）
蝈 guō（统读）
过（除姓氏读 guō 外，都读 guò）

H

虾（1） há～蟆
（2） xiā～米 ～皮 ～仁
哈（1） hā ～欠 ～～大笑
（2） hǎ～达
（3） hà～什蚂
汗（1） hán 可～
（2） hàn ～衫 ～渍 ～水
巷（1） hàng～道
（2） xiàng ～子 ～战
号（1） háo 寒～虫 ～哭 ～叫
（2） hào～角
和（1） hé～好 ～睦 ～风
（2） hè 唱～ 附～ 曲高～寡
（3） huo 搀～ 搅～ 暖～ 热～ 软～
貉（1） hé（文）一丘之～
（2） háo（语）～绒 ～子
壑 hè（统读）
褐 hè（统读）
喝（1） hē～水 ～酒
（2） hè～采 ～道 ～令～止 呼幺～六
鹤 hè（统读）
黑 hēi（统读）
亨 hēng（统读）
横（1） héng～肉 ～行霸道
（2） hèng 蛮～ ～财
訇 hōng（统读）
虹（1） hóng（文）～彩 ～吸
（2） jiàng（语）单说
讧 hòng（统读）
囫 hú（统读）
瑚 hú（统读）
蝴 hú（统读）
桦 huà（统读）
徊 huái（统读）
踝 huái（统读）
浣 huàn（统读）
黄 huáng（统读）
诲 huì（统读）
贿 huì（统读）
会（1） huì 一～儿 多～儿 ～厌（生理名词）
（2） kuài～计
混（除“混蛋”“混球”“混水摸鱼”读 hún 外，都读 hùn）
蠖 huò（统读）
霍 huò（统读）
豁（1） huō～口 ～嘴
（2） huò～亮
（3） huá ～拳
获 huò（统读）

J

羁 jī（统读）
击 jī（统读）
奇(1) jī～数
(2) qí～怪 ～才
芨 jī（统读）
缉(1) jī 通～ 侦～
(2) qī～鞋口
几(1) jī 茶～ 条～
(2) jǐ～何 ～多 ～经
圾 jī（统读）
稽(1) jī～查 ～留 ～延
(2) qǐ～首
戢 jí（统读）
疾 jí（统读）
汲 jí（统续）
棘 jí（统读）
藉(1) jí 狼～
(2) jìe 枕～ 慰～
嫉 jí（统读）
脊 jǐ（统读）
纪(1) jǐ（姓）
(2) jì～念 ～律 纲～
偈(1) jì～语
(2) jié～（形容跑得快）
绩 jì（统读）
迹 jì（统读）
寂 jì（统读）
茄(1) jiā 雪～
(2) qié～子
夹(1) jiā～克 ～道儿 ～攻
～棍 ～生 ～杂
～竹桃 ～注
(2) jiá～被 ～袄
(3) gā～肢窝
浃 jiā（统读）
甲 jiǎ（统读）

歼 jiān（统读）
鞯 jiān（统读）
间(1) jiān～不容发 中～
(2) jiàn 中～儿 ～道 ～谍 ～断 ～或
～接 ～距 ～隙 ～续 ～阻 ～作
挑拨离～
趼 jiǎn（统读）
俭 jiǎn（统读）
缰 jiāng（统读）
膙 jiǎng（统读）
嚼(1) jiáo（语）味同～蜡 咬文～字
(2) jué（文）咀～ 过屠门而大～
(3) jiào 倒～（倒嚼）
角(1) jiǎo 八～ ～落 ～膜 ～度
犄～ ～楼 勾心斗～ 号～
(2) jué～斗 ～儿 口～（吵嘴）
主～儿 配～儿
～力 捧～儿
脚(1) jiǎo 根～
(2) jué（也作“角”，角色）
剿(1) jiǎo 围～
(2) chāo～说 ～袭
校(1) jiào～勘 ～样 ～正
(2) xiào～风 ～规 ～友
较 jiào（统读）
酵 jiào（统读）
嗟 jiē（统读）
疖 jiē（统读）
结（除“～了个果子” “开花～果” “～巴” “～实”念 jiē 之外，其他都念 jié）
睫 jié（统读）
芥(1) jiè～菜 ～末
(2) gài～菜（也作“盖菜”）
矜 jīn～持 自～ ～怜
仅(1) jǐn～～ 绝无～有

（2）jìn 士卒～万人
馑 jǐn（统读）
觐 jìn（统读）
浸 jìn（统读）
斤 jin 千～（起重的工具）
茎 jīng（统读）
粳 jīng（统读）
鲸 jīng（统读）
境 jìng（统读）
痉 jìng（统读）
劲（1）jìng 刚～ 苍～ ～松
（2）jìn～头 干～
窘 jiǒng（统读）
究 jiū（统读）
纠 jiū（统读）
鞠 jū（统读）
鞫 jū（统读）
掬 jū（统读）
苴 jū（统读）
沮（1）jǔ～丧
（2）jù ～洳
矩（1）jǔ～形
（2）ju 规～
俱 jù（统读）
龟 jūn～裂（也作“皲裂”）
菌（1）jūn 细～ 病～
杆～ 霉～
（2）jùn 香～ ～子
俊 jùn（统读）

K

卡（1）kǎ～宾枪～车～介苗～片～通
（2）qiǎ～子 关～
揩 kāi（统读）
慨 kǎi（统读）
忾 kài（统读）
勘 kān（统读）
看（1）kān～管 ～护 ～守
（2）kàn～病 ～待
慷 kāng（统读）
拷 kǎo（统读）
坷（1）kē～拉（垃）
（2）kě 坎～
疴 kē（统读）
壳（1）ké（语）～儿 脑～
贝～儿 驳～枪
（2）qiào（文）地～ 甲～ 躯～
可（1）kě～～儿的
（2）kè～汗
恪 kè（统读）
刻 kè（统读）
克 kè～扣
空（1）kōng～心砖 ～城计
（2）kòng～心吃药
眍 kōu（统读）
矻 kū（统读）
酷 kù（统读）
框 kuàng（统读）
矿 kuàng（统读）
傀 kuǐ（统读）
溃（1）kuì～烂
（2）huì～脓
篑 kuì（统读）
括 kuò（统读）

L

垃 lā（统读）
邋 lā（统读）
罱 lǎn（统读）
缆 lǎn（统读）

篮 lán～球 ～子
琅 láng（统读）
捞 lāo（统读）
劳 láo（统读）
醪 láo（统读）
烙(1) lào～印　～铁　～饼
(2) luò 炮～（古酷刑）
勒(1) lè（文）～逼 ～令 ～派
～索　悬崖～马
(2) lēi（语，多单用）
擂(除“～台”“打～”读 lèi 外，都读 léi)
礌 léi（统读）
羸 léi（统读）
蕾 lěi（统读）
累(1) lèi（辛劳义）受～　受劳～
(2) léi～赘
(3) lěi（牵连义）带～ ～及　连～
赔～ 牵～ 受～　受牵～
蠡(1) lí 管窥～测
(2) lǐ～县　范～
喱 lí（统读）
连 lián（统读）
敛 liǎn（统读）
恋 liàn（统读）
量(1) liáng ～度 ～角器
(2) liàng～入为出　忖～
(3) liang 打～　掂～
踉(1) liáng 跳～
(2) liàng～跄
潦(1) liáo～草 ～倒
(2) liǎo ～水
劣 liè（统读）
捩 liè（统读）
趔 liè（统读）
拎 līn（统读）
遴 lín（统读）
淋(1) lín～浴　～漓　～巴
(2) lìn～硝　～盐　～病
蛉 líng（统读）
榴 liú（统读）
馏(1) liú（文）干～ 蒸～
(2) liù（语）～馒头
镏 liú～金
碌(1) liù～碡
(2) lù 劳～ 忙～
笼(1) lóng（名物义）～子　牢～
(2) lǒng（动作义）～络　～括
～统 ～罩
偻(1) lóu 佝～
(2) lǚ 伛～
䁖 lou 眍～
虏 lǔ（统读）
掳 lǔ（统读）
露(1) lù（文）赤身～体　～天　～骨
～头角　藏头～尾 抛头～面　～头（矿）
(2) lòu（语）～富　～苗　～光
～相　～马脚　～头
榈 lǘ（统读）
捋(1) lǚ～胡子
(2) luō～袖子
绿(1) lǜ（语）
(2) lù（文）～林　鸭～江
孪 luán（统读）
挛 luán（统读）
掠 lüè（统读）
囵 lún（统读）
络(1) luò～腮胡子
(2) lào～子
落(1) luò（文）～膘 ～花生 ～魄
涨～ ～槽 着～
(2) lào（语）～架 ～色 ～炕 ～枕
～儿　～子（一种曲艺）
(3) là（语），遗落义　丢三～四
～在后面

（4）luō 大大~~

M

脉(除“~~”念 mòmò 外，一律念 mài)
漫 màn（统读）
蔓(1) màn（文）~延 不~不枝
（2）wàn（语）瓜~ 压~
牤 māng（统读）
氓(1) máng 流~
（2）méng（古代百姓的自称）
芒 máng（统读）
铆 mǎo（统读）
瑁 mào（统读）
虻 méng（统读）
盟 méng（统读）
祢 mí（统读）
眯(1) mí~了眼（灰尘等入目，也作“迷”）
（2）mī ~缝着眼（微微合目）
靡(1) mí~费
（2）mǐ 风~ 委~ 披~
秘（除“~鲁”读 bì 外，都读 mì）
泌(1) mì（语）分~
（2）bì（文）~阳〔地名〕
娩 miǎn（统读）
缈 miǎo（统读）
皿 mǐn（统读）
闽 mǐn（统读）
茗 míng（统读）
酩 mǐng（统读）
谬 miù（统读）
摸 mō（统读）
模(1) mó~范 ~式 ~型 ~糊 ~特儿 ~棱两可
（2）mú~子 ~具 ~样
膜 mó（统读）
摩 mó 按~ 抚~
嬷 mó（统读）
墨 mò（统读）
耱 mò（统读）
沫 mò（统读）
缪(1) móu 绸~
（2）miào 姓氏

N

难(1) nán 困~（或变轻声）
（2）nàn 排~解纷 发~ 刁~ 责~ ~兄~弟（共患难或同受苦难的人）
蝻 nǎn（统读）
蛲 náo（统读）
讷 nè（统读）
馁 něi（统读）
嫩 nèn（统读）
恁 nèn（统读）
妮 nī（统读）
拈 niān（统读）
鲇 nián（统读）
酿 niàng（统读）
尿(1) niào 糖~症
（2）suī（只用于口语名词）尿 niào~ ~脬
嗫 niè（统读）
宁(1) níng 安~
（2）nìng~可 无~〔姓〕
忸 niǔ（统读）
脓 nóng（统读）
弄(1) nòng 玩~
（2）lòng~堂

暖 nuǎn（统读）
衄 nǜ（统读）
疟(1) nüè（文）~疾
(2) yào（语）发~子
娜(1) nuó 婀~　袅~
(2) nà（人名）

O

殴 ōu（统读）
呕 ǒu（统读）

P

杷 pá（统读）
琶 pá（统读）
牌 pái（统读）
排(1) pái~除 ~演
(2) pǎi~子车
迫(1) pǎi~击炮
(2) pò
湃 pài（统读）
爿 pán（统读）
胖 pán 心广体~
蹒 pán（统读）
畔 pàn（统读）
乓 pāng（统读）
滂 pāng（统读）
脬 pāo（统读）
胚 pēi（统读）
喷(1) pēn~嚏
(2) pèn~香
(3) pen 嚏~
澎 péng（统读）
坯 pī（统读）
披 pī（统读）
匹 pǐ（统读）
僻 pì（统读）
譬 pì（统读）
片(1) piàn~子　唱~　画~　相~　影~ ~儿会
(2) piān（口语一部分词）~子 ~儿 唱~儿 画~儿 相~儿 影~儿
剽 piāo（统读）
缥(1) piāo~缈（飘渺）
(2) piǎo ~白色
撇(1) piē~弃
(2) piě~嘴 向外~
聘 pìn（统读）
乒 pīng（统读）
颇 pō（统读）
剖 pōu（统读）
仆(1) pū 前~后继
(2) pú~从
扑 pū（统读）
朴(1) pǔ 俭~　~素　~质
(2) po~刀
(3) pò~硝　厚~
(4) piáo（姓氏）
蹼 pǔ（统读）
瀑(1) pù~布
(2) bào~河（河北水名）
曝(1) pù 一~十寒
(2) bào~光（摄影术语）

Q

栖(1) qī 两~
(2) xī ~~
戚 qī（统读）
漆 qī（统读）

期 qī（统读）
蹊 qī～跷
蛴 qí（统读）
畦 qí（统读）
萁 qí（统读）
骑 qí（统读）
企 qǐ（统读）
绮 qǐ（统读）
杞 qǐ（统读）
槭 qì（统读）
洽 qià（统读）
签 qiān（统读）
潜 qián（统读）
荨(1) qián（文）～麻
(2) xún（语）～麻疹
嵌 qiàn（统读）
欠(1) qiàn ～佳 ～款
(2) qian 打哈～
戕 qiāng（统读）
镪(1) qiāng～水
(2) qiǎng 古代成串的钱
强(1) qiáng～渡 ～取豪夺 ～制 博闻～识
(2) qiǎng 勉～ 牵～ ～词夺理 ～迫 ～颜为笑
(3) jiàng 倔～
襁 qiǎng（统读）
跄 qiàng（统读）
悄(1) qiāo～～儿的
(2) qiǎo～默声儿的
橇 qiāo（统读）
翘(1) qiào（语）～尾巴
(2) qiáo（文）～首 ～楚 连～
怯 qiè（统读）
挈 qiè（统读）
趄(1) qiè～坡儿 ～着身子
(2) jū 趑～
(3) qie 趔～
侵 qīn（统读）
衾 qīn（统读）
噙 qín（统读）
倾 qīng（统读）
亲(1) qīn～笔 ～临 ～人
(2) qìng～家
穹 qióng（统读）
黢 qū（统读）
曲(1) qū 大～ 红～ 神～
(2) qǔ～调 ～艺 戏～
渠 qú（统读）
瞿 qú（统读）
蠼 qú（统读）
苣(1) qǔ～荬菜
(2) jù 莴～
龋 qǔ（统读）
趣 qù（统读）
雀(1) què～斑～盲症
(2) qiāo 子（口语）

R

髯 rán（统读）
攘 rǎng（统读）
桡 ráo（统读）
绕 rào（统读）
任 rén（姓，地名）
妊 rèn（统读）
扔 rēng（统读）
容 róng（统读）
糅 róu（统读）
茹 rú（统读）
孺 rú（统读）
蠕 rú（统读）
辱 rǔ（统读）
挼 ruó（统读）

S

靸 sǎ（统读）
噻 sāi（统读）
散（1）sǎn 懒～ 零零～～ ～漫
（2）sàn～步 ～落 ～失
（3）san 零～
丧（1）sāng ～礼 ～钟
（2）sàng～胆 ～失 ～生
（3）sang 哭～着脸
扫（1）sǎo～兴
（2）sào～帚
埽 sào（统读）
色（1）sè（文）
（2）shǎi（语）
塞（1）sè（文，动作义）
（2）sāi（语）活～ 瓶～ 把洞～住
森 sēn（统读）
煞（1）shā～尾 收～
（2）shà～白
啥 shá（统读）
厦（1）shà（语）
（2）xià（文）～门 噶～
杉（1）shān（文）紫～ 红～ 水～
（2）shā（语）～篙 ～木
衫 shān（统读）
姗 shān（统读）
苫（1）shàn（动作义，～布）
（2）shān（名物义，草～子）
墒 shāng（统读）
猞 shē（统读）
舍（1）shě～命 ～身 ～弃
（2）shè 宿～ 退避三～
慑 shè（统读）
摄 shè（统读）
射 shè（统读）
谁 shéi，又音 shuí
娠 shēn（统读）
什（1）shén～么
（2）shí～物 ～锦
蜃 shèn（统读）
葚（1）shèn（文）桑～
（2）rèn（语）桑～儿
胜 shèng（统读）
识（1）shí 常～ ～货 ～字
（2）zhì 博闻强～ 标～
似（1）shì～的
（2）sì～乎～是而非
室 shì（统读）
螫（1）shì（文）
（2）zhē（语）
匙（1）shi 钥～
（2）chí 汤～ ～子
殊 shū（统读）
蔬 shū（统读）
疏 shū（统读）
叔 shū（统读）
淑 shū（统读）
菽 shū（统读）
熟（1）shú（文）
（2）shóu（语）
署 shǔ（统读）
曙 shǔ（统读）
漱 shù（统读）
戍 shù（统读）
蟀 shuài（统读）
孀 shuāng（统读）
说（1）shuō～穿 ～法 ～服
（2）shuì 游～
数（1）shù～词 ～量 ～据
（2）shǔ～九 ～说 ～来宝
（3）shuò～见不鲜
硕 shuò（统读）
蒴 shuò（统读）

艘 sōu（统读）
嗾 sǒu（统读）
速 sù（统读）
塑 sù（统读）
虽 suī（统读）
绥 suí（统读）
髓 suǐ（统读）
遂（1）suì 不～　～心　～愿　～意　毛～自荐
（2）suí 半身不～
隧 suì（统读）
隼 sǔn（统读）
莎 suō～草
缩（1）suō 收～
（2）sù～砂密（一种植物）
嗍 suō（统读）
索 suǒ（统读）

T

趿 tā（统读）
鳎 tǎ（统读）
獭 tǎ（统读）
沓（1）tà 重～　～杂　纷至～来
（2）ta 疲～
（3）dá 一～纸
苔（1）tái（文）
（2）tāi（语）
探 tàn（统读）
涛 tāo（统读）
悌 tì（统读）
佻 tiāo（统读）
调 tiáo～皮
帖（1）tiē 妥～　伏伏～～　俯首～耳
（2）tiě 请～　字～儿
（3）tiè 字～　碑～
听 tīng（统读）
庭 tíng（统读）
骰 tóu（统读）
凸 tū（统读）
突 tū（统读）
颓 tuí（统读）
蜕 tuì（统读）
臀 tún（统读）
唾 tuò（统读）

W

娲 wā（统读）
挖 wā（统读）
瓦（1）wǎ～工　～亮　～斯
（2）wà～刀
㖞 wāi（统读）
蜿 wān（统读）
玩 wán（统读）
惋 wǎn（统读）
脘 wǎn（统读）
往 wǎng（统读）
忘 wàng（统读）
微 wēi（统读）
巍 wēi（统读）
薇 wēi（统读）
危 wēi（统读）
韦 wéi（统读）
违 wéi（统读）
唯 wéi（统读）
圩（1）wéi～子
（2）xū～（墟）场
纬 wěi（统读）
委（1）wěi～靡
（2）wēi～蛇
伪 wěi（统读）

萎 wěi（统读）
尾(1) wěi～巴
(2) yǐ 马～儿
尉(1) wèi～官
(2) yù～迟（姓氏）
文 wén（统读）
闻 wén（统读）
紊 wěn（统读）
喔 wō（统读）
蜗 wō（统读）
硪 wò（统读）
诬 wū（统读）
梧 wú（统读）
牾 wǔ（统读）
乌(1) wū～龟 ～鸭 ～云
(2) wù～拉（也作“靰鞡”）～拉草
杌 wù（统读）
鹜 wù（统读）

X

夕 xī（统读）
汐 xī（统读）
晰 xī（统读）
析 xī（统读）
晳 xī（统读）
昔 xī（统读）
溪 xī（统读）
悉 xī（统读）
熄 xī（统读）
蜥 xī（统读）
螅 xī（统读）
惜 xī（统读）
锡 xī（统读）
樨 xī（统读）
袭 xí（统读）
檄 xí（统读）
峡 xiá（统读）
暇 xiá（统读）
吓(1) hè 恐～ 恫～
(2) xià 杀鸡～猴
鲜(1) xiān 屡见不～ 数见不～
(2) xiǎn～为人知 ～见
锨 xiān（统读）
纤(1) xiān～维
(2) qiàn～夫 ～手
涎 xián（统读）
弦 xián（统读）
陷 xiàn（统读）
霰 xiàn（统读）
向 xiàng（统读）
相(1) xiāng～亲 ～当 ～对
(2) xiàng～机行事
淆 xiáo（统读）
哮 xiào（统读）
些 xiē（统读）
颉(1) xié～颃
(2) jié 人名用字
携 xié（统读）
偕 xié（统读）
挟 xié（统读）
械 xiè（统读）
馨 xīn（统读）
囟 xìn（统读）
行(1) xíng 操～ 德～ 发～ 品～
(2) háng～话 ～情 ～业～伍
(3) hàng 树～子
(4) héng 道～
省(1) xǐng 内～ 反～ ～亲 不～人事
(2) shěng～略 ～事 ～心
芎 xiōng（统读）
朽 xiǔ（统读）
宿(1) xiù 星～ 二十八～
(2) sù～舍 ～愿 ～营
煦 xù（统读）

蓿 xu 苜～
癣 xuǎn（统读）
削（1）xuē（文）剥～　～减　瘦～
　（2）xiāo（语）切～　～铅笔　～球
穴 xué（统读）
学 xué（统读）
雪 xuě（统读）
血（1）xuè（文）用于复音词及成语，贫～ 心～ 呕心沥～～泪史 狗～喷头
　（2）xiě（语）口语多单用，鸡～ ～晕 ～块子
谑 xuè（统读）
寻 xún（统读）
驯 xùn（统读）
逊 xùn（统读）
熏（1）xùn 煤气～着了
　（2）xūn 醉～～
徇 xùn（统读）
殉 xùn（统读）
蕈 xùn（统读）

Y

押 yā（统读）
崖 yá（统读）
哑（1）yā 同“呀”
　（2）yǎ～然失笑
亚 yà（统读）
殷（1）yān～红
　（2）yīn～实　～勤　～切
　（3）yǐn～其雷（姓）
芫（1）yán～荽
　（2）yuán ～花
筵 yán（统读）
沿 yán（统读）
焰 yàn（统读）
夭 yāo（统读）
肴 yáo（统读）
杳 yǎo（统读）
舀 yǎo（统读）
钥（1）yào（语）～匙
　（2）yuè（文）锁～
曜 yào（统读）
耀 yào（统读）
椰 yē（统读）
噎 yē（统读）
叶（1）yè～公好龙
　（2）xié～韵
曳 yè（统读）
屹 yì（统读）
轶 yì（统读）
谊 yì（统读）
懿 yì（统读）
诣 yì（统读）
艾（1）yì 自怨自～
　（2）ài 方兴未～ ～蒿
荫 yìn（统读）
应（1）yīng～届 ～名儿 ～许　提出的条件他都～了　是我～下来的任务
　（2）yìng～承～付～声～时～验～邀～用～运～征里～外合
萦 yíng（统读）
映 yìng（统读）
佣（1）yōng～工
　（2）yòng～金　～钱
庸 yōng（统读）
臃 yōng（统读）
壅 yōng（统读）
拥 yōng（统读）
踊 yǒng（统读）
咏 yǒng（统读）
泳 yǒng（统读）
莠 yǒu（统读）

愚 yú（统读）
娱 yú（统读）
愉 yú（统读）
伛 yǔ（统读）
屿 yǔ（统读）
吁(1) yù 呼～
(2) yū 吆喝牲口的声音
(3) xū 长～短叹
跃 yuè（统读）
晕(1) yūn～倒 头～
(2) yùn 月～ 血～ ～车
酝 yùn（统读）

Z

匝 zā（统读）
杂 zá（统读）
载(1) zǎi 登～记～
(2) zài 搭～怨声～道 重～ 装～ ～歌～舞
簪 zān（统读）
咱 zán（统读）
暂 zàn（统读）
凿 záo（统读）
择(1) zé 选～
(2) zhái～不开 ～菜 ～席
贼 zéi（统读）
憎 zēng（统读）
甑 zèng（统读）
喳(1) zhā 唧唧～～
(2) chā～～
轧(除"～钢""～辊"念 zhá 外，其他都念 yà)(gá 为方言，不审)
摘 zhāi（统读）
粘(1) zhān～贴
(2) nián 同"黏"
涨(1) zhǎng～落 高～
(2) zhàng 头昏脑～
着(1) zháo～慌 ～急 ～家 ～凉 ～忙 ～迷 ～水 ～雨
(2) zhuó～落 ～手 ～眼 ～意 ～重 不～边际
(3) zhāo 失～
沼 zhǎo（统读）
召 zhào（统读）
遮 zhē（统读）
蛰 zhé（统读）
辙 zhé（统读）
贞 zhēn（统读）
侦 zhēn（统读）
帧 zhēn（统读）
胗 zhēn（统读）
枕 zhěn（统读）
诊 zhěn（统读）
振 zhèn（统读）
症(除"～结"读 zhēng 外其余都读"zhèng")
知 zhī（统读）
织 zhī（统读）
脂 zhī（统读）
植 zhí（统读）
殖(1) zhí 繁～ 生～ ～民
(2) shi 骨～
指 zhǐ（统读）
掷 zhì（统读）
质 zhì（统读）
蛭 zhì（统读）
秩 zhì（统读）
栉 zhì（统读）
炙 zhì（统读）
中(1) zhōng 人～
(2) zhòng～毒 ～标 ～风
种(1) zhòng 点～(义同"点播"，动宾结构念 diǎnzhǒng，义为点播种子)

（2）zhǒng～苗　～族　～类
（3）chóng 姓氏
诌 zhōu（统读）
骤 zhòu（统读）
轴（1）zhòu 大～子戏　压～子
（2）zhóu～承　～心　～线
烛 zhú（统读）
逐 zhú（统读）
属（1）zhǔ～望
（2）shǔ～于　～性　～地
筑 zhù（统读）
著（1）zhù 土～
（2）zhuó 同"着"
转（1）zhuǎn 运～
（2）zhuǎn～包　～化　～车
（3）zhuàn～动　～门　～悠
撞 zhuàng（统读）
幢（1）zhuàng 一～楼房
（2）chuáng 经～
拙 zhuō（统读）
茁 zhuó（统读）
灼 zhuó（统读）
卓 zhuó（统读）
综（1）zōng～合
（2）zèng（织布机上使经线交错着上下分开的以便使梭子通过的装置）
纵 zòng（统读）
粽 zòng（统读）
镞 zú（统读）
组 zǔ（统读）
钻（1）zuān～探　～孔
（2）zuàn～床　～杆　～具
佐 zuǒ（统读）
唑 zuò（统读）
柞（1）zuò～蚕　～绸
（2）zhà～水（地名）
做 zuò（统读）
作（除"～坊"读 zuō 外，其余都读 zuò）

附录四　普通话水平测试模拟试卷训练试卷

普通话水平测试模拟试卷训练试卷（1）

一、读单音节字词（100个音节，共10分，限时3.5分钟）

砸	酿	淋	掰	贰	伺	晾	岭	饶	盏
埠	茧	瞥	拔	爹	拽	抢	野	翁	锯
锹	涌	熏	描	匀	师	瘾	凶	揪	绝
睁	惹	刷	盖	阵	吹	紫	称	球	抓
匹	钻	躲	花	累	擦	破	江	俩	跪
扛	会	风	撞	拆	肺	酸	球	根	厚
冲	逛	蹲	鸟	准	群	嚷	即	更	军
苏	癣	熟	蟹	蛰	踹	蘑	舔	笙	御
里	涮	邹	洽	脓	蠕	森	蜷	秦	润
庭	脑	汇	邢	纫	瞑	测	涂	沈	棚

二、读多音节词语（100个音节，共20分，限时2.5分钟）

雨伞	背包	感动	个体	舌头	考古	商品
幼年期	本着	挥手	减产	瞄准	冷水	弱者
印刷厂	日子	谅解	尽快	搞好	扇面儿	刀光
权力	早晚	清楚	狂风	杀害	内乱	反对
开刃儿	护送	沉默	围剿	相仿	利润	敏感
表层	保管	家族	小辫儿	金鱼儿	症候	仁爱
针眼儿	二月	运气	大修	潜艇	中华大地	

三、朗读短文（400个音节，共30分，限时4分钟）

小学的时候，有一次我们去海边远足，妈妈没有做便饭，给了我十块钱买午餐。好像走了很久，很久，终于到海边了，大家坐下来便吃饭，荒凉的海边没有商店，我一个人跑到防风林外面去，级任老师要大家把吃剩的饭菜分给我一点儿。有两三个男生留下一点儿给我，还有一个女生，她的米饭拌了酱油，很香。我吃完的时候，她笑眯眯地看着我，短头发，脸圆圆的。

她的名字叫翁香玉。

每天放学的时候，她走的是经过我们家的一条小路，带着一位比她小的男孩儿，可能是弟弟。小路边是一条清澈见底的小溪，两旁竹阴覆盖，我总是远远地跟在她后面，夏日的午后特别炎热，走到半路她会停下来，拿手帕在溪水里浸湿，为小男孩儿擦脸。我也在后面停下来，把肮脏的手帕弄湿了擦脸，再一路远远跟着她回家。

后来我们家搬到镇上去了，过几年我也上了中学。有一天放学回家，在火车上，看见斜对面一位短头发、圆圆脸的女孩儿，一身素净的白衣黑裙。我想她一定不认识我了。火车很快到站了，我随着人群挤向门口，她也走近了，叫我的名字。这是她第一次和我说话。

她笑眯眯地，和我一起走过月台。以后就没有再见过//她了。

这篇文章收在我出版的《少年心事》这本书里。

书出版后半年，有一天我忽然收到出版社转来的一封信，信封上是陌生的字迹，但清楚地写着我的本名。

信里面说她看到了这篇文章心情非常激动，没想到在离开家乡，漂泊异地这么久之后，会看见自己仍然在一个人的记忆里，她自己也深深记得这其中的每一幕，只是没想到越过遥远的时空，竟然另一个人也深深记得。

节选自苦伶《永远的记忆》

四、命题说话（下列话题任选一个，共 40 分，限时 3 分钟）

1. 我知道的风俗
2. 我喜爱的职业

普通话水平测试模拟试卷训练试卷（2）

一、读单音节字词（100 个音节，共 10 分，限时 3.5 分钟）

啪	挠	鹤	痣	宋	癌	紫	源	罪	摸
壮	略	向	同	发	春	白	铝	某	弱
付	表	讲	多	穷	亏	乳	屑	捌	苏
苔	秦	哺	判	裆	翁	蛆	沈	偶	村
淋	冲	抠	腐	死	飞	巧	变	往	儿
成	由	黑	赢	木	名	类	日	乖	格
雌	贱	才	哑	响	习	涛	蛙	梯	犁
蛰	纫	蹬	君	甲	广	夸	诗	灭	拍
方	鱼	很	从	云	坡	跑	丢	吃	熊
观	怀	捐	尊	剜	涩	枕	克	褪	腻

二、读多音节词语（100 个音节，共 20 分，限时 2.5 分钟）

灵敏	满载	背面	把握	后代	耳目	电视
自称	回去	作品	中断	池塘	梳子	宁可
告终	食人鱼	窑洞	愿望	畏惧	下本儿	寿命
疯狂	话剧	祝贺	算盘	眼角膜	经济时代	相反
知道	口哨儿	热潮	书籍	整数	议院	蟋蟀
运输	抗击	分界	城郊	摆摊儿	汇报	所属
修改	春播	胳膊	表里	黄油	打杂儿	

三、朗读短文（400 个音节，共 30 分，限时 4 分钟）

有一次，苏东坡的朋友张鹗拿着一张宣纸来求他写一幅字，而且希望他写一点儿关于养生方面的内容。苏东坡思索了一会儿，点点头说："我得到了一个养生长寿古方，药只有四味，今天就赠给你吧。"于是，东坡的狼毫在纸上挥洒起来，上面写着："一曰无事以当贵，二曰早寝以当富，三曰安步以当车，四曰晚食以当肉。"这哪里有药？张鹗一脸茫然地问。苏东坡笑着解释说，养生长寿的要诀，全在这四句里面。

所谓"无事以当贵"，是指人不要把功名利禄、荣辱过失考虑得太多，如能在情志上潇洒大度，随遇而安，无事以求，这比富贵更能使人终其天年。

"早寝以当富"，指吃好穿好、财货充足，并非就能使你长寿。对老年人来说，养成良好的起居习惯，尤其是早睡早起，比获得任何财富更加宝贵。

"安步以当车"，指人不要过于讲求安逸、肢体不劳，而应多以步行来替代骑马乘车，多运动才可以强健体魄，通畅气血。

"晚食以当肉"，意思是人应该用已饥方食、未饱先止代替对美味佳肴的贪吃无厌。他进一步解释，饿了以后才进食，虽然是粗茶淡饭，但其香甜可口会胜过山珍；如果饱了还要勉强吃，即使美味佳肴摆在眼前也难以//下咽。

苏东坡的四味"长寿药"，实际上是强调了情志、睡眠、运动、饮食四个方面对养生长寿的重要性，这种养生观点即使在今天仍然值得借鉴。

节选自蒲昭和《赠你四味长寿药》

四、命题说话（下列话题任选一个，共 40 分，限时 3 分钟）

1. 谈谈卫生与健康
2. 我的学习生活

普通话水平测试模拟试卷训练试卷（3）

一、读单音节字词（100 个音节，共 10 分，限时 3.5 分钟）

摆	飞	呐	请	事	格	财	猁	儿	缠
鹊	纽	鹤	抱	想	水	股	分	圆	女
惨	办	闹	晒	乖	叉	佛	蜷	蹭	观
撤	踝	聂	捧	疮	淡	让	冷	吸	沉
糠	自	坯	哨	乳	偶	憔	矩	冬	零
孙	篇	新	夸	哑	脓	弱	飘	审	读
流	歇	翁	嫁	抠	吞	诱	旬	真	湿
母	她	画	潦	金	弦	肋	琼	砖	姚
窘	宋	邪	局	座	坏	堆	美	瘟	思
裙	波	撞	掘	盒	总	摸	襁	洒	涩

二、读多音节词语（100 个音节，共 20 分，限时 2.5 分钟）

选举权　　真正　　暖和　　运动会　尊敬　　品种　　批评

揣摩	斜面	返修	算了	寻找	起床	拥护	
卡车	参观	紧张	跑步	审订	聊天儿	合作	
阐述	偶尔	好看	大方	生日	草率	裁决	
利索	小曲儿	昆虫	偏向	麻雀	佛教	宏伟	
雷雨	霞光	假山	乳牛	年头儿	穷苦	敏捷	
冤枉	美感	差事	瓦工	宝藏	迥然	老伴儿	后悔不已

三、朗读短文（400 个音节，共 30 分，限时 4 分钟）

有个塌鼻子的小男孩儿，因为两岁时得过脑炎，智力受损，学习起来很吃力。打个比方，别人写作文能写二三百字，他却只能写三五行。但即便这样的作文，他同样能写得很动人。那是一次作文课，题目是《愿望》。他极其认真地想了半天，然后极认真地写，那作文极短，只有三句话：我有两个愿望，第一个是，妈妈天天笑眯眯地看着我说："你真聪明"，第二个是，老师天天笑眯眯地看着我说："你一点儿也不笨。"

于是，就是这篇作文，深深地打动了他的老师，那位妈妈式的老师不仅给了他最高分，在班上带感情地朗读了这篇作文，还一笔一画地批道：你很聪明，你的作文写得非常感人，请放心，妈妈肯定会格外喜欢你的，老师肯定会格外喜欢你的，大家肯定会格外喜欢你的。

捧着作文本，他笑了，蹦蹦跳跳地回家了，像只喜鹊。但他并没有把作文本拿给妈妈看，他是在等待，等待着一个美好的时刻。

那个时刻终于到了，是妈妈的生日——一个阳光灿烂的星期天。那天，他起得特别早，把作文本装在一个亲手做的美丽的大信封里，等着妈妈醒来。妈妈刚刚睁眼醒来，他就笑眯眯地走到妈妈跟前说："妈妈，今天是您的生日，我要//送给您一件礼物。"

果然，看着这篇作文，妈妈甜甜地涌出了两行热泪，一把搂住小男孩儿，搂得很紧很紧。

是的，智力可以受损，但爱永远不会。

节选自张玉庭《一个美丽的故事》

四、命题说话（下列话题任选一个，共 40 分，限时 3 分钟）

1. 我向往的地方
2. 谈谈社会公德（或职业道德）

普通话水平测试模拟试卷训练试卷（4）

一、读单音节字词（100 个音节，共 10 分，限时 3.5 分钟）

把	埋	肺	掏	扭	烂	搁	棵	解	将
敲	下	指	抄	伤	认	攒	册	所	为
约	存	才	日	软	拽	选	株	形	洋
考	根	皮	破	名	票	犯	东	点	奔
瞥	佛	叠	拧	嫩	礼	勾	耐	妞	铝
抗	框	陆	睛	化	计	皇	茧	掀	迟

梢　走　闪　砸　足　虽　塞　葬　亲　扫
容　涌　闰　运　槐　甜　翁　挑　党　玩
膛　娃　窘　幼　鹅　而　学　取　矾　外
沤　某　敖　增　杯　心　相　喘　群　泉

二、读多音节词语（100 个音节，共 20 分，限时 2.5 分钟）

帮助　毛病　风俗　得到　来自　便宜　女士
投入　垒球赛　雄浑　欢送　禁止　空前　区别
消灭　庄稼　产品　沙漠　墙报展　杂院儿　人物
遭受　餐厅　因而　挂念　损害　判决　白干儿
锅炉　卫生　逆流　夸奖　培训　短处　帆船
光彩　锐角　邪门儿　追究　峡谷　凑合　穷忙
跃然　娘胎　缺额　参差　口哨儿　犬马之劳

三、朗读短文（400 个音节，共 30 分，限时 4 分钟）

人活着，最要紧的是寻觅到那片代表着生命绿色和人类希望的丛林，然后选一高高的枝头站在那里观览人生，消化痛苦，孕育歌声，愉悦世界！

这可真是一种潇洒的人生态度，这可真是一种心境爽朗的情感风貌。

站在历史的枝头微笑，可以减免许多烦恼。在那里，你可以从众生相所包含的甜酸苦辣、百味人生中寻找你自己；你境遇中的那点儿痛苦，也许相比之下，再也难以占据一席之地；你会较容易地获得从不悦中解脱灵魂的力量，使之不致变得灰色。

人站得高些，不但能有幸早些领略到希望的曙光，还能有幸发现生命的立体的诗篇。每一个人的人生，都是这诗篇中的一个词、一个句子或者一个标点。你可能没有成为一个美丽的词，一个引人注目的句子，一个惊叹号，但你依然是这生命的立体诗篇中的一个音节、一个停顿、一个必不可少的组成部分。这足以使你放弃前嫌，萌生为人类孕育新的歌声的兴致，为世界带来更多的诗意。

最可怕的人生见解，是把多维的生存图景看成平面。因为那平面上刻下的大多是凝固了的历史——过去的遗迹；但活着的人们，活得却是充满着新生智慧的，由//不断逝去的“现在”组成的未来。人生不能像某些鱼类躺着游，人生也不能像某些兽类爬着走，而应该站着向前行，这才是人类应有的生存姿态。

节选自（美）本杰明·拉什《站在历史的枝头微笑》

四、命题说话（下列话题任选一个，共 40 分，限时 3 分钟）

1. 谈谈科技发展与社会生活
2. 我的家乡（或熟悉的地方）

普通话水平测试模拟试卷训练试卷（5）

一、读单音节字词（100 个音节，共 10 分，限时 3.5 分钟）

搁　帮　拐　随　刷　捕　春　将　缺　紫

趁	私	挖	岸	词	绕	也	粗	撞	水
住	军	雄	坡	窄	握	云	最	所	二
集	日	院	秋	存	拆	穷	往	而	作
广	盼	尊	虹	法	末	荒	福	拼	空
颊	幕	舵	非	任	溅	诲	盯	湾	灵
瓜	丛	率	淋	涌	门	搓	砸	翁	崖
絮	纽	苔	石	宣	褪	晌	社	添	闰
痣	碑	揣	逮	镖	邹	槛	郑	瞟	轴
铐	虐	相	啮	梨	明	润	崩	浙	涛

二、读多音节词语（100个音节，共20分，限时2.5分钟）

森林	名胜	嗓子	耐心	任务	暖和	麻烦
没错	儿歌	夏天	丢掉	创造	病菌	应用型
外边	官话	腹腔镜	芸豆	绚丽多彩	一会儿	仍然
邮票	解决	谱曲	优质	快慰	使劲儿	阿谀
圈阅	面条儿	晚餐	思情	黑夜	宗旨	同期
尺寸儿	嘴唇	电器	老头儿	规矩	放松	矿藏
假如	相逢	坎坷	垮台	窘迫	进项	

三、朗读短文（400个音节，共30分，限时4分钟）

在繁华的巴黎大街的路旁，站着一个衣衫褴褛、头发斑白、双目失明的老人。他不像其他乞丐那样伸手向过路行人乞讨，而是在身旁立一块木牌，上面写着："我什么也看不见！"街上过往的行人很多，看了木牌上的字都无动于衷，有的还淡淡一笑，便姗姗而去了。这天中午，法国著名诗人让·彼浩勒也经过这里。他看看木牌上的字，问盲老人："老人家，今天上午有人给你钱吗？"盲老人叹息着回答："我，我什么也没有得到。"说着，脸上的神情非常悲伤。

让·彼浩勒听了，拿起笔悄悄地在那行字的前面添上了"春天到了，可是"几个字，就匆匆地离开了。

晚上，让·彼浩勒又经过这里，问那个盲老人下午的情况。盲老人笑着回答说："先生，不知为什么，下午给我钱的人多极了！"让·彼浩勒听了，摸着胡子满意地笑了。

"春天到了，可是我什么也看不见！"这富有诗意的语言，产生这么大的作用，就在于它有非常浓厚的感情色彩。是的，春天是美好的，那蓝天白云，那绿树红花，那莺歌燕舞，那流水人家，怎么不叫人陶醉呢？但这良辰美景，对于一个双目失明的人来说，只是一片漆黑。当人们想到这个盲老人，一生中竟连万紫千红的春天//都不曾看到，怎能不对他产生同情之心呢？

节选自小学《语文》第六册中《语言的魅力》

四、命题说话（下列话题任选一个，共40分，限时3分钟）

1. 我尊敬的人
2. 我知道的风俗

普通话水平测试模拟试卷训练试卷（6）

一、读单音节字词（100 个音节，共 10 分，限时 3.5 分钟）

改 面 岛 忍 流 哼 家 软 笨 私
而 门 美 逢 涂 名 刮 坏 墙 塔
存 捉 诗 递 秒 自 捕 来 逛 红
粒 嘴 许 冲 圈 坡 色 碑 闪 穷
瞥 趟 畏 蹬 框 苍 桩 捻 秋 损
瘾 葬 捏 若 磕 俊 翁 熏 贫 园
雌 要 否 跪 疮 嫌 掷 聚 聘 蚌
瑕 篝 锄 苔 座 鹑 揣 凛 鼎 挠
锈 攒 臊 御 俯 农 酵 裆 涮 蜚
辙 梯 痈 判 肋 鹤 攫 邹 鸥 铀

二、读多音节词语（100 个音节，共 20 分，限时 2.5 分钟）

快乐 爱护 聪明 恐怕 耳朵 隔壁 标准
旅行社 了解 民族 费用 平均 水果刀 安全
假条 创造 反悔 疟疾 党羽 有点儿 夏天
儿童 热情 邻居 猥琐 拐弯 别扭 凯旋
贬低 跑腿儿 村庄 抽屉 法庭 夸奖 魔术
人群 搜查 疹子 愣神儿 婆家 色彩 强壮
凶猛 治学 严谨 内疚 拱桥 绕远儿 产业群

三、朗读短文（400 个音节，共 30 分，限时 4 分钟）

对于中国的牛，我有着一种特别尊敬的感情。留给我印象最深的，要算在田垄上的一次“相遇”。

一群朋友郊游，我领头在狭窄的阡陌上走，怎料迎面来了几头耕牛，狭道容不下人和牛，终有一方要让路。它们还没有走近，我们已经预计斗不过畜牲，恐怕难免踩到田地泥水里，弄得鞋袜又泥又湿了。正踟蹰的时候，带头的一头牛，在离我们不远的地方停下来，抬起头看看，稍迟疑一下，就自动走下田去。一队耕牛，全跟着它离开阡陌，从我们身边经过。

我们都呆了，回过头来，看着深褐色的牛队，在路的尽头消失，忽然觉得自己受了很大的恩惠。

中国的牛，永远沉默地为人做着沉重的工作。在大地上，在晨光或烈日下，它拖着沉重的犁，低头一步又一步，拖出了身后一列又一列松土，好让人们下种。等到满地金黄或农闲时候，它可能还得担当搬运负重的工作；或终日绕着石磨，朝同一方向，走不计程的路。在它沉默的劳动中，人便得到应得的收成。

那时候，也许，它可以松一肩重担，站在树下，吃几口嫩草。偶尔摇摇尾巴，摆摆耳朵，赶走飞附身上的苍蝇，已经算是它最闲适的生活了。

中国的牛，没有成群奔跑的习//惯，永远沉沉实实的，默默地工作，平心静气。这就是中国的牛！

节选自小思《中国的牛》

四、命题说话（下列话题任选一个，共 40 分，限时 3 分钟）

1. 我向往的地方
2. 我的朋友

普通话水平测试模拟试卷训练试卷（7）

一、读单音节字词（100 个音节，共 10 分，限时 3.5 分钟）

而	昏	劝	新	各	渊	柏	翁	琼	敦
谒	碑	茶	窝	女	框	青	煞	让	央
扼	期	嫩	仍	军	广	牵	劣	张	闹
见	诺	子	非	揉	刮	散	椰	拽	良
居	团	讴	畔	微	略	拆	下	龟	赐
鞍	杯	许	虱	儒	涤	临	抓	丛	肋
迟	楔	屉	逢	丢	钏	缩	淳	催	颊
脏	荫	修	钓	卷	腔	磅	酸	蛮	软
吮	猫	您	鼻	念	底	接	学	礁	聘
飘	脖	停	磨	肤	名	挛	薄	拢	邹

二、读多音节词语（100 个音节，共 20 分，限时 2.5 分钟）

病房	遵守	马虎	配合	困难	粉笔	传播
假装	用人	飞翔	长大	秋天	新剧场	采购
那样	旅馆	粮食	群众	小孩儿	学院	米饭
森林	跨越	酸楚	走眼	苍蝇	轻微	爆眼儿
喧嚷	窘况	苦水井	锅贴	辞呈	耳塞	耍弄
热能	折腾	年头儿	刁钻	狭窄	灭亡	劝说
品质	怀孕	思潮	旦角儿	环顾	流氓	鬼混

三、朗读短文（400 个音节，共 30 分，限时 4 分钟）

生活对于任何人都非易事，我们必须有坚韧不拔的精神。最要紧的还是我们自己要有信心。我们必须相信，我们对每一件事情都具有天赋的才能，并且，无论付出任何代价，都要把这件事完成。当事情结束的时候，你要能问心无愧地说："我已经尽我所能了。"

有一年的春天，我因病被迫在家里休息数周。我注视着我的女儿们所养的蚕正在结茧，这使我很感兴趣。望着这些蚕执著地、勤奋地工作，我感到我和它们非常相似。像它们一样，我总是耐心地把自己的努力集中在一个目标上。我之所以如此，或许是因为有某种力量在鞭策着我——正如蚕被鞭策着去结茧一般。

近五十年来，我致力于科学研究，而研究，就是对真理的探讨。我有许多美好快乐的记忆。少女时期我在巴黎大学，孤独地过着求学的岁月；在后来献身科学的整个时期，我丈夫和我专心致志，像在梦幻中一般，坐在简陋的书房里艰辛地研究，后来我们就在那里发现了镭。

我永远追求安静的工作和简单的家庭生活。为了实现这个理想，我竭力保持宁静的环境，以免受人事的干扰和盛名的拖累。

我深信，在科学方面我们有对事业而不//是对财富的兴趣。我的唯一奢望是在一个自由国家中，以一个自由学者的身份从事研究工作。

我一直沉醉于世界的优美之中，我所热爱的科学也不断增加它崭新的远景。我认定科学本身就具有伟大的美。

节选自（波兰）玛丽·居里《我的信念》，剑捷译

四、命题说话（下列话题任选一个，共 40 分，限时 3 分钟）

1. 我的愿望（或理想）
2. 童年的记忆

普通话水平测试模拟试卷训练试卷（8）

一、读单音节字词（100 个音节，共 10 分，限时 3.5 分钟）

吵	北	爱	词	岸	半	加	读	埠	菜
灯	脆	动	兵	春	洗	鱼	下	炸	质
热	自	破	蛇	我	鞋	坐	助	杂	足
思	沙	许	芽	抓	跃	嘴	咬	税	头
搜	天	完	味	右	腿	小	暂	元	战
尊	专	香	庄	厅	翁	兄	争	损	真
弱	略	内	猫	所	驴	亩	流	门	老
您	乱	穷	金	矿	容	亲	胖	泉	评
青	让	群	君	枪	空	瓜	风	会	耕
黑	根	口	火	接	快	二	分	富	记

二、读多音节词语（100 个音节，共 20 分，限时 2.5 分钟）

皮肤	报纸	女儿	玻璃	罪恶	哀悼	烹调
通商	木匠	响应	云彩	的确	年头儿	旅游
萝卜	天真	光荣	灵魂	功夫	开会	选举
家伙	小孩儿	敏捷	所以	大学教师	权限	率领
人质	金鱼儿	群众	内脏	完整	英雄	阐述
乘客	处理	玩意儿	愉快	政策	音乐	委员会
有用	写作	参照本	纤维	一会儿	挖掘	

三、朗读短文（400 个音节，共 30 分，限时 4 分钟）

我们的船渐渐地逼近榕树了。我有机会看清它的真面目：是一棵大树，有数不清的丫枝，枝上又生根，有许多根一直垂到地上，伸进泥土里。一部分树枝垂到水面，从远处看，就像一棵大树斜躺在水面上一样。

现在正是枝繁叶茂的时节。这棵榕树好像在把它的全部生命力展示给我们看。那么多的绿叶，一簇堆在另一簇的上面，不留一点儿缝隙。翠绿的颜色明亮地在我们的眼前闪耀，似乎每一片树叶上都有一个新的生命在颤动，这美丽的南国的树！

船在树下泊了片刻，岸上很湿，我们没有上去。朋友说这里是“鸟的天堂”，有许多鸟在这棵树上做窝，农民不许人去捉它们。我仿佛听见几只鸟扑翅的声音，但是等到我的眼睛注意地看那里时，我却看不见一只鸟的影子，只有无数的树根立在地上，像许多根木桩。地是湿的，大概涨潮时河水常常冲上岸去。“鸟的天堂”里没有一只鸟，我这样想到。船开了，一个朋友拨着船，缓缓地流到河中间去。

第二天，我们划着船到一个朋友的家乡去，就是那个有山有塔的地方。从学校出发，我们又经过那“鸟的天堂”。

这一次是在早晨，阳光照在水面上，也照在树梢上。一切都//显得非常光明。我们的船也在树下泊了片刻。

起初四周围非常清静。后来忽然起了一声鸟叫。我们把手一拍，便看见一只大鸟飞了起来，接着又看见第二只，第三只。我们继续拍掌，很快地这个树林就变得很热闹了。到处都是鸟声，到处都是鸟影。大的，小的，花的，黑的，有的站在枝上叫，有的飞起来，在扑翅膀。

节选自巴金《鸟的天堂》

四、命题说话（下列话题任选一个，共 40 分，限时 3 分钟）

1. 学习普通话的体会
2. 我的业余生活

普通话水平测试模拟试卷训练试卷（9）

一、读单音节字词（100 个音节，共 10 分，限时 3.5 分钟）

层	破	伸	撞	城	加	惹	够	书	染
进	女	瓶	忍	做	碑	字	赢	话	伞
肺	渴	恨	所	吃	卖	纸	杀	怪	脸
丢	辆	官	二	船	碰	梨	肉	缺	骂
娘	邻	赏	叠	蚕	荡	丸	耕	坟	标
网	捐	社	翁	财	州	料	熊	阅	夸
肠	欲	蜂	啄	冤	音	刑	尊	特	邀
挠	孵	迥	舶	附	铭	愧	诳	酥	焕
皂	舔	秦	陨	虐	咏	赐	妞	淮	骏

袍	宋	淳	妾	荀	梯	绚	辖	蛆	戎

二、读多音节词语（100 个音节，共 20 分，限时 2.5 分钟）

散会	温床	运筹	省亲	涨潮	殉国	甩卖
逆风	放肆	管辖区	搪塞	滞销	赈灾日	结盟
绒布	日子	发表	老板	一块儿	网球	周围
处理	顺便	打听	函授	挖掘	捐款	军官
聊天儿	可爱	热闹	压迫	完全	啤酒	耳朵
萝卜	废话	穷人	没事儿	勉强	操纵	简称
雄壮	脆弱	信仰	血液浓度	次品	金鱼儿	

三、朗读短文（400 个音节，共 30 分，限时 4 分钟）

育才小学校长陶行知在校园看到学生王友用泥块砸自己班上的同学，无疑，陶行知是要好好教育这个“顽皮”的学生。那么他是如何教育的呢？放学后，陶行知来到校长室，王友已经等在门口准备挨训了。可一见面，陶行知却掏出一块糖果送给王友，并说：“这是奖给你的，因为你按时来到这里，而我却迟到了。”王友惊疑地接过糖果。

随后，陶行知又掏出一块糖果放到他手里，说：“这第二块糖果也是奖给你的，因为当我不让你再打人时，你立即就住手了，这说明你很尊重我，我应该奖你。”王友更惊疑了，他眼睛睁得大大的。

陶行知又掏出第三块糖果塞到王友手里，说：“我调查过了，你用泥块砸那些男生，是因为他们不守游戏规则，欺负女生；你砸他们，说明你很正直善良，且有批评不良行为的勇气，应该奖励你啊！”王友感动极了，他流着眼泪后悔地喊道：“陶……陶校长你打我两下吧！我砸的不是坏人，而是自己的同学啊！”

陶行知满意地笑了，他随即掏出第四块糖果递给王友，说：“为你正确地认识错误，我再奖给你一块糖果，只可惜我只有这一块糖果了。我的糖果//没有了，我看我们的谈话也该结束了吧！”说完，就走出了校长室。

节选自《教师博览·百期精华》中《陶行知的“四块糖果”》

四、命题说话（下列话题任选一个，共 40 分，限时 3 分钟）

1. 谈谈对环境保护的认识
2. 我向往的地方

普通话水平测试模拟试卷训练试卷（10）

一、读单音节字词（100 个音节，共 10 分，限时 3.5 分钟）

贴	吻	抓	略	女	怀	涮	司	还	相
碇	君	岸	存	坡	炕	枕	虐	俩	石
避	夸	停	贵	模	饼	痣	秦	采	叶
凡	掐	孔	丢	惹	卧	婶	妾	广	沓
恋	笙	矿	除	张	籽	嘣	习	漂	那

锌	润	墙	次	涌	餐	绕	将	恶	嘿
面	播	订	牌	兄	物	索	六	否	冲
群	窗	掉	跟	熔	拒	孙	尽	眯	根
美	院	吃	贰	险	赴	隋	沤	揣	拗
翁	选	造	海	灌	啪	荫	曾	轴	扎

二、读多音节词语（100个音节，共20分，限时2.5分钟）

伯母	军队	口角	能够	下面	内容	送行
开放	盼望	陨星	特征	根本	快活	幻想
冷眼	遵守	措施	庄稼汉	板擦儿	所谓	早晨
外流	迫害性	发起	堂声	思念	分清	扫除
有门儿	沸腾	责备	磁铁	扰乱	引入	夸奖
寡妇村	用品	裙带	小曲儿	迥然	瘸子	炫耀
血衣	疟疾	唱片儿	为国捐躯	穷困	飘洒	

三、朗读短文（400个音节，共30分，限时4分钟）

中国西部我们通常是指黄河与秦岭相连一线以西，包括西北和西南的十二个省、市、自治区。这块广袤的土地面积为五百四十六万平方公里，占国土总面积的百分之五十七；人口二点八亿，占全国总人口的百分之二十三。

西部是华夏文明的源头。华夏祖先的脚步是顺着水边走的：长江上游出土过元谋人牙齿化石，距今约一百七十万年；黄河中游出土过蓝田人头盖骨，距今约七十万年。这两处古人类都比距今约五十万年的北京猿人资格更老。

西部地区是华夏文明的重要发源地，秦皇汉武以后，东西方文化在这里交汇融合，从而有了丝绸之路的驼铃声声，佛院深寺的暮鼓晨钟。敦煌莫高窟是世界文化史上的一个奇迹，它在继承汉晋艺术传统的基础上，形成了自己兼收并蓄的恢宏气度，展现出精美绝伦的艺术形式和博大精深的文化内涵。秦始皇兵马俑、西夏王陵、楼兰古国、布达拉宫、三星堆、大足石刻等历史文化遗产，同样为世人所瞩目，成为中华文化重要的象征。

西部地区又是少数民族及其文化的集萃地，几乎包括了我国所有的少数民族。在一些偏远的少数民族地区，仍保留//了一些久远时代的艺术品种，成为珍贵的“活化石”，如纳西古乐、戏曲、剪纸、刺绣、岩画等民间艺术和宗教艺术。特色鲜明、丰富多彩，犹如一个巨大的民族民间文化艺术宝库。

我们要充分重视和利用这些得天独厚的资源优势，建立良好的民族民间文化生态环境，为西部大开发做出贡献。

节选自《中考语文课外阅读试题精选》中《西部文化和西部开发》

四、命题说话（下列话题任选一个，共40分，限时3分钟）

1. 我喜欢的节日
2. 我的朋友

普通话水平测试模拟试卷训练试卷（11）

一、读单音节字词（100 个音节，共 10 分，限时 3.5 分钟）

黄	紫	霞	丢	加	忍	缩	破	撕	兀
装	日	最	醒	银	二	雪	披	跟	做
拍	女	份	次	讲	遇	鸟	推	许	弱
某	抓	略	纸	在	却	名	甩	图	磷
池	丁	莫	窑	氧	惩	贼	搓	呵	窜
非	霜	史	捏	笋	悬	寨	翁	液	聘
匀	稍	憋	迎	瓜	捣	怎	掐	熏	暂
铐	迸	缄	孵	泯	窥	妞	笙	琼	翕
邹	嗑	晌	瘫	犁	捺	鸿	裆	窘	宋
蔫	阁	藕	乏	舜	痊	膨	扼	楚	镖

二、读多音节词语（100 个音节，共 20 分，限时 2.5 分钟）

发扬	模型	花蕊	拨拉	配合	旦角儿	森林
嫂子	车站	一顺儿	平方	称赞	两边	峡谷
志气	乔装	入口	短促	刻苦	刺猬	耐用
瓜分	沸腾	谎言	从而	试卷	拐弯	亲爱
手软	熊猫	总得	具体	脆弱	葬送	落后
抓阄儿	书架	标尺	快乐	穷忙活	恩情	均匀
喧闹	包干儿	调整	需求大	做主	拼音字母	

三、朗读短文（400 个音节，共 30 分，限时 4 分钟）

我为什么非要教书不可？是因为我喜欢当教师的时间安排表和生活节奏。七、八、九三个月给我提供了进行回顾、研究、写作的良机，并将三者有机融合，而善于回顾、研究和总结正是优秀教师素质中不可缺少的成分。

干这行给了我多种多样的“甘泉”去品尝，找优秀的书籍去研读，到“象牙塔”和实际世界里去发现。教学工作给我提供了继续学习的时间保证，以及多种机遇和挑战。

我爱这一行的真正原因，是爱我的学生。学生们在我的眼前成长、变化。当教师意味着亲历“创造”过程的发生——恰似亲手赋予一团泥土以生命，没有什么比目睹它开始呼吸更激动人心的了。

权利我也有了：我有权利去启发诱导，去激发智慧的火花，去问费心思考的问题，去赞扬回答的尝试，去推荐书籍，去指点迷津。还有什么别的权利能与之相比呢？

而且，教书还给我金钱和权利之外的东西，那就是爱心。不仅有对学生的爱，对书籍的爱，对知识的爱，还有教师才能感受到的对“特别”学生的爱。这些学生，有如冥顽不灵的泥块，由于接受了老师的炽爱才勃发了生机。

所以，我爱教书，还因为，在那些勃发生机的“特别”学//生身上，我有时发现自己和他们呼吸相通，忧乐与共。

节选自（美）彼得·基·贝得勒《我为什么当教师》

四、命题说话（下列话题任选一个，共 40 分，限时 3 分钟）

1. 我最要好的朋友
2. 我的成长之路

普通话水平测试模拟试卷训练试卷（12）

一、读单音节字词（100 个音节，共 10 分，限时 3. 5 分钟）

马 罐 鹑 殡 闻 或 仍 暂 零 太
轻 授 握 垂 纺 阵 小 耗 霞 拗
窘 雇 锱 废 次 斜 驻 软 树 尺
洼 毛 鳖 吝 逢 许 赚 湖 匮 拉
赛 婵 奶 锅 穴 稿 薇 伞 踢 假
百 酿 敌 江 篡 邀 做 摄 筒 磨
檐 破 遨 去 淬 藕 痊 身 克 似
砍 漆 棒 盯 莓 运 塘 镣 数 饮
跛 恍 丢 里 玲 望 偿 声 停 中
练 厥 撑 洞 肉 螃 耶 师 骏 浅

二、读多音节词语（100 个音节，共 20 分，限时 2. 5 分钟）

缺少	曾经	枕套	和煦	小孩儿	优良	群众
谄谀	妖怪	藏匿	秋天	花色	裁缝	穷困
热烈	纯粹	党员	广播	跟头	蹦跶	团结
快乐	增长	白炽	收入	指引	东南	纳闷儿
明年	军装	奖品	剖析	告示	作呕	墨水儿
抓瞎	然而	送礼	嗓子	古文	唱片儿	劳驾
混乱	暧昧	咯血	农产品	调查团	千方百计	

三、朗读短文（400 个音节，共 30 分，限时 4 分钟）

有这样一个故事。

有人问：世界上什么东西的气力最大？回答纷纭得很，有的说“象”，有的说“狮”，有人开玩笑似的说：是“金刚”，金刚有多少气力，当然大家全不知道。

结果，这一切答案完全不对，世界上气力最大的，是植物的种子。一粒种子所可以显现出来的力，简直是超越一切。

人的头盖骨结合得非常致密与坚固，生理学家和解剖学者用尽了一切的方法，要把它完整地分出来，都没有这种力气。后来忽然有人发明了一个方法，就是把一些植物的种子放在要剖析的头盖骨里，给它以温度与湿度，使它发芽。一发芽，这些种子便以可怕的力量，将一切机械力所不能分开的骨骼，完整地分开了。植物种子的力量之大，如此如此。

这，也许特殊了一点儿，常人不容易理解。那么，你看见过笋的成长吗？你看见过被压在瓦砾和石块下面的一棵小草的生长吗？它为着向往阳光，为着达成它的生之意志，不管上面的石块如何重，石与石之间如何狭，它必定要曲曲折折地，但是顽强不屈地透到地面上来。它的根往土壤钻，它的芽往地面挺，这是一种不可抗拒的力，阻止它的石块，结果也被它掀翻，一粒种子的力量之大，如//此如此。

没有一个人将小草叫做“大力士”，但是它的力量之大，的确是世界无比。这种力是一般人看不见的生命力。只要生命存在，这种力就要显现。上面的石块丝毫不足以阻挡。因为它是一种“长期抗战”的力；有弹性，能屈能伸的力；有韧性，不达目的不止的力。

节选自夏衍《野草》

四、命题说话（下列话题任选一个，共 40 分，限时 3 分钟）

1. 谈谈卫生与健康
2. 谈谈美食

普通话水平测试模拟试卷训练试卷（13）

一、读单音节字词（100 个音节，共 10 分，限时 3.5 分钟）

女	涩	贼	宽	煮	迈	吻	驴	样	强
坏	嘣	墨	慌	由	入	子	播	润	藏
瞥	救	闩	逛	学	付	均	抵	阴	俩
蝉	寸	嘭	领	心	涌	亏	罚	司	泉
婶	初	砣	篇	却	捐	磷	郑	爷	哄
抓	病	秦	面	狗	患	饶	欧	纫	揣
饿	翁	习	箭	夺	酱	夸	舜	鲤	象
则	兄	二	逢	跪	池	掉	枕	榻	室
蹑	标	痈	港	丢	框	掐	末	啪	那
名	枣	痣	防	次	窝	惨	溺	爱	褪

二、读多音节词语（100 个音节，共 20 分，限时 2.5 分钟）

动员	危难	照片儿	若干	强大	关于	彩排
创造	省长	大伙儿	补充	列席	上座儿	分量
配合	雄厚	困苦	水银	扭捏样	卧房	忍让
亚军	坚决	纳闷儿	神秘	遵守	邮票	盘腿
凑巧	定额	村庄	美好	胎气	晚饭	世俗
黄瓜	搞鬼	下课	抄写	敬爱	学术	里程碑
损坏	效率	农民	指示	拨款	后顾之忧	

三、朗读短文（400 个音节，共 30 分，限时 4 分钟）

不管我的梦想能否成为事实，说出来总是好玩儿的：

春天，我将要住在杭州。二十年前，旧历的二月初，在西湖我看见了嫩柳与菜花，碧浪与翠竹。由我看到的那点儿春光，已经可以断定，杭州的春天必定会教人整天生活在诗与图画之中。所以，春天我的家应当是在杭州。

夏天，我想青城山应当算作最理想的地方。在那里，我虽然只住过十天，可是它的幽静已拴住了我的心灵。在我所看见过的山水中，只有这里没有使我失望。到处都是绿，目之所及，那片淡而光润的绿色都在轻轻地颤动，仿佛要流入空中与心中似的。这个绿色会像音乐，涤清了心中的万虑。

秋天一定要住北平。天堂是什么样子，我不知道，但是从我的生活经验去判断，北平之秋便是天堂。论天气，不冷不热。论吃的，苹果、梨、柿子、枣儿、葡萄，每样都有若干种。论花草，菊花种类之多，花式之奇，可以甲天下。西山有红叶可见，北海可以划船——虽然荷花已残，荷叶可还有一片清香。衣食住行，在北平的秋天，是没有一项不使人满意的。

冬天，我还没有打好主意，成都或者相当的合适，虽然并不怎样和暖，可是为了水仙，素心腊梅，各色的茶花，仿佛就受一点儿寒//冷，也颇值得去了。昆明的花也多，而且天气比成都好，可是旧书铺与精美而便宜的小吃远不及成都那么多。好吧，就暂这么规定：冬天不住成都便住昆明吧。

在抗战中，我没能发国难财。我想，抗战胜利以后，我必能阔起来。那时候，假若飞机减价，一二百元就能买一架的话，我就自备一架，择黄道吉日慢慢地飞行。

节选自老舍《住的梦》

四、命题说话（下列话题任选一个，共 40 分，限时 3 分钟）

1. 谈谈卫生与健康
2. 我喜爱的动物（植物）

普通话水平测试模拟试卷训练试卷（14）

一、读单音节字词（100 个音节，共 10 分，限时 3.5 分钟）

治	师	犁	硅	庙	捺	哼	耗	偶	坡
惊	郓	蹲	磷	潲	跳	刮	贰	军	彼
挠	赌	黑	翁	明	港	掰	秦	赚	拖
揍	鸭	雌	潘	泥	熔	摸	纫	枚	鳃
初	驾	晌	瘾	份	司	疯	混	榻	倦
揪	隋	乖	浮	锣	于	叠	草	蛙	则
贱	圆	尊	旺	扔	鸣	掐	歇	酿	愁
犯	襄	软	克	用	贫	褶	略	踹	连
洗	留	层	剜	胸	钏	苦	敏	亩	筐
旬	捞	闩	捆	妾	傻	童	争	抓	笋

二、读多音节词语（100 个音节，共 20 分，限时 2.5 分钟）

粮票　登记　陈规　好奇　缺少　别提　至今

内耳	香皂	太阳能	碎步儿	怪癖	战胜	世界
旦角儿	参观	播送	走道	喘息	许可	热爱
袜子	划分	拥有	那些	洽谈	群众	丘陵
赃款	标准	锅贴儿	谬论	匀实	庄严	屡次
累赘	扯谎	经销	收获	轻而易举	裤衩儿	日语
穷人	民主	怀念	模仿秀	卖弄	免费	

三、朗读短文（400个音节，共30分，限时4分钟）

泰山极顶看日出，历来被描绘成十分壮观的奇景。有人说：登泰山而看不到日出，就像一出大戏没有戏眼，味儿终究有点寡淡。

我去爬山那天，正赶上个难得的好天，万里长空，云彩丝儿都不见。素常，烟雾腾腾的山头，显得眉目分明。同伴们都欣喜地说："明天早晨准可以看见日出了。"我也是抱着这种想头，爬上山去。

一路从山脚往上爬，细看山景，我觉得挂在眼前的不是五岳独尊的泰山，却像一幅规模惊人的青绿山水画，从下面倒展开来。在画卷中最先露出的是山根底那座明朝建筑岱宗坊，慢慢地便现出王母池、斗母宫、经石峪。山是一层比一层深，一叠比一叠奇，层层叠叠，不知还会有多深多奇，万山丛中，时而点染着极其工细的人物。王母池旁的吕祖殿里有不少尊明塑，塑着吕洞宾等一些人，姿态神情是那样有生气，你看了，不禁会脱口赞叹说："活啦。"

画卷继续展开，绿阴森森的柏洞露面不太久，便来到对松山。两面奇峰对峙着，满山峰都是奇形怪状的老松，年纪怕都有上千岁了，颜色竟那么浓，浓得好像要流下来似的。来到这儿，你不妨权当一次画里的写意人物，坐在路旁的对松亭里，看看山色，听听流//水和松涛。

一时间，我又觉得自己不仅是在看画卷，却又像是在零零乱乱翻着一卷历史稿本。

节选自杨朔《泰山极顶》

四、命题说话（下列话题任选一个，共40分，限时3分钟）

1. 谈谈服饰
2. 我喜爱的书刊

普通话水平测试模拟试卷训练试卷（15）

一、读单音节字词（100个音节，共10分，限时3.5分钟）

赛	二	脆	彼	屉	胞	丢	坏	搓	叠
铸	嘣	两	块	帆	钙	梨	裆	略	根
播	茧	捺	囊	群	孔	荒	浸	妾	剜
逛	抓	捐	谋	润	蛆	瓶	字	掐	俊
余	笙	球	富	涌	跃	舜	闩	风	松
熊	冤	粟	孙	草	趁	续	翁	榻	竣

穿	黑	熔	拽	挪	满	武	袭	瞟	面
顶	贼	要	宵	铡	您	超	抽	挎	唁
内	停	醒	酿	辙	捧	硬	颇	药	墙
烫	扯	港	忘	郑	冷	袄	壤	安	井

二、读多音节词语（100 个音节，共 20 分，限时 2.5 分钟）

粮食	领导	出息	早点	病因	怪癖	暖和
日常	商榷	开玩笑	讨教	佛经	企图	深厚
云彩	谬论	训词	穷困	南方	分配	组成
牙齿	绿肥	梅雨	质量	白干儿	农村	矿藏
转化	调查	拼命	藕节儿	贵重	人权	无可奈何
增长	所谓	思念	碎步儿	揣摩	同样	可以
开拓	旦角儿	请假条	热爱	装载	凯旋	

三、朗读短文（400 个音节，共 30 分，限时 4 分钟）

享受幸福是需要学习的，当它即将来临的时刻需要提醒。人可以自然而然地学会感官的享乐，却无法天生地掌握幸福的韵律。灵魂的快意同器官的舒适像一对孪生兄弟，时而相傍相依，时而南辕北辙。

幸福是一种心灵的震颤。它像会倾听音乐的耳朵一样，需要不断地训练。

简而言之，幸福就是没有痛苦的时刻。它出现的频率并不像我们想象的那样少。人们常常只是在幸福的金马车已经驶过去很远时，才拣起地上的金鬃毛说，原来我见过它。

人们喜爱回味幸福的标本，却忽略它披着露水散发清香的时刻。那时候我们往往步履匆匆，瞻前顾后不知在忙着什么。

世上有预报台风的，有预报蝗灾的，有预报瘟疫的，有预报地震的。没有人预报幸福。

其实幸福和世界万物一样，有它的征兆。

幸福常常是朦胧的，很有节制地向我们喷洒甘霖。你不要总希望轰轰烈烈的幸福，它多半只是悄悄地扑面而来。你也不要企图把水龙头拧得更大，那样它会很快地流失。你需要静静地以平和之心，体验它的真谛。

幸福绝大多数是朴素的。它不会像信号弹似的，在很高的天际闪烁红色的光芒。它披着本色的外//衣，亲切温暖地包裹起我们。

幸福不喜欢喧嚣浮华，它常常在暗淡中降临。贫困中相濡以沫的一块糕饼，患难中心心相印的一个眼神，父亲一次粗糙的抚摸，女友一张温馨的字条……这都是千金难买的幸福啊。像一粒粒缀在旧绸子上的红宝石，在凄凉中愈发熠熠夺目。

节选自毕淑敏《提醒幸福》

四、命题说话（下列话题任选一个，共 40 分，限时 3 分钟）

1. 我喜爱的书刊
2. 我向往的地方

普通话水平测试模拟试卷训练试卷（16）

一、读单音节字词（100 个音节，共 10 分，限时 3.5 分钟）

歪	右	城	丢	夏	内	吨	孔	挂	趁
装	杂	春	私	草	催	软	日	胸	运
盆	胖	而	车	学	左	页	猜	穷	朵
鱼	慌	按	再	亏	拟	均	目	捐	坑
颇	品	谋	封	归	粉	桨	腹	联	滴
翁	卵	本	狂	遮	夸	虹	窜	置	居
石	胞	秧	笙	铸	雁	宁	梨	哑	鹤
蛹	响	蟹	脑	武	舌	轴	宵	判	膛
应	团	刺	略	膜	胃	泉	丁	耐	辣
碑	药	鲤	邢	妾	踹	秦	她	润	砣

二、读多音节词语（100 个音节，共 20 分，限时 2.5 分钟）

首都	方针	电台	家庭	明年	玻璃	费用
咳嗽	法律	干活儿	喜欢	登记	群众	资格
墨水儿	帮助	能源	漂亮	积极性	尽管	聊天儿
替代	半导体	妄想	殴打	散文	恩爱夫妻	宣告
执照	迟疑	冰棍儿	场所	培训	敏锐	挖掘
迥然	沙瓤	寸阴	怀旧	憋气	掐算	撇嘴
疮口	词序	滑动	赠阅	族人	快慰	眯缝

三、朗读短文（400 个音节，共 30 分，限时 4 分钟）

地球上是否真的存在“无底洞”？按说地球是圆的，由地壳、地幔和地核三层组成，真正的“无底洞”是不应存在的，我们所看到的各种山洞、裂口、裂缝，甚至火山口也都只是地壳浅部的一种现象。然而中国一些古籍却多次提到海外有个深奥莫测的无底洞。事实上地球上确实有这样一个“无底洞”。

它位于希腊亚各斯古城的海滨。由于濒临大海，大涨潮时，汹涌的海水便会排山倒海般地涌入洞中，形成一股湍湍的急流。据测，每天流入洞内的海水量达三万多吨。奇怪的是，如此大量的海水灌入洞中，却从来没有把洞灌满。曾有人怀疑，这个“无底洞”，会不会就像石灰岩地区的漏斗、竖井、落水洞一类的地形。然而从二十世纪三十年代以来，人们就做了多种努力企图寻找它的出口，却都是枉费心机。

为了揭开这个秘密，一九五八年美国地理学会派出一支考察队，他们把一种经久不变的带色染料溶解在海水中，观察染料是如何随着海水一起沉下去。接着又察看了附近海面以及岛上的各条河、湖，满怀希望地寻找这种带颜色的水，结果令人失望。难道是海水量太大把有色水稀释得太淡，以致无法发现？//

至今谁也不知道为什么这里的海水会没完没了地“漏”下去，这个“无底洞”的出口又在哪里，每天大量的海水究竟都流到哪里去了。

节选自（美）罗伯特·罗威尔《神秘的“无底洞”》

四、命题说话（下列话题任选一个，共 40 分，限时 3 分钟）

1. 谈谈个人修养
2. 我和体育

普通话水平测试模拟试卷训练试卷（17）

一、读单音节字词（100 个音节，共 10 分，限时 3.5 分钟）

茎	秦	捽	穴	刷	汇	惹	剜	啮	留
分	煤	黑	兆	蛙	赐	洒	秤	足	匹
胖	碑	即	闩	捆	塞	神	尊	否	抡
从	妾	梗	窗	踹	镖	嗑	孙	腐	惨
徐	通	夏	菌	索	皆	扛	蹲	虐	穷
癣	供	券	骨	防	鹤	室	贰	丝	铀
脏	嵌	随	翁	卷	左	寻	绿	拨	判
寒	绕	邹	涌	凹	午	贵	刁	磨	幢
苔	增	痣	拆	窄	因	翎	催	酿	趴
挨	扶	妊	戛	缅	坑	嫡	命	晓	猜

二、读多音节词语（100 个音节，共 20 分，限时 2.5 分钟）

小辫儿	卡费	扭搭	沙漠	农民	按期	实用
贫困	群众	昂扬	交流	平反	明媚	独特
蠢笨	肆虐	沉冤	月份	酌量	号召	萌芽
鲜花	脸庞	判定	鼻梁儿	搜寻	怨言	接洽
仍然	怪物	白菜	蓄电池	酣睡	拉链儿	罗布
策略	走味儿	培植	软骨	前赴后继	穷苦	物价
因此	调和油	而且	往常	机床	挂帅	

三、朗读短文（400 个音节，共 30 分，限时 4 分钟）

在里约热内卢的一个贫民窟有一个男孩子，他非常喜欢足球，可是又买不起，于是就踢塑料盒，踢汽水瓶，踢从垃圾箱里拣来的椰子壳。他在胡同里踢，在能找到的任何一片空地上踢。

有一天，当他在一处干涸的水塘里猛踢一个猪膀胱时，被一位足球教练看见了。他发现这个男孩儿踢得很像是那么回事，就主动提出要送给他一个足球。小男孩儿得到足球后踢得更卖劲了。不久，他就能准确地把球踢进远处随意摆放的一个水桶里。

圣诞节到了，孩子的妈妈说："我们没有钱买圣诞礼物送给我们的恩人，就让我们为他祈祷吧。"

小男孩儿跟随妈妈祈祷完毕，向妈妈要了一把铲子便跑了出去。他来到一座别墅前的花园里，开始挖坑。

就在他快要挖好坑的时候，从别墅里走出一个人来，问小孩儿在干什么，孩子抬起满是汗珠的脸蛋儿，说："教练，圣诞节到了，我没有礼物送给您，我愿给您的圣诞树挖一个树坑。"

教练把小男孩儿从树坑里拉上来，说，我今天得到了世界上最好的礼物。明天你就到我的训练场去吧。

三年后，这位十七岁的男孩儿在第六届足球锦标赛上独进二十一球，为巴西第一次捧回了金杯。一个原来不//为世人所知的名字——贝利，随之传遍世界。

节选自刘燕敏《天才的造就》

四、命题说话（下列话题任选一个，共40分，限时3分钟）

1. 谈谈对环境保护的认识
2. 购物（消费）的感受

普通话水平测试模拟试卷训练试卷（18）

一、读单音节字词（100个音节，共10分，限时3.5分钟）

远	贴	乳	慌	寸	渠	耸	掐	上	旋
快	丢	用	窄	啊	举	熔	帆	创	熬
扣	跟	雄	事	扫	坡	彼	蚕	准	量
饶	匹	睡	光	跨	摸	茧	憋	嚷	颤
则	帅	团	骗	斤	洒	迟	续	鸟	晕
塘	窜	歪	能	太	颗	锈	迷	哼	瓦
刁	奏	全	讲	次	比	阅	拨	过	淋
握	寻	听	紫	灭	习	寺	伐	六	服
某	铸	暖	缺	本	贰	归	乘	会	得
决	锌	瓶	顿	肥	恩	贼	俩	划	拧

二、读多音节词语（100个音节，共20分，限时2.5分钟）

病菌	恰巧	洒脱	亵渎	效率	困难	同类
转播	确定	窗户	构造	一块儿	没错	思潮
被子	战略	素质	推选	究竟	那些	稳妥
仙女湖	故乡	人群儿	游泳	盼望	聪明	芬芳
手指	重叠	内在	柔软	外婆	算了	变化
夸奖	虽说是	体育	场面儿	海市蜃楼	细条儿	穷苦
理解	罪恶	革新	损失	出品	打点滴	

三、朗读短文（400个音节，共30分，限时4分钟）

我国的建筑，从古代的宫殿到近代的一般住房，绝大部分是对称的，左边怎么样，右边怎么样。苏州园林可绝不讲究对称，好像故意避免似的。东边有了一个亭子或者一道回廊，西边决不会来一个同样的亭子或者一道同样的回廊。这是为什么？我想，用图画来比方，对称的建筑是图案画，不是美术画，而园林是美术画，美术画要求自然之趣，是不讲究对称的。

苏州园林里都有假山和池沼。

假山的堆叠，可以说是一项艺术而不仅是技术。或者是重峦叠嶂，或者是几座小山配合着竹子花木，全在乎设计者和匠师们生平多阅历，胸中有丘壑，才能使游览者攀登的时候忘却苏州城市，只觉得身在山间。

至于池沼，大多引用活水。有些园林池沼宽敞。就把池沼作为全园的中心，其他景物配合着布置。水面假如成河道模样，往往安排桥梁。假如安排两座以上的桥梁，那就一座一个样，决不雷同。

池沼或河道的边沿很少砌齐整的石岸，总是高低屈曲任其自然。还在那儿布置几块玲珑的石头，或者种些花草。这也是为了取得从各个角度看都成一幅画的效果。池沼里养着金鱼或各色鲤鱼，夏秋季节荷花或睡莲开//放，游览者看“鱼戏莲叶间”，又是入画的一景。

节选自叶圣陶《苏州园林》

四、命题说话（下列话题任选一个，共 40 分，限时 3 分钟）

1. 我的学习生活
2. 我喜欢的季节（或天气）

普通话水平测试模拟试卷训练试卷（19）

一、读单音节字词（100 个音节，共 10 分，限时 3.5 分钟）

联	狗	年	锤	雷	信	则	疼	儿	台
祸	亏	喊	春	官	训	求	人	将	省
列	减	盯	怀	逛	田	葬	如	麻	屯
井	邻	蹦	搓	膜	啥	月	洒	弄	瓦
揪	拢	瓷	烘	比	直	陪	腰	炮	重
糠	录	标	罚	盼	每	猜	养	切	转
瞒	肯	勤	纺	库	晚	爱	起	待	强
涌	超	响	废	树	温	一	单	若	并
框	名	沉	逢	双	窝	湿	号	粥	色
捏	子	串	港	雄	真	霞	喝	扫	这

二、读多音节词语（100 个音节，共 20 分，限时 2.5 分钟）

帮忙	碰见	杂乱	审查	状态	此外	吹牛
踊跃	尊敬	请客	读书	方向	快乐	指望
干活儿	安慰	毛巾	称呼	区分	跟头	玩意儿
整体	流传广	心眼儿	形式	奔驰	模特儿	空中
反击	内在	学校	责备	侵略	前天	当做
社会	巧妙	后来	周末	从而	巩固	复印

参加 哪里 开口笑 发明 多少 非同小可

三、朗读短文（400 个音节，共 30 分，限时 4 分钟）

记得我十三岁时，和母亲住在法国东南部的耐斯城。母亲没有丈夫，也没有亲戚，够清苦的，但她经常能拿出令人吃惊的东西，摆在我面前。她从来不吃肉，一再说自己是素食者。然而有一天，我发现母亲正仔细地用一小块碎面包擦那给我煎牛排用的油锅。我明白了她称自己为素食者的真正原因。

我十六岁时，母亲成了耐斯市美蒙旅馆的女经理。这时，她更忙碌了。一天，她瘫在椅子上，脸色苍白，嘴唇发灰。马上找来医生，做出诊断：她摄取了过多的胰岛素。直到这时我才知道母亲多年一直对我隐瞒的疾痛——糖尿病。

她的头歪向枕头一边，痛苦地用手抓挠胸口。床架上方，则挂着一枚我一九三二年赢得耐斯市少年乒乓球冠军的银质奖章。

啊，是对我的美好前途的憧憬支撑着她活下去，为了给她那荒唐的梦至少加一点真实的色彩，我只能继续努力，与时间竞争，直至一九三八年我被征入空军。巴黎很快失陷，我辗转调到英国皇家空军。刚到英国就接到了母亲的来信。这些信是由在瑞士的一个朋友秘密地转到伦敦，送到我手中的。

现在我要回家了，胸前佩戴着醒目的绿黑两色的解放十字绶//带，上面挂着五六枚我终生难忘的勋章，肩上还佩戴着军官肩章。到达旅馆时，没有一个人跟我打招呼。原来，我母亲在三年半以前就已经离开人间了。

在她死前的几天中，她写了近二百五十封信，把这些信交给她在瑞士的朋友，请这个朋友定时寄给我。就这样，在母亲死后的三年半的时间里，我一直从她身上吸取着力量和勇气——这使我能够继续战斗到胜利那一天。

节选自（法）罗曼·加里《我的母亲独一无二》

四、命题说话（下列话题任选一个，共 40 分，限时 3 分钟）

1. 我的愿望
2. 我最喜欢的动物（或植物）

普通话水平测试模拟试卷训练试卷（20）

一、读单音节字词（100 个音节，共 10 分，限时 3.5 分钟）

用	鬼	燃	宽	费	池	涮	唬	画	酒
逛	丢	雌	枪	破	锌	郑	邹	派	曾
存	跨	秧	晒	惹	君	编	司	石	孩
篇	灭	鲤	讲	肠	筋	浊	虐	别	捂
摸	如	梯	训	翁	枚	舜	秦	雨	商
苗	逼	闯	自	悬	掐	宋	爷	喝	冲
毒	恩	雄	略	挺	操	枕	榻	熬	钉
流	荒	二	挥	润	铝	痣	供	挑	番

凝	卧	软	票	乖	荫	申	便	颈	拗
防	阔	全	催	炕	滴	涩	阿	否	扎

二、读多音节词语（100 个音节，共 20 分，限时 2.5 分钟）

小曲儿	英勇	洽谈	抓阄儿	劳动	枕头	圈点
庄稼	通过	报复	暖袖	缺乏	状况	车站
贫穷	下本儿	平原	让位	伺候	迫切	人群
退学	蕴藏	早上好	油层	上座儿	居民	战争
日记本	现实	劫持	论文	熊猫	你们	徇私舞弊
夸奖	配偶	风力	艰苦	进项	标准	革命
损坏	出口	打扰	儿女	洒脱	生产	

三、朗读短文（400 个音节，共 30 分，限时 4 分钟）

我在俄国见到的景物再没有比托尔斯泰墓更宏伟、更感人的。

完全按照托尔斯泰的愿望，他的坟墓成了世间最美的，给人印象最深刻的坟墓。它只是树林中的一个小小的长方形土丘，上面开满鲜花——没有十字架，没有墓碑，没有墓志铭，连托尔斯泰这个名字也没有。

这位比谁都感到受自己的声名所累的伟人，却像偶尔被发现的流浪汉，不为人知的士兵，不留名姓地被人埋葬了。谁都可以踏进他最后的安息地，围在四周稀疏的木栅栏是不关闭的——保护列夫·托尔斯泰得以安息的没有任何别的东西，唯有人们的敬意；而通常，人们却总是怀着好奇，去破坏伟人墓地的宁静。

这里，逼人的朴素禁锢住任何一种观赏的闲情，并且不容许你大声说话。风儿俯临，在这座无名者之墓的树木之间飒飒响着，和暖的阳光在坟头嬉戏；冬天，白雪温柔地覆盖这片幽暗的洼土地。无论你在夏天或冬天经过这儿，你都想象不到，这个小小的、隆起的长方体里安放着一位当代最伟大的人物。

然而，恰恰是这座不留姓名的坟墓，比所有挖空心思用大理石和奢华装饰建造的坟墓更扣人心弦。在今天这个特殊的日子里，//到他的安息地来的成百上千人中间，没有一个有勇气，哪怕仅仅从这幽暗的土丘上摘下一朵花留作纪念。人们重新感到，世界上再没有比托尔斯泰最后留下的、这座纪念碑式的朴素坟墓，更打动人心的了。

节选自（奥）茨威格《世间最美的坟墓》，张厚仁译

四、命题说话（下列话题任选一个，共 40 分，限时 3 分钟）

1. 我知道的风俗
2. 谈谈社会公德（或职业道德）

普通话水平测试模拟试卷训练试卷（21）

一、读单音节字词（100 个音节，共 10 分，限时 3.5 分钟）

乖	订	黎	自	女	棉	俯	碇	降	撇
群	醉	嘘	信	则	炕	播	隋	更	底

吃	某	润	九	个	产	闩	荫	说	侧
超	留	司	略	涌	贼	踹	秦	约	相
屈	门	二	存	翁	燃	偶	腮	划	石
榨	词	宽	临	兄	挎	浊	蹑	俩	苔
平	捐	瓶	丢	悬	狠	旺	习	开	撒
慌	饼	放	黑	容	掐	枕	屉	凹	那
光	舜	表	饭	偏	乳	姚	捺	场	褪
枪	痣	恩	草	洞	铝	俏	菌	否	掖

二、读多音节词语（100个音节，共20分，限时2.5分钟）

团结	爱护	能量	辞职	费用	考虑	纠正
窝囊	造句	那么	一块儿	俗话	目光	山脉
冰棍儿	次第	耳朵	碰见	委托	宗派	准确
帆船	成分	入学	这会儿	细菌	统筹	破坏
没事儿	抓紧	强调	答应	劳驾	采购	咨询
凶猛	怎样	源泉	思想	敏感	恰当	别人
按照	窗帘布	球场	收获	处理	咏叹调	自始至终

三、朗读短文（400个音节，共30分，限时4分钟）

我们在田野散步：我，我的母亲，我的妻子和儿子。

母亲本不愿出来的，她老了，身体不好，走远一点儿就觉得很累。我说，正因为如此，才应该多走走。母亲信服地点点头，便去拿外套。她现在很听我的话，就像我小时候很听她的话一样。

这南方初春的田野，大块小块的新绿随意地铺着，有的浓，有的淡，树上的嫩芽也密了，田里的冬水也咕咕地起着水泡。这一切都使人想着一样东西——生命。

我和母亲走在前面，我的妻子和儿子走在后面。小家伙突然叫起来："前面是妈妈和儿子，后面也是妈妈和儿子。"我们都笑了。

后来发生了分歧：母亲要走大路，大路平顺；我的儿子要走小路，小路有意思。不过，一切都取决于我。我的母亲老了，她早已习惯听从她强壮的儿子；我的儿子还小，他还习惯听从他高大的父亲；妻子呢，在外面，她总是听我的。一霎时我感到了责任的重大。我想找一个两全的办法，找不出；我想拆散一家人，分成两路，各得其所，终不愿意。我决定委屈儿子，因为我伴同他的时日还长。我说："走大路。"

但是母亲摸摸孙儿的小脑瓜，变了主意："还是走小路吧。"她的眼随小路望去：那里有金色的菜花，两行整齐的桑树，//尽头一口水波粼粼的鱼塘。"我走不过去的地方，你就背着我。"母亲对我说。

这样，我们在阳光下，向着那菜花、桑树和鱼塘走去。到了一处，我蹲下来，背起了母亲；妻子也蹲下来，背起了儿子。我和妻子都是慢慢地，稳稳地，走得很仔细，好像我背上的同她背上的加起来，就是整个世界。

节选自莫怀戚《散步》

四、命题说话（下列话题任选一个，共 40 分，限时 3 分钟）

1. 我喜爱的职业
2. 我的学习生活

普通话水平测试模拟试卷训练试卷（22）

一、读单音节字词（100 个音节，共 10 分，限时 3.5 分钟）

矮	而	壮	孔	罪	页	拔	锁	归	贩
搓	旁	翁	秒	助	面	寸	皮	同	抓
多	忙	命	呆	树	堆	骗	鸟	拈	奥
顿	您	闸	练	奴	卷	嫂	修	铁	聘
短	近	给	瘫	鞋	韵	光	拗	集	庸
黄	吝	棵	明	肯	俊	略	怨	叫	女
旅	法	自	映	软	肩	色	外	绕	信
吹	加	半	抓	团	生	遇	三	香	绝
奏	拨	氧	志	丑	非	善	娃	谈	他
乳	撑	狠	潮	情	岩	梢	权	优	快

二、读多音节词语（100 个音节，共 20 分，限时 2.5 分钟）

小曲儿	专家	纽扣	血缘	地下	脖子长	顺便
状况	群居	够劲儿	不止	平民	骄傲	美满
世俗	沉默	文化	放映	运输	浪费	耐水
可趁	猎犬	凶恶	重叠	刨根儿	节日	青蛙
封建	袖珍本	插头	存在	电压	软骨	隧道
嫂娘	因而	起来	利用	做活儿	枉然	洒脱
同胞	伺候	夸奖	曾经	假如	黄糖	战略武器

三、朗读短文（400 个音节，共 30 分，限时 4 分钟）

我在加拿大学习期间遇到过两次募捐，那情景至今使我难以忘怀。一天，我在渥太华的街上被两个男孩子拦住去路。他们十来岁，穿得整整齐齐，每人头上戴着个做工精巧、色彩鲜艳的纸帽，上面写着“为帮助患小儿麻痹的伙伴募捐”。其中的一个，不由分说就坐在小凳上给我擦起皮鞋来，另一个则彬彬有礼地发问：“小姐，您是哪国人？喜欢渥太华吗？”“小姐，在你们国家有没有小孩儿患小儿麻痹？谁给他们医疗费？”一连串的问题，使我这个有生以来头一次在众目睽睽之下让别人擦鞋的异乡人，从近乎狼狈的窘态中解脱出来。我们像朋友一样聊起天儿来……

几个月之后，也是在街上。一些十字路口处或车站坐着几位老人。他们满头银发，身穿各种老式军装，上面布满了大大小小形形色色的徽章、奖章，每人手捧一大束鲜花，有水仙、石竹、玫瑰及叫不出名字的，一色雪白。匆匆过往的行人纷纷止步，把钱投进这些老人身旁的白色木箱内，然后向他们微微鞠躬，从他们手中接过一朵花。我看了一会儿，有人投一两元，有人投几百元，还有人掏出支票填好后投进木箱。那些老军人毫不注意人们捐多少钱，一直不//停地向人们低声道谢。同行的朋友告诉我，这是为纪念二次大战中参战的勇士，募捐救济残废军人和烈士遗孀，每年一次；认捐的人可谓踊跃，而且秩序井然，气氛庄严。有些地方，人们还耐心地排着队。我想，这是因为他们都知道：正是这些老人们的流血牺牲换来了包括他们信仰自由在内的许许多多。

我两次把那微不足道的一点儿钱捧给他们，只想对他们说声“谢谢”。

节选自青白《捐诚》

四、命题说话（下列话题任选一个，共 40 分，限时 3 分钟）

1. 学习普通话的体会
2. 谈谈对环境保护的认识

普通话水平测试模拟试卷训练试卷（23）

一、读单音节字词（100 个音节，共 10 分，限时 3.5 分钟）

搬	硅	药	插	黑	而	终	鸳	揪	聊
清	踹	堆	用	缸	秦	唤	奖	爷	尼
盯	逛	临	贰	俏	窜	修	婶	闩	旱
灭	哭	草	奸	煤	怪	挥	淌	翁	涩
胸	籽	罚	坨	优	评	类	铸	枕	池
拼	钠	捆	唬	略	蛙	镖	龙	驴	司
怀	邢	扔	岸	孙	棚	捐	吴	灾	改
旬	稍	匀	猜	旺	艘	蛆	夏	蜂	藕
至	凝	若	黑	憋	因	点	坡	浙	跃
门	加	选	梯	浮	惨	锅	杂	论	熔

二、读多音节词语（100 个音节，共 20 分，限时 2.5 分钟）

恰似	疲倦	扭转	哎呀	拨弄	学院派	飘扬
爽直	虐政	状况	贫寒	不许	谢谢	温泉
两旁	有点儿	榫头	热情	兴奋	刺猬	搜索
胸膛	财神爷	便条	收摊儿	拐弯	挖掘	日子
观察	环境	横心	夸奖	变化	金鱼儿	充满
规模	措施	快乐	理论	穷人	佛教	打扰
增生	出差	均匀	命令	爆肚儿	忠言逆耳	

三、朗读短文（400 个音节，共 30 分，限时 4 分钟）

其实你在很久以前并不喜欢牡丹，因为它总被人作为富贵膜拜。后来你目睹了一次牡丹的落花，你相信所有的人都会为之感动：一阵清风徐来，娇艳鲜嫩的盛期牡丹忽然整朵整朵地坠落，铺撒一地绚丽的花瓣。那花瓣落地时依然鲜艳夺目，如同一只奉上祭坛的大鸟脱落的羽毛，低吟着壮烈的悲歌离去。

牡丹没有花谢花败之时，要么烁于枝头，要么归于泥土，它跨越萎顿和衰老，由青春而死亡，由美丽而消遁。它虽美却不吝惜生命，即使告别也要展示给人最后一次的惊心动魄。

所以在这阴冷的四月里，奇迹不会发生。任凭游人扫兴和诅咒，牡丹依然安之若素。它不苟且、不俯就、不妥协、不媚俗，甘愿自己冷落自己。它遵循自己的花期自己的规律，它有权利为自己选择每年一度的盛大节日。它为什么不拒绝寒冷？

天南海北的看花人，依然络绎不绝地涌入洛阳城。人们不会因牡丹的拒绝而拒绝它的美。如果它再被贬谪十次，也许它就会繁衍出十个洛阳牡丹城。

于是你在无言的遗憾中感悟到，富贵与高贵只是一字之差。同人一样，花儿也是有灵性的，更有品位之高低。品位这东西为气为魂为//筋骨为神韵，只可意会。你叹服牡丹卓尔不群之姿，方知品位是多么容易被世人忽略或是漠视的美。

节选自张抗抗《牡丹的拒绝》

四、命题说话（下列话题任选一个，共 40 分，限时 3 分钟）

1. 谈谈服饰
2. 我的假日生活

普通话水平测试模拟试卷训练试卷（24）

一、读单音节字词（100 个音节，共 10 分，限时 3.5 分钟）

爱	产	面	丢	闭	瘾	股	烽	开	降
跳	隔	交	间	庄	贼	播	砣	龟	宁
铁	舜	江	恨	涌	磷	闩	索	猫	石
均	旺	走	份	翁	饶	笙	润	涨	康
钓	秦	我	凡	恩	挎	盲	荫	重	撤
吨	钏	修	踩	绒	瞥	痣	司	藏	那
胸	而	字	坡	嫌	掐	脓	蛆	潘	宁
遍	宽	流	摸	狂	餐	杨	梯	尺	嘿
人	平	略	惹	捐	舞	嘭	腻	否	办

二、读多音节词语（100 个音节，共 20 分，限时 2.5 分钟）

奶羊	寒战	所属	女婿	偶然性	麻烦	恰当
街道	双全	小孩儿	胚胎	苍蝇	感动	军装
旦角儿	豁免	胜利	群众	随时	冰棍儿	可爱
疟疾	从头	瓜分	批准	穷人	近亲	儿童
快乐	脉搏	歪斜	怎么	能量	词素	氨基酸
支援	把关	自流	酿造	佛教	秋天	嘴唇
矿床	化学	雄伟	打扰	后顾	下颌	非常热心

三、朗读短文（400个音节，共30分，限时4分钟）

没有一片绿叶，没有一缕炊烟，没有一粒泥土，没有一丝花香，只有水的世界，云的海洋。

一阵台风袭过，一只孤单的小鸟无家可归，落到被卷到洋里的木板上，乘流而下，姗姗而来，近了，近了！……

忽然，小鸟张开翅膀，在人们头顶盘旋了几圈儿，"噗啦"一声落到了船上。许是累了？还是发现了"新大陆"？水手撵它它不走，抓它，它乖乖地落在掌心。可爱的小鸟和善良的水手结成了朋友。

瞧，它多美丽，娇巧的小嘴，啄理着绿色的羽毛，鸭子样的扁脚，呈现出春草的鹅黄。水手们把它带到舱里，给它"搭铺"，让它在船上安家落户，每天，把分到的一塑料筒淡水匀给它喝，把从祖国带来的鲜美的鱼肉分给它吃，天长日久，小鸟和水手的感情日趋笃厚。清晨，当第一束阳光射进舷窗时，它便敞开美丽的歌喉，唱啊唱，嘤嘤有韵，宛如春水淙淙。人类给它以生命，它毫不悭吝地把自己的艺术青春奉献给了哺育它的人。可能都是这样？艺术家们的青春只会献给尊敬他们的人。

小鸟给远航生活蒙上了一层浪漫色调。返航时，人们爱不释手，恋恋不舍地想把它带到异乡。可小鸟憔悴了，给水，不喝！喂肉，不吃！油亮的羽毛失去了光泽。是啊，我//们有自己的祖国，小鸟也有它的归宿，人和动物都是一样啊，哪儿也不如故乡好！

慈爱的水手们决定放开它，让它回到大海的摇篮去，回到蓝色的故乡去。离别前，这个大自然的朋友与水手们留影纪念。它站在许多人的头上，肩上，掌上，胳膊上，与喂养过它的人们，一起融进那蓝色的画面……

节选自王文杰《可爱的小鸟》

四、命题说话（下列话题任选一个，共40分，限时3分钟）

1. 谈谈服饰
2. 我的假日生活

普通话水平测试模拟试卷训练试卷（25）

一、读单音节字词（100个音节，共10分，限时3.5分钟）

票	赌	吃	门	贰	伐	荫	唉	呵	答
名	怪	嘣	讯	老	溶	涮	司	率	喘
话	留	镖	字	搞	泉	郑	秦	场	汇
涌	催	虐	某	黑	艇	笙	诈	藏	项
捐	次	腮	困	如	柄	浊	妾	约	石
偏	女	掀	酒	闭	归	痣	习	落	委
贼	惹	宽	铁	尚	啃	秧	逆	蹲	叶
婶	僵	黄	丢	润	掐	涩	岸	钻	咱
贫	光	绕	翁	惨	悄	天	悟	苔	菌

史　跨　总　颇　索　否　创　抹　荡　扔

二、读多音节词语（100 个音节，共 20 分，限时 2.5 分钟）

金属　宁愿　准则　产量　可否　嫂子　宽大
腹部　梅花奖　半岛　活泼　降临　纯粹　儿戏
阻挡　整修　叫唤　野人　火警　老头儿　怀孕
拟定　边防　交纳　忽视　切开　铜钱　效率
残余　枪眼儿　疫苗　列国志　寻找　如意　文学
位置　赛跑　假使　刨根儿　农家　小米　钢材
领土　折磨　通俗　脸蛋儿　手枪　配偶　感动

三、朗读短文（400 个音节，共 30 分，限时 4 分钟）

在湾仔，香港最热闹的地方，有一棵榕树，它是最贵的一棵树，不光在香港，在全世界，都是最贵的。

树，活的树，又不卖，何言其贵？只因它老，它粗，是香港百年沧桑的活见证，香港人不忍看着它被砍伐，或者被移走，便跟要占用这片山坡的建筑者谈条件：可以在这儿建大楼盖商厦，但一不准砍树，二不准挪树，必须把它原地精心养起来，成为香港闹市中的一景。太古大厦的建设者最后签了合同，占用这个大山坡建豪华商厦的先决条件是同意保护这棵老树。

树长在半山坡上，计划将树下面的成千上万吨山石全部掏空取走，腾出地方来盖楼，把树架在大楼上面，仿佛它原本是长在楼顶上似的。建设者就地造了一个直径十八米、深十米的大花盆，先固定好这棵老树，再在大花盆底下盖楼。光这一项就花了两千三百八十九万港币，堪称是最昂贵的保护措施了。

太古大厦落成之后，人们可以乘滚动扶梯一次到位，来到太古大厦的顶层，出后门，那儿是一片自然景色。一棵大树出现在人们面前，树干有一米半粗，树冠直径足有二十多米，独木成林，非常壮观，形成一座以它为中心的小公园，取名叫“榕圃”。树前面//插着铜牌，说明缘由。此情此景，如不看铜牌的说明，绝对想不到巨树根底下还有一座宏伟的现代大楼。

节选自舒乙《香港：最贵的一棵树》

四、命题说话（下列话题任选一个，共 40 分，限时 3 分钟）

1. 我的假日生活
2. 我所在的集体（学校、机关、公司）

普通话水平测试模拟试卷训练试卷（26）

一、读单音节字词（100 个音节，共 10 分，限时 3.5 分钟）

用　烤　从　钙　峡　肉　小　绒　发　泥
懒　捏　错　乡　共　则　要　认　否　提
荡　锄　秋　何　柄　牢　审　托　给　红

垒	厚	捣	陪	许	债	吃	蹭	抢	还
射	免	江	点	您	指	问	犬	混	旋
领	吊	平	钟	财	笋	局	忘	扎	瓦
骂	坡	穴	业	布	拽	丢	唱	宽	假
辈	抄	喂	品	训	庄	闪	丝	卷	裂
青	嘴	风	贰	熄	跳	能	乐	称	闷
口	腹	阴	壁	牙	碎	沉	恶	别	难

二、读多音节词语（100 个音节，共 20 分，限时 2.5 分钟）

团圆	好玩儿	出去	彩色	开阔	教育	反正	
品种	总和	尽管	就算	捕捞	悲痛	改造	
迟到	理由	轻松	内容	一旁	摆脱	结实	
车间	包干儿	矛盾	年轻	那么	做客	晓得	
收复	面积	条文	数量	刑法	这会儿	挂念	
东边	练习	速度	商标	主张	电冰箱	创新	
旅途	神态	方兴未艾	稿纸	全体	钦佩	女子坊	赞叹

三、朗读短文（400 个音节，共 30 分，限时 4 分钟）

著名教育家班杰明曾经接到一个青年人的求救电话并与那个向往成功、渴望指点的青年人约好了见面的时间和地点。待那个青年如约而至时，班杰明的房门敞开着，眼前的景象却令青年人颇感意外——班杰明的房间里乱七八糟、狼藉一片。没等青年人开口，班杰明就招呼道："你看我这房间，太不整洁了，请你在门外等候一分钟，我收拾一下，你再进来吧。"一边说着，班杰明就轻轻地关上了房门。

不到一分钟的时间，班杰明就又打开了房门，并热情地把青年人让进客厅。这时，青年人的眼前展现出另一番景象——房间内的一切已变得井然有序，而且有两杯刚刚倒好的红酒，在淡淡的香水气息里还漾着微波。

可是，没等青年人把满腹的有关人生和事业的疑难问题向班杰明讲出来，班杰明就非常客气地说道："干杯，你可以走了。"

青年人手持酒杯一下子愣住了，既尴尬又非常遗憾地说："可是，我……我还没向您请教呢……"

"这些……难道还不够吗？"班杰明一边微笑着，一边扫视着自己的房间，轻言细语地说："你进来又有一分钟了。"

"一分钟……一分钟……"青年人若有所思地说："我懂了，您让我明白了一分钟的时间可以做许//多事情，可以改变许多事情的深刻道理。"

班杰明舒心地笑了。青年人把杯里的红酒一饮而尽，向班杰明连连道谢后，开心地走了。

其实，只要把握好生命的每一分钟，也就把握了理想的人生。

节选自纪广洋《一分钟》

四、命题说话（下列话题任选一个，共 40 分，限时 3 分钟）

1. 我喜爱的明星（或其他知名人士）

2. 一次难忘的旅行

普通话水平测试模拟试卷训练试卷（27）

一、读单音节字词（100 个音节，共 10 分，限时 3.5 分钟）

拟	溜	产	视	捏	赏	料	瞎	荡	秉
翁	脆	情	酿	葱	阔	型	抡	俊	履
毁	娶	寻	霜	券	笋	悬	税	督	聘
割	塔	吃	耳	紫	脖	勇	确	浓	蹲
雄	宽	团	孔	逛	存	闯	富	躲	决
怪	喊	追	换	锅	组	卖	赔	扫	刷
座	摔	愁	找	私	摘	费	挖	忍	冒
探	肩	别	肯	药	灭	飘	肉	疼	奖
另	敲	填	家	匹	逢	脸	如	梦	软
搜	何	眨	锌	陌	崩	帆	奏	优	惨

二、读多音节词语（100 个音节，共 20 分，限时 2.5 分钟）

自觉	突然	教训	构造	朋友	狭窄	化学
排球	准时	大学生	快乐	宾馆	朗读	积累
操场	侵略	辅导	描写	宿舍	聊天儿	指挥
老头儿配合	而且	价格	聪明	内容	柏树	
思想	广阔	耐用	笨拙	群体	干活儿	采访
抹杀	平凡	捐款	纯粹	请柬	储蓄	勉强

三、朗读短文（400 个音节，共 30 分，限时 4 分钟）

中国的第一大岛、台湾省的主岛台湾，位于中国大陆架的东南方，地处东海和南海之间，隔着台湾海峡和大陆相望。

天气晴朗的时候，站在福建沿海较高的地方，就可以隐隐约约地望见岛上的高山和云朵。

台湾岛形状狭长，从东到西，最宽处只有一百四十多公里；由南至北，最长的地方约有三百九十多公里。地形像一个纺织用的梭子。

台湾岛上的山脉纵贯南北，中间的中央山脉犹如全岛的脊梁。西部为海拔近四千米的玉山山脉，是中国东部的最高峰。全岛约有三分之一的地方是平地，其余为山地。岛内有缎带般的瀑布，蓝宝石似的湖泊，四季常青的森林和果园，自然景色十分优美。西南部的阿里山和日月潭，台北市郊的大屯山风景区，都是闻名世界的游览胜地。

台湾岛地处热带和温带之间，四面环海，雨水充足，气温受到海洋的调剂，冬暖夏凉，四季如春，这给水稻和果木生长提供了优越的条件。水稻、甘蔗、樟脑是台湾的“三宝”。岛上还盛产鲜果和鱼虾。

台湾岛还是一个闻名世界的“蝴蝶王国”。岛上的蝴蝶共有四百多个品种，其中有不少是世界稀有的珍贵品种。岛上还有不少鸟语花香的蝴//蝶谷，岛上居民利用蝴蝶制作的标本和艺术品，远销许多国家。

节选自李恒瑞《中国的宝岛——台湾》

四、命题说话（下列话题任选一个，共 40 分，限时 3 分钟）

1. 我喜爱的文学（或其他）艺术形式
2. 我和体育

普通话水平测试模拟试卷训练试卷（28）

一、读单音节字词（100 个音节，共 10 分，限时 3.5 分钟）

伙	伞	托	训	瘾	窘	聚	从	目	涌
紧	贼	侧	而	洒	织	拽	吃	翁	巧
嗅	勤	扣	锌	券	箱	带	视	辣	尝
丝	掐	跌	衔	哼	难	乖	疼	粥	替
身	家	棉	昏	懒	给	流	煤	赶	破
酿	膜	发	宝	赔	摆	鸣	描	穴	亚
拨	梁	籽	草	捐	认	教	游	富	扩
熊	追	均	归	春	霜	前	鲜	虹	日
情	要	如	嘴	柄	喷	防	娶	绝	浓
旋	坑	广	暖	屯	断	荒	挂	稍	挎

二、读多音节词语（100 个音节，共 20 分，限时 2.5 分钟）

战略	群众	锻炼	整理	所谓	差点儿	蓬勃
潦草	尊敬	打算	忍耐	内科	洽谈	描写
粮食	充足	安排	墨水儿	狂风	秋天	兄弟
目前	回头	次数	背诵	态度	勇敢	寻找
瓜分	代理人	花色	捐款	窗户	说明文	全体
鸦片	衰弱	纺织	让步	玩意儿	筷子	而且
举行	挫折	新陈代谢	法律	决心	刚才	样品
春节						

三、朗读短文（400 个音节，共 30 分，限时 4 分钟）

我不由得停住了脚步。从未见过开得这样盛的藤萝，只见一片辉煌的淡紫色，像一条瀑布，从空中垂下，不见其发端，也不见其终极，只是深深浅浅的紫，仿佛在流动，在欢笑，在不停地生长。紫色的大条幅上，泛着点点银光，就像迸溅的水花。仔细看时，才知那是每一朵紫花中的最浅淡的部分，在和阳光互相挑逗。

这里除了光彩，还有淡淡的芳香。香气似乎也是浅紫色的，梦幻一般轻轻地笼罩着我。忽然记起十多年前，家门外也曾有过一大株紫藤萝，它依傍一株枯槐爬得很高，但花朵从来都稀落，东一穗西一串伶仃地挂在树梢，好像在察言观色，试探什么。后来索性连那稀零的花串也没有了。园中别的紫藤花架也都拆掉，改种了果树。那时的说法是，花和生活腐化有必然关系。我曾遗憾地想：这里再看不见藤萝花了。

过了这么多年，藤萝又开花了，而且开得这样盛，这样密，紫色的瀑布遮住了粗壮的盘虬卧龙般的枝干，不断地流着，流着，流向人的心底。花和人都会遇到各种各样的不幸，但是生命的长河是无止境的。我抚摸了一下那小小的紫色的花舱，那里满装了生命的酒酿，它张满了帆，在这//闪光的花的河流上航行。它是万花中的一朵，也正是由每一个一朵，组成了万花灿烂的流动的瀑布。

在这浅紫色的光辉和浅紫色的芳香中，我不觉加快了脚步。

节选自宗璞《紫藤萝瀑布》

四、命题说话（下列话题任选一个，共 40 分，限时 3 分钟）

1. 我尊敬的人
2. 谈谈个人修养

普通话水平测试模拟试卷训练试卷（29）

一、读单音节字词（100 个音节，共 10 分，限时 3.5 分钟）

镍 涩 刁 宽 狗 迈 吻 驴 恽 区
坏 嘣 墨 慌 由 入 子 播 润 藏
瞥 救 闩 逛 学 付 均 抵 荫 俩
蝉 寸 嘭 领 心 涌 亏 罚 司 券
婶 初 砣 篇 却 捐 磷 郑 爷 哄
抓 病 秦 面 煮 患 饶 欧 纫 揣
饿 翁 贼 箭 夺 酱 夸 舜 鲈 相
则 兄 二 梗 跪 池 掉 枕 榻 石
蹑 标 痛 港 丢 框 掐 宋 啪 那
名 枣 痣 防 次 窝 惨 溺 挨 褪

二、读多音节词语（100 个音节，共 20 分，限时 2.5 分钟）

送信儿 咖啡屋 扭搭 沙漠 哈尼族 按期 实用
贫困 喷嚏 昂扬 交流 平反 榫头 独特
蠢笨 肆虐 沉冤 月份 酌量 号召 萌芽
鲜花 奶嘴 判定 上座儿 搜寻 蝴蝶儿 接洽
仍然 拐弯 白菜 冠军杯 总得 熊猫 萝卜
策略 走味儿 培植 快乐 卑鄙无耻 软骨 物价
因此 调和 而且 往常 机床 生日

三、朗读短文（400 个音节，共 30 分，限时 4 分钟）

朋友即将远行。

暮春时节，又邀了几位朋友在家小聚。虽然都是极熟的朋友，却是终年难得一见，偶尔电话里相遇，也无非是几句寻常话。一锅小米稀饭，一碟大头菜，一盘自家酿制的泡菜，一只巷口买回的烤鸭，简简单单，不像请客，倒像家人团聚。

其实，友情也好，爱情也好，久而久之都会转化为亲情。

说也奇怪，和新朋友会谈文学、谈哲学、谈人生道理，等等，和老朋友却只话家常，柴米油盐，细细碎碎，种种琐事。很多时候，心灵的契合已经不需要太多的言语来表达。

朋友新烫了个头，不敢回家见母亲，恐怕惊骇了老人家，却欢天喜地来见我们，老朋友颇能以一种趣味性的眼光欣赏这个改变。

年少的时候，我们差不多都在为别人而活，为苦口婆心的父母活，为循循善诱的师长活，为许多观念、许多传统的约束力而活。年岁逐增，渐渐挣脱外在的限制与束缚，开始懂得为自己活，照自己的方式做一些自己喜欢的事，不在乎别人的批评意见，不在乎别人的诋毁流言，只在乎那一份随心所欲的舒坦自然。偶尔，也能够纵容自己放浪一下，并且有一种恶作剧的窃喜。

就让生命顺其自然，水到渠成吧，犹如窗前的//乌桕，自生自落之间，自有一份圆融丰满的喜悦。春雨轻轻落着，没有诗，没有酒，有的只是一份相知相属的自在自得。

夜色在笑语中渐渐沉落，朋友起身告辞，没有挽留，没有送别，甚至也没有问归期。

已经过了大喜大悲的岁月，已经过了伤感流泪的年华，知道了聚散原来是这样的自然和顺理成章，懂得这点，便懂得珍惜每一次相聚的温馨，离别便也欢喜。

节选自杏林子《朋友和其他》

四、命题说话（下列话题任选一个，共 40 分，限时 3 分钟）

1. 童年记忆
2. 学普通话的体会

普通话水平测试模拟试卷训练试卷（30）

一、读单音节字词（100 个音节，共 10 分，限时 3.5 分钟）

哑	铸	染	亭	挽	敬	疮	游	乖	术
仲	君	凑	稳	酱	椰	钳	峰	账	果
焦	碰	暖	扑	碍	离	鸟	癞	密	零
承	滨	盒	专	艘	雪	肥	薰	硫	哲
宣	表	嫡	迁	滇	砌	藻	刷	坏	娇
虽	滚	杂	倦	屈	所	惯	实	扯	嗔
栽	额	屡	弓	拿	物	粉	葵	躺	肉
铁	日	帆	萌	寡	猫	窘	内	雄	伞
蛙	葬	夸	戴	罗	并	摧	狂	饱	魄
而	沈	贤	润	麻	养	盘	自	您	虎

二、读多音节词语（100 个音节，共 20 分，限时 2.5 分钟）

勾画	刚才	松软	半截儿	穷人	吵嘴	乒乓球
少女	篡夺	牛顿	沉默	富翁	傻子	持续
佛像	被窝儿	全部	乳汁	对照	家伙	灭亡
连绵	小腿	原则	外国	戏法儿	侵略	咏叹调
愉快	撒谎	下来	昆虫	意思	声明	患者
未曾	感慨	老头儿	群体	觉得	排演	赞美
运输	抓紧	儿童	症状	机灵	昂首阔步	

三、朗读短文（400 个音节，共 30 分，限时 4 分钟）

在达瑞八岁的时候，有一天他想去看电影。因为没有钱，他想是向爸妈要钱，还是自己挣钱。最后他选择了后者。他自己调制了一种汽水，向过路的行人出售。可那时正是寒冷的冬天，没有人买，只有两个人例外——他的爸爸和妈妈。

他偶然有一个和非常成功的商人谈话的机会。当他对商人讲述了自己的“破产史”后，商人给了他两个重要的建议：一是尝试为别人解决一个难题；二是把精力集中在你知道的、你会的和你拥有的东西上。

这两个建议很关键。因为对于一个八岁的孩子而言，他不会做的事情很多。于是他穿过大街小巷，不停地思考：人们会有什么难题，他又如何利用这个机会？

一天，吃早饭时父亲让达瑞去取报纸。美国的送报员总是把报纸从花园篱笆的一个特制的管子里塞进来。假如你想穿着睡衣舒舒服服地吃早饭和看报纸，就必须离开温暖的房间，冒着寒风，到花园去取。虽然路短，但十分麻烦。

当达瑞为父亲取报纸的时候，一个主意诞生了。当天他就按响邻居的门铃，对他们说，每个月只需付给他一美元，他就每天早上把报纸塞到他们的房门底下。大多数人都同意了，很快他有//了七十多个顾客。一个月后，当他拿到自己赚的钱时，觉得自己简直是飞上了天。

很快他又有了新的机会，他让他的顾客每天把垃圾袋放在门前，然后由他早上运到垃圾桶里，每个月加一美元。之后他还想出了许多孩子赚钱的办法，并把它集结成书，书名为《儿童挣钱的二百五十个主意》。为此，达瑞十二岁时就成了畅销书作家，十五岁有了自己的谈话节目，十七岁就拥有了几百万美元。

节选自（德）博多·舍费尔《达瑞的故事》，刘志明译

四、命题说话（下列话题任选一个，共 40 分，限时 3 分钟）

1. 我喜爱的书刊
2. 我的愿望

普通话水平测试模拟试卷训练试卷（31）

一、读单音节字词（100 个音节，共 10 分，限时 3.5 分钟）

奏　咬　脆　爱　挪　飞　葱　唱　荒　逢

吞	软	客	牙	卸	款	瓷	熟	聘	拟
闻	稍	腔	正	熊	面	抖	爬	妥	碗
梗	垒	挖	匹	刁	糠	煮	伞	贰	钟
翁	佳	籽	真	用	富	舵	娶	庙	帮
卖	坡	色	圃	黑	找	运	首	病	咽
惹	浓	饱	辆	填	插	拐	扔	刮	罪
广	望	眯	甩	拨	雨	秃	吹	嫩	园
夸	占	动	染	约	茎	溜	室	狠	歪
赖	裙	就	拆	悬	肋	印	尺	按	穴

二、读多音节词语（100 个音节，共 20 分，限时 2.5 分钟）

小孩儿	恰巧	发抖	并存	阿门	扭搭	暴虐
讲究	押解	妇女	用力	愚蠢	推选	干活儿
质量	人权	短促	商品价	参差	合群	照片
日程	凶恶	受穷	周围	萝卜丁	玩意儿	光明
描写	努嘴	软食	叙谈	做梦	金鱼儿	西瓜
军垦	听众	二话	廉价	心思	决赛前	外婆
空前	鼠疫	高昂	仍然			

三、朗读短文（400 个音节，共 30 分，限时 4 分钟）

我们家的后园有半亩空地，母亲说："让它荒着怪可惜的，你们那么爱吃花生，就开辟出来种花生吧。"我们姐弟几个都很高兴，买种，翻地，播种，浇水，没过几个月，居然收获了。

母亲说："今晚我们过一个收获节，请你们父亲也来尝尝我们的新花生，好不好？"我们都说好。母亲把花生做成了好几样食品，还吩咐就在后园的茅亭里过这个节。

晚上天色不太好，可是父亲也来了，实在很难得。

父亲说："你们爱吃花生吗？"

我们争着答应："爱！"

"谁能把花生的好处说出来？"

姐姐说："花生的味美。"

哥哥说："花生可以榨油。"

我说："花生的价钱便宜，谁都可以买来吃，都喜欢吃。这就是它的好处。"

父亲说："花生的好处很多，有一样最可贵：它的果实埋在地里，不像桃子、石榴、苹果那样，把鲜红嫩绿的果实高高地挂在枝头上，使人一见就生爱慕之心。你们看它矮矮地长在地上，等到成熟了，也不能立刻分辨出来它有没有果实，必须挖出来才知道。"

我们都说是，母亲也点点头。

父亲接下去说："所以你们要像花生，它虽然不好看，可是很有用，不是外表好看而没有实用的东西。"

我说："那么，人要做有用的人不要做只讲体面，而对别人没有好处的人了。"//

父亲说："对。这是我对你们的希望。"

我们谈到夜深才散。花生做的食品都吃完了，父亲的话却深深地印在我的心上。

节选自许地山《落花生》

四、命题说话（下列话题任选一个，共 40 分，限时 3 分钟）

1. 我和体育
2. 我喜欢的节日

参考文献

［1］国家语言文字工作委员会．普通话水平测试实施纲要［M］. 北京：商务印书馆，2004.

［2］刘秀敏，黄金凤．普通话训练［M］. 重庆：重庆大学出版社，2011.

［3］曾志华．普通话训练教程［M］. 北京：中国传媒大学出版社，2012.

［4］王华杰．普通话训练教程［M］. 北京：中国理工大学出版社，2013.

［5］杨泳江．普通话训练［M］. 重庆：西南师范大学出版社，2015.

［6］王莉，党子奇．大学生普通话训练与测试［M］. 北京：科学出版社，2016.